图文精讲日本史

杜小军　郭小鹏 — 编著

九州出版社

JIUZHOUPRESS

图书在版编目（CIP）数据

图文精讲日本史／杜小军，郭小鹏编著．--北京：
九州出版社，2022.5

ISBN 978-7-5225-0922-8

Ⅰ.①图… Ⅱ.①杜… ②郭… Ⅲ.①日本—历史—
通俗读物 Ⅳ.①K313.09

中国版本图书馆 CIP 数据核字（2022）第 089788 号

图文精讲日本史

作　　者	杜小军　郭小鹏　编著
责任编辑	沧　桑
出版发行	九州出版社
地　　址	北京市西城区阜外大街甲 35 号（100037）
发行电话	（010）68992190/3/5/6
网　　址	www.jiuzhoupress.com
印　　刷	唐山才智印刷有限公司
开　　本	710 毫米×1000 毫米　16 开
印　　张	18.5
字　　数	322 千字
版　　次	2022 年 5 月第 1 版
印　　次	2022 年 5 月第 1 次印刷
书　　号	ISBN 978-7-5225-0922-8
定　　价	98.00 元

前 言

——谈中国人学习、研究日本之必要性

一、从中国的角度分析

（一）了解世界各国、各民族的历史与现状是中国发展的要务

在此，首先想问大家一个问题：一个国家和民族的发展最重要的是什么？笔者认为有两点。

对内来说，要努力力建设好自己的国家，使自己的国家繁荣富强。如果不能搞好建设，那么其他一切都是徒劳；对外来讲，要对世界各国的情况了如指掌。俗语云："知己知彼，百战不殆。"只有对世界各国的情况有彻底的了解，我们才能在与世界各国的发展竞争中取得比较优势，才能屹立于世界民族之林。

这一点是任何民族都不容忽视的问题。就是对美国这样的大国来说也一样。例如，有关日本的名著《菊花与刀》便是由世界著名文化人类学家本尼迪克特为美国对日作战及制定战后对日政策而写的调查报告。

第二次世界大战的后期，德国和日本的败局已定，美国亟须制定对德、对日政策。对德国，美国比较了解，政策也比较明确，即武装占领，直接管制。对日本，美国不太了解。当时有诸多问题需要解决：日本政府是否会投降？盟军是否需要进攻日本本土，采用对付德国的办法对付日本？如果日本投降，美国是否应当利用日本的政府机构，甚至保留日本天皇？为了回答上述问题，美国动用了各方面的专家、学者研究日本，本尼迪克特就是其中之一。

接受美国政府的委托后，本尼迪克特根据文化类型理论，运用文化人类学的方法。他把战时在美国被拘禁的日本人作为调查对象，同时参考了大量书刊、日本文学和电影作品。最终写出一份调查报告。报告得出的结论是：日本政府会投降，美国不能直接统治日本，必须保存和利用日本的原有行政机构。因为

日本同德国不同，不能用对付德国的办法对付日本。战争结束后，美国的对日政策与本尼迪克特的建议完全一致，事实也与本尼迪克特的预料一样（本尼迪克特著，吕万和、熊达云、王智新译：《菊花与刀——日本文化的类型》，商务印书馆，1992 年）

（二）日本是中国重要的近邻，中日关系可谓源远流长

其一，"一衣带水"是我们中国人对中日间距离和地缘环境的概括。由我国东海之滨的上海乘海轮向东偏北航行 460 海里（1 海里 = 1.852 千米），即抵达日本列岛西南的长崎港。这段航程比上海港至大连港的航程 560 海里近 100 海里。从这一点来讲，用"一衣带水"来形容中日两国的距离是比较贴切的。

其二，不容忘记的是日本还是我们最大的，也是最为可怕的竞争对手。近邻日本发生的事情，有的甚至会影响到国人的日常生活。

无论在近代还是现代，日本都对中国进行了多方调查，了解得也比较透彻。例如，20 世纪 30 年代日本的军用地图对山西省的一些小的河流都做了标注。而我们对日本了解得还不够，必要更深入地了解日本。

二、从日本的历史分析

第一，日本自古以来就是东亚文化圈中重要的一个成员，同时也扮演了重要的角色。

在古代，东亚曾存在华夷秩序。其总的关系是以"中华帝国"为中心，周边夷狄各国接受册封（授予外交文书，承认其地位），后者向前者朝贡，前者羁縻（牵制）后者。其基本理念便是中国传统的王道思想中的德治思想。

日本在华夷秩序中扮演了什么样的角色呢？大和国建立后不久，便在朝鲜半岛的任那建立据点，插手朝鲜半岛政治纷争。圣德太子改革和大化改新时，日本在与隋唐的外交往来中努力改变外交地位，例如在给隋朝的国书中称"东天皇敬白西皇帝"。不久，日本便与朝鲜的百济、高句丽联合，与唐朝与新罗的联盟相抗衡，最终导致了东亚区域的一场大规模战争。在战国时代前期，丰臣秀吉试图先吞朝鲜，发动了两次侵朝战争。到了德川时代末期，日本又努力构建以其自身为中心的大君外交体制。

第二，日本是近代以来在东方唯一跻身强国行列的国家。创造了近代非欧美国家近代化的发展奇迹。日本先引进了西方的先进科技、文化，然后从物质层面、制度层面、思想层面向欧美进行了比较全面的学习。另外，不容忽视的一点是，日本也接受了西方资本主义列强弱肉强食的社会达尔文主义国际关系

原则、丛林法则，走上了军国主义的发展道路，将周边国家，尤其将中国和朝鲜视为恶邻，进行蚕食侵略。特别是在 20 世纪 30 年代，日本成为法西斯国家之一，给我国和亚洲其他国家和地区造成了巨大的损失。

第三，战后，日本成为亚太地区经济高速增长的典型和带头人，成为东亚雁行发展模式中的领头雁，也有学者将其比喻为"飞升的凤凰"。甚至连美国的学者也主张向日本学习，例如美国学者埃兹拉·沃格尔曾连续写了两本书，即《日本名列第一：对美国的教训》与《日本的成功与美国的复兴：再论日本名列第一》，全面介绍日本经济成功的经验，主张美国应向日本学习。

第四，20 世纪 90 年代初，由于泡沫经济的崩溃，日本从发展的巅峰陡然坠落，成为泡沫型经济发展模式的典型。

第五，从现今的情况看，尽管日本经历长期的经济萧条，但日本的综合国力仍不可小视。

日本的这种发展历程可谓大起大落，有的学者将日本的这种发展历程比喻为 M 型发展。在这种 M 型发展过程中，日本的每一次飞升和每一次降落都给世界造成了重要的影响，令世人瞩目。天津社科院的吕万和先生（已故）总结日本的兴衰就像彗星一样，其兴也速，其衰也剧。

思考：

1. 日本在古代东亚秩序中扮演了什么角色？
2. 了解、研究日本有何必要性与重要性。

目　录
CONTENTS

第一章　古代文化与古代国家的形成
（洪积世—6世纪）

第一讲　石器时代

一、日本国土及众神生成的传说

关于日本国土及众神的诞生，邹有恒先生翻译的《古事记》中的描述最为通俗易懂，其中讲道：

在天地形成之初，高天原上诞生天之御中主神、高御产巢日神、神产巢日神（造化三神）。初始的国土像海蜇一样浮游，萌生一个如同苇芽的东西，化成宇麻志阿斯诃备比古迟神（"阿斯诃备"即苇芽之意）、天之常立神（此二神与造化三神合称天神五神），诞生了从国之常立神到伊邪那歧神与伊邪那美神（伊奘诺尊、伊奘冉尊，合称诸册二尊）等所谓"神世七代"。

众天神诏示伊邪那歧与伊邪那美（诸册二尊），整修加固漂浮的国土，并赐给二人天沼矛。二神站在天浮桥上，把矛头探入海中并搅动，提起矛头时，从矛头滴下的海水积聚而成淤能基吕岛（意为自然凝结的岛屿）。二神降到岛上，竖起"天之御柱"，建起"八矛殿"。

随后二人交合，先生了水蛭子，因发育不全而将其放进苇船飘走，其次生淡岛（和水蛭子一样没有算在所生孩子之列）。

后来二神交合，先生了淡道之穗之狭别岛（即淡路岛）、伊豫之二名岛（四国别称）、隐伎之三子岛（即隐歧）、筑紫岛（九州别称）、伊伎岛（即壹伎岛）、津岛（即对马岛），佐度岛（新潟）、大倭丰秋津岛（奈良）八岛。因为以上八岛（也称大八洲）最先产生，所以日本又被称为大八岛国。

二神随后又生了吉备之儿岛（现冈山县的儿岛半岛以及吉备地区）、大岛（现山口县柳井东方之大岛）、女岛（今大分县姬岛）、知诃岛（现长崎县五岛列岛）、两儿岛（又名天两屋，大概是男女群岛的男岛和女岛）等六岛。

生完国土之后，二神又生了大事忍男神、石土毗古神、石巢比卖神等诸神。其中包括海神大绵津见神，以及分管河川和海洋的速秋津日子和速秋津比卖。伊邪那歧与伊邪那美二神共生岛屿十四座，生神三十五。

二、旧石器时代（无土器时代）

洪积世（也就是更新世，属地质年代第四纪的早期。时间断限从二三百万年前至一万二千年前。这一时期绝大多数动植物属种与现代相似。显著特征为气候变冷，有冰期与间冰期明显交替）晚期至冲积世初期，发生大规模海进，形成日本海，并形成朝鲜海峡、津轻海峡、宗谷海峡。

一万二千年前至1万年前的旧石器时代（属冲积世末期），由于气候变暖，海面上升，形成了日本列岛。与此同时，日本列岛上出现人类活动。当时日本列岛的人逐渐掌握了石器的制造技术。今天，日本的旧石器时代的文化遗存有群马县岩宿遗址（岩宿文化）等。从相关遗址出土的文物可知，当时的日本人会制作隆线纹的圆底深陶钵（如图1-1-1所示）、局部磨制石斧。

图1-1-1 草创期的深钵式陶器

（图片来源：日文维基百科 https://ja.wikipedia.org）

关东地区出现捻丝纹尖底深钵、贝塚以及小型泥偶。几户竖穴居住的人家聚居在一起形成小型集落（如图 1-1-2 所示）。人们开始利用狗进行狩猎，还常常把狗作为伙伴，在它们死后会将其埋葬。

图 1-1-2　复原的竖穴式房屋

（图片来源：客观日本 https：//www.keguanjp.com）

三、绳纹时代（新石器时代）

日本列岛的绳纹时代大体为 1 万年前至公元前 3 世纪。当时日本列岛的人们或数人，或 10 人一户居住在竖坑式草屋，以狩猎、捕捞、采集为生。平底陶器成为人们普遍的生活用具。绳纹时代前期以平底的圆筒形陶器、钵形陶器最为普遍。陶器口缘为波状，纹饰在东部和西部有差别。绳纹前期，东部流行绳纹，西部流行爪形纹，不久两种纹饰在全国流行；绳皮时代中期，陶器一般器形大，装饰复杂，表现出强烈的地方特色（如图 1-1-3 所示）。竖穴式房屋围绕中心广场形成的集落开始繁盛（如图 1-1-4 所示）。

由于海面上升，从关东地区到栃木县南部都出现贝塚集落。当时木工技术发达，独木舟被广泛制作，并开始使用漆着色。中部山岳地带的大型集落激增，关东地区出现大规模环形集落。丘陵地带的人们开始使用掘土工具，并大量使用打制石斧。石棒、泥偶等咒物开始被大量制作（如图 1-1-5 所示）。拔牙的风俗也开始出现。

图 1-1-3 火焰形陶器

（图片来源：日文维基百科 https：//ja. wikipedia. org）

图 1-1-4 日本绳纹时代大规模集落遗址的代表——三内丸山遗迹

（图片来源：西日本新闻 https：//www. nishinippon. co. jp）

图 1-1-5 绳纹时代中期陶偶

（图片来源：和乐网 https：//intojapanwaraku.com/）

绳纹时代后期，全国盛行磨消绳文陶器，器形多样，如壶、盘、瓮、钵、土坛等。环状列石、环状石篱、周堤墓等遗迹大量出现（如图1-1-6所示）。在日本东部太平洋沿岸，人们大量使用渔具进行大规模渔猎活动。绳纹时代晚期，东日本盛行纹饰精巧的龟冈式式陶器（如图1-1-7、图1-1-8所示）。

图1-1-6 大汤环状列石（秋田县鹿角市）

（图片来源：客观日本 https://www.keguanjp.com）

图1-1-7 龟冈式陶器

（东京国立博物馆 https://www.tnm.jp）

5

图 1-1-8　龟冈式陶器

（图片来源：邪马台国大研究 http：//inoues.net）

西日本则以简朴的凸带纹陶器流传较广。西日本还大量使用打制石镞等石器。

贝类是当时最易捕捉的水产。在日本，已发现贝冢（包括贝壳、兽骨、鱼骨、石器、陶片等文化遗存）1900 多处，其中约 90% 是绳纹时代的。采集在绳纹时代经济生活中仍占较大比重，代表性遗址有夏岛贝冢和福井县三方郡鸟滨贝冢。

当时日本列岛的人构成了没有贫富与阶级差别的社会，并形成日本人种及日语原型。

四、弥生时代

弥生时代时间断限为公元前 3 世纪至 3 世纪（与下一讲国家的出现有时间交叉）。当时，水稻种植和金属器具的使用技术由朝鲜传入九州北部，其文化遗存有福冈线板付遗址等。公元前 2 世纪，弥生文化遍及各地。当时流行用鹿骨进行占卜，其代表性遗址为岛根县古浦遗址。墓葬方面，九州出现支石墓、瓮棺墓。在近畿地区出现方形周沟墓。公元前 1 世纪，瓮棺墓在九州北部盛行，其文化遗存有福坂县须玖坂本遗址等。近畿地方开始制作铜铎，在西日本开始制作青铜武器形祭器，如铜剑、铜戈等。1 世纪，关东地区也出现方形周沟墓。以濑户内海沿岸为中心，各地出现带有军事性质的高地性集落，石制武器显著发达。2 世纪初，石器迅速消失，铁器普及。在西日本开始出现乾田（不灌溉时土地干燥可作为旱地的水田）耕作，其文化遗存有冈山县津岛遗址等。2 世纪中期，九州地区的瓮棺墓减少，土圹墓、石棺墓增加。3 世纪初，日本地方出现双方中圆形的坟丘墓，其代表为冈山县楯筑遗址（如图 1-1-9 所示）。

图 1-1-9　楯筑遗址楯筑山顶墓推想复原图
（图片来源：洪水网 http：//wi12000. starfree. jp）

　　陶器是弥生文化重要的内容之一，具体名称为弥生式陶器。其一般呈红褐色或黄褐色，制作方法是泥条盘筑，经慢轮修整。器形细薄，有壶、瓮、钵和高脚杯等。由于地域和时期的不同，弥生式陶器的形制变化比较多样。前期的器物以"远贺川式"（名称源于该器物 1931 年首次在福冈县远贺川畔的立屋敷遗址被发现）为主要代表，花纹用篦尖刻划，或用贝壳押印。进入中期，"远贺川式陶器"衰落，代之而起的是在九州出现的无纹饰、器形美观的须玖式陶器。在本州西部，以近畿为中心的地区盛行梳齿纹陶器，而本州东部的陶器则含有浓厚的绳纹式陶器的遗风。弥生时代后期，本州西部的梳齿纹陶器影响九州，并扩展到本州东部。最后，在陶器上施花纹的风气衰落，而形成了与古坟时代的"土师器"相似的素面红褐陶。弥生式陶器的特点是薄而坚固，纹饰简素，讲究实用。弥生时代中期以后使用了旋转台，制陶业开始与农业分离，进行专门生产。

　　青铜器主要有铜剑、铜矛、铜戈和铜铎。剑、矛、戈分"细形"和"广形"两类。前者系从大陆输入，发现地点主要在九州北部。后者是本地铸造的，形体庞大，铜质不良，不是实用的兵器，而是祭器。除九州北部外，还广泛分布在四国、中国（本州西部）和近畿一带。铜铎是日本本地产的铜器，也属祭器，其分布范围在以畿内为中心的本州中西部和四国的东部地区，但在九州北部也发现了铸铎。铜镜主要是从中国输入的"汉式镜"，例如日本的大阪黄金塚古坟、岛根神原古坟都出土了带有魏"景初三年"（239年）纪年铭文的神兽镜（如图1-1-10所示）。

图1-1-10　景初三年铭镜

（图片来源：goo网站 https：//blog.goo.ne.jp）

除汉式镜外，也有少数从朝鲜输入的"多钮细纹铜镜"。此外，还有本地仿中国镜的"倭镜"。据研究，日本本地制作的铜器，铜料是由大陆输入的。

这一时期，在丧葬时，不再使用青铜祭器。各地出现了地域性较强的首长墓。所谓"首长墓"就是王侯贵族的主人墓，不管其墓有多大，在埋葬时，常常将妃妾、随从等作为殉葬品。

弥生时代的纺织技术有所发展，在相关遗址中发现了带有布片、印有布痕的陶器、纺轮，以及滕、梭、综等织布机构件，布是平织而成的，原料主要是萱麻等植物纤维。

总而言之，在弥生时代，稻作技术给日本社会带来了划时代的变化，它扩大了生产，产生了贫富等级之差，使农村共同体趋向政治集团化。另外，与农耕相关的信仰、礼仪、风俗习惯也逐渐传播开来，形成了日本文化的原型。

思考：

1. 日本列岛何时出现人类活动？

2. 水稻种植何时传入日本列岛？

第二讲　国家的出现（1世纪—3世纪）

一、"浦安国"与日本国名的由来

根据《广辞源》记载，"浦安国"意为"心安之国"，是古代大和国或日本国的美称。《日本书纪》记载，神武天皇于即位三十一年的夏四月朔日（初一）登上腋上的衔间丘（今奈良县御所市东北部），四下眺望国土，感叹："多么美丽的国度啊，日本是被青山环绕，如同在棉团中的、狭小的国度，看上去像两只交尾的晴蛉（即蜻蜓，汉字也写作秋津）连在一起。""秋津州"的名称由此诞生。

伊奘诺尊将这个国度命名为"浦安国""细戈千足国""矶轮（石质的祭坛）上秀真国"；大己贵神（日本皇祖神从天上降临前治理日本国土的神，后把国土让给了日本皇祖神）将这个国度命名为"玉垣围护之国"，即日本是由玉垣维护的中央之国；饶速日命（服属神武天皇的神，与天皇的祖先神分别从天上世界降临人间）乘坐天磐船，边俯瞰这个国度，边从天上世界降下时，将其称为"从虚空俯瞰下的日本国"。

二、神武建国

现今对日本国家诞生的确切年代还没有准确的判定。据《古事记》和《日本书纪》记载，日本第一代天皇——神武天皇于公元前660年建国并即位，即位日相当于现在的公历2月11日。因此，神武天皇就把这一天定为日本的"建国纪念日"。

神武天皇在《日本书纪》中被记为"神日本磐余彦天皇"，是彦潋尊（全称彦波潋武鸬鹚草葺不合尊）的第四个儿子。其母亲被称为丰玉姬，是海神大绵津见神的女儿。

关于神武天皇东征（如图1-2-1所示），黄遵宪的《日本国志》记载："自太神（天照大神）至此（彦潋尊）五世，谓之地神五代。彦潋尊生日本盘余彦尊，是为神武天皇。神武践位起日向国，率师东征，讨平长髓彦及八十枭贼，开山林、营宫室，遂迁都即位于大和之橿原，国号秋津洲。"

图 1-2-1　神武天皇东征图

（图片来源：日文维基百科 https：//ja. wikipedia. org）

而据《海国史谈》记载，神武天皇率舟师东征，到吉备后，大整兵旅航行至浪速（大阪），进而转向纪伊，由熊野进入大倭。最终将（长千五百秋）丰苇原瑞穗国置于皇化之下。

三、小国林立

约公元 1 世纪，日本各地共有 100 多个小国。在中国的西汉时期，一些日本的小国与西汉的乐浪郡有交往。东汉时期，日本列岛的小国与东汉建立了外交关系。公元 57 年，倭奴国王曾向东汉朝贡，并接受光武帝刘秀赐予的印绶（如图 1-2-2、图 1-2-3 所示）。该金印于 1784 年在日本福冈市的志贺岛上发现，成为中日早期交往的确证。

图 1-2-2　汉倭奴国王金印

（图片来源：Selfpit 网 http：//selfpit. way-nifty. com）

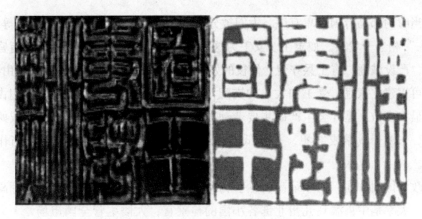

图1-2-3　汉倭奴国王金印上的文字

（图片来源：日文维基百科 https：//ja.wikipedia.org）

107年，倭国国王帅升遣使中国，向东汉的汉安帝献生口160人。当时，倭从朝鲜（弁韩、辰韩）大量进口铁。147年，倭国大乱，一直到189年。

四、邪马台国

据《魏书·东夷传》记载，3世纪时，日本列岛比较大的国家为邪马台国，传说其国王为女王，名叫卑弥呼（如图1-2-4所示），其他一些小国共推卑弥呼为联合盟主，后来这些小国逐渐成为邪马台国属国，共有28个。这些国家开始出现身份等级制度。

图1-2-4　安田靫彦创作卑弥呼女王像（滋贺县立近代美术馆）

（图片来源：卑弥呼网 https：//himiko.or.jp）

当时的邪马台国尊卑有序，人们被分为大人、下户、生口、奴婢四个等级："大人"相当于贵族、奴隶主。女王为这一等级的代表，所居住的地方建有宫室楼观，严设城栅，有士兵守卫，使役的奴隶有一千多人；下户是平民和自由民，他们可以建立家庭，受王和大人的支配，有向国家交纳租赋的义务。他们占人口的最大多数，是社会生产的主要劳动力，也是作战时的主力；生口和奴婢是奴隶，来源于战俘或罪犯，是最低贱的阶层，没有人身自由，甚至被当作殉葬品。

政治体制方面，国家最高统治者为女王，其下有大率、大倭、大夫等高级官员。大率是中央派到九州北部各小国的检察官，大倭主管全国市场，大夫主持外交；地方行政机构一般分两级。为维持社会秩序，已有不成文的法律和刑罚制度。如有犯法者，轻者没其妻子，重者灭其门户及家族。

社会经济方面，邪马台国各地有市场，进行贸易往来，建有收纳实物税的仓库。

邪马台国的阶级关系和政治形态虽已具备国家的特征，但其国家机器尚不发达，保留很多原始社会残余。附属邪马台国的部落或部落联盟，有一定自主性。国王不是世袭，而是由贵族共立。另外，还保留母系氏族社会特征。

关于邪马台国的具体位置，至今仍没有定论，主要有两种说法，一种认为在北九州，另一种认为在近畿（首都及其周边的地方，今天日本的近畿指京都、大阪两府和奈良、和歌山、三重、兵库以及滋贺）。

如前所述，239 年，邪马台国女王卑弥呼曾遣使到带方郡，魏明帝称卑弥呼为亲魏倭王，并授予金印绶带。247 年，倭女王卑弥呼与狗奴国交战。248 年，卑弥呼女王死去，其宗女（同宗族的女子）台与继位成为女王，邪马台国恢复安定。266 年，倭女王台与遣使到晋。

思考：

1. 日本国名由何而来？

2. 分析 1 世纪至 2 世纪，日本列岛上的小国与中国的交往。

第三讲　古坟时代（4世纪—6世纪）

一、古坟文化

4世纪中期，大和政权统一了割据的小国。随着国家统一，从近畿到濑户内海沿岸出现了整体划一的前方后圆型首长墓，尤其在奈良盆地集中出现大型前方后圆墓，在竖穴式石室中放置咒术性陪葬品。

4世纪初期，圆筒形埴轮盛行（埴轮是日本古坟顶部和坟丘四周排列的素陶器的总称，分为圆筒形埴轮和形象埴轮。如图1-3-1、图1-3-2、图1-3-3、图1-3-4所示）。

图1-3-1　圆筒形埴轮

（图片来源：东京国立博物馆 https：//webarchives. tnm. jp）

图1-3-2　马形埴轮

（图片来源：文化遗产在线 https：//bunka. nii. ac. jp）

图 1-3-3　东京国立博物馆藏跳舞的男女

（图片来源：东京国立博物馆 https：//www. tnm. jp）

图 1-3-4　东京国立博物馆藏挂甲武人

（图片来源：东京国立博物馆 https：//www. tnm. jp）

　　中国先进的知识、技术开始广泛传入日本。大和政权更多地吸收了大陆的高度物质文明。5 世纪，来自朝鲜半岛的外来人（归化人）带来了铁器制作、

制陶、纺织、金属工艺等技术。同时，已经开始使用中国的汉字。4世纪中期，
土师器（如图1-3-5所示）从东北到九州得以普及。

图1-3-5　土师器

（图片来源：东京国立博物馆 https://www.tnm.jp）

4世纪50年代，在冲之鸟礁开始出现有关与中国、朝鲜通交的祭祀活动。4
世纪中后期，在陪葬陶器方面，出现器材埴轮和房屋型埴轮（如图1-3-6
所示）。

图1-3-6　房形埴轮

（图片来源：文化遗产在线 https://bunka.nii.ac.jp）

4 世纪末期，九州北部出现横穴式石室墓葬。在大阪南部的陶邑窑开始集中生产须惠器（与土师器一样的陪葬陶器）（如图 1-3-7、图 1-3-8 所示）。

图1-3-7 须惠器广口壶
（图片来源：东京国立博物馆 https：//tnm. jp）

图1-3-8 须惠器 带座长颈瓶
（图片来源：东京国立博物馆 https：//tnm. jp）

5世纪初期，出现大仙陵古坟等巨大古坟，并开始出现陪葬马具。大仙陵古坟传说为仁德天皇陵，位于大阪府堺市，为日本最大古坟，全长486米，有3重周沟，是古坟时代中期巨大古坟的代表（如图1-3-9所示）。

图1-3-9　大仙陵古坟

（图片来源：中文维基百科 https://hinotorifugetsu.com）

5世纪中后期，在尾张（今名古屋）、出云（位于本州岛西南，今岛根县境内）等地都生产须惠器。6世纪中期，九州北部装饰古坟达到极盛期；埴轮在近畿地区衰退，但在关东地区盛行；在西日本，群集坟达到极盛期。

二、氏姓制度

氏姓制度是日本古代大和国的政治组织基础。氏是以家庭为基础，由有实力的族长的直系、旁系血缘家族和非血缘家族组成的社会集团。其称呼有的取自居住地地名（如葛诚氏、石川氏），有的取自职名（如忌部氏、服部氏），有的取自祖先名（如久米氏）。每一个氏以最有实力的人为氏上，掌管本血缘集团的财产、主持祭祀、统帅本集团的成员（也就是氏人）。

氏上有表示身份高低的世袭称号姓。姓原本是氏人对氏上的尊称，后来天皇掌握了赐予和剥夺姓的权力，使姓成为氏上身份尊卑的象征。受姓的氏上史称氏姓贵族。姓的种类很多，有臣、连、君、直、造、首、史、村主、稻置等。天皇赐姓的标准是根据血统和职务，与王族有血缘关系，或担任重要官职的大多授予臣、连、君、直等贵姓。外来移民原则上授给史、村主等姓。大和王权

（倭王权）统治结构如图1-3-10所示。

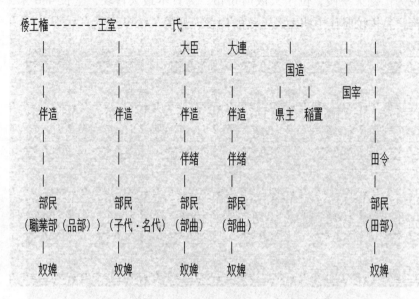

图1-3-10 大和王权（倭王权）统治结构
（图片来源：官制大观 http://www.sol.dti.ne.jp）

三、部民制

部民制是日本大和国贵族集团统治普通百姓的政治经济制度。该制度由大和国原有的"伴"制度和从朝鲜半岛的百济传入的"部司"制度两种制度组合而成。

部民有公有和私有之分，根据享有权利的程度，基本有三类：第一类是奴隶型部民，没有人身自由，包括虾夷人等少数族部民、私有田部中的奴婢、公有田部和品部中的罪犯、战俘；第二类是隶农型部民，他们可以建立家庭、拥有数量有限的、质量较差的生产工具，从朝廷和领主那里领取一定数量的土地，定期服劳役和上贡。其包括贵族所有的部曲，屯仓、屯田里的部民，属于王族的名代、子代以及大部分品部民；第三类是农奴型部民。农奴型部民与隶农型部民的区别在于他们向土地所有者每年缴纳实物地租和徭役地租，并以实物地租为主，更有独立性。

日本的这种部民制有别于纯粹的奴隶制度，具有一定的封建因素。之所以如此，主要有如下原因：①由于当时日本的邻国已成为封建国家，且日本没有实力通过对外战争掠夺大量奴隶；②日本货币经济不发达，不可能产生大批债务奴隶；③大陆先进封建文化及生产技术的传入，要求日本统治者采取比奴隶制更先进的制度操控奴隶进行生产。

四、与中、朝的关系

这一时期，日本列岛和中国、朝鲜之间有了更多交往。372 年，百济的肖古王向日本当权者进献七支刀（不确定是否为石上神宫所藏的七支刀，如图 1-3-11 所示）。

图 1-3-11 七支刀

（图片来源：东京国立博物馆 https://www.tnm.jp）

391 年，倭在朝鲜半岛与高句丽交战。400 年，高句丽向新罗增派援军，打败倭军。404 年，倭出兵带方，击退高句丽。413 年，倭王向东晋朝贡。421 年，中国南朝宋武帝给倭王赞授称号。438 年，倭王珍（赞的弟弟）向宋朝贡，并接受安东将军倭国王称号。443 年，倭王济向宋朝贡，接受安东将军倭国王称号。451 年，倭王济加号"使持节都督倭、新罗、任那、加罗、秦韩、慕韩六国诸军事"。462 年，倭王兴（济的世子）向宋朝贡，接受安东将军倭国王称号。

478 年，倭王武（倭王兴的弟弟）向宋朝贡，接受安东将军倭王称号。479 年，中国南朝齐高帝晋升倭王武为镇东大将军。502 年，南朝梁武帝晋升倭王武为征东将军。

图 1-3-12　6 世纪的朝鲜半岛示意图
（图片来源：山川 & 二宫 ICT 图书馆 https：//ywl.jp）

512 年，百济势力进入加耶（也写作伽倻）地区。513 年 6 月，百济五经博士段杨尔渡日，担任教授，日本开始设五经之学。516 年 9 月，百济又派出五经博士高安茂以替代段杨尔。527 年发生"磐井之乱"，想收复加耶地区失地，向朝鲜半岛南部进军的近江毛野率领的大和军队被筑紫君磐井所阻挡。528 年，物部粗鹿火讨伐磐井。529 年，近江毛野复兴加耶的行动失败。540 年，大伴金村因加耶问题而下台。554 年，百济又派五经博士王柳贵代替马丁安。单看这些五经博士的姓名，似乎都是中国人。每个五经博士都有一定的任期，定期轮换，做法类似今天的"外教"。五经博士轮番东渡以后，把儒家经典带入了日本，在日本上层贵族中间进行传播。562 年，新罗灭加耶。570 年，高句丽首次遣使日本。

五、内部纷争与佛教传入

当时，日本列岛的政治问题首先出现在 534 年，武藏国造内部发生纠纷，大和政权介入，并获得武藏进献的 4 个屯仓（当时，日本有许多集中设置的屯仓，如图 1-3-13 所示）。

图 1-3-13 屯仓模型

（图片来源：邪马台国大研究 http：//inoues. net/ruins2/kogashi2. html）

据《扶桑略记》（10世纪前的编年史）记载，522 年，南朝梁人司马达等到日本，在大和国高市郡坂田原建立草庵，安置佛像进行礼拜。这是有关佛教传入日本的最早确切记载。

据《上宫圣德法王帝说》记载，546 年（《日本书纪》记载为 552 年），百济圣明王遣使到日本，赠天皇金铜释迦像、幡盖和经论等。

围绕可否礼拜佛像的问题，日本政府内部形成以苏我稻目为首的苏我氏和以物部尾兴为首的物部氏两派的对立。物部氏与苏我氏之争，除了政治因素之外，主要是围绕佛究竟是福神还是厄神的问题上，而不是佛教义理上的争辩。主张奉佛的苏我氏认为佛是招福之神，将佛奉为自己氏族之神。最后，尊佛派获胜，苏我稻目舍弃其向原的房舍，改建佛寺，取名向原寺，这是日本建立佛寺的开始。后来他又塑佛像、放生、造塔、建精舍，甚至受戒、出家。

思考：

1. 为什么说古大和国的部民制有别于纯粹的奴隶制度？

2. 分析倭五王时期，日本与中国的关系。

第二章　律令制与封建王朝国家时代
（585—1192）

第一讲　飞鸟时代（585—672）

一、飞鸟文化

飞鸟文化是以推古朝为顶点，以大和为中心的日本佛教文化，一般认为其时间断限为从佛教传入到大化改新。当时，建都于奈良盆地南部的飞鸟地方，且建设了著名的飞鸟寺，飞鸟文化因此得名。这一时期，日本受到通过朝鲜半岛的百济、高句丽传入的中国大陆南北朝文化的影响，修建了许多大寺院，也是日本佛教文化最初的兴盛期。

如前所述，佛教初传日本后，围绕是否要礼拜佛像的问题形成了苏我氏和物部氏两大势力的对立。585 年，反对崇佛的物部守屋等人进行了烧毁佛像及佛寺的活动。但在 587 年，苏我马子消灭了物部守屋及其一族。592 年，苏我马子杀崇峻天皇，推古天皇即位。593 年，立厩户皇子为皇太子（圣德太子）（如图 2-1-1 所示），并作为摄政。

593 年创建四天王寺。595 年，聘请高句丽僧人惠慈为太子师。596 年，苏我氏建立飞鸟寺（法兴寺，别称安居院，安置有著名的飞鸟大佛，如图 2-1-2 所示）。

602 年，百济僧人观勒到日本，并进献历书及天文地理书籍。603 年，秦河胜创建蜂冈寺（广隆寺）。607 年，圣德太子建立法隆寺（如图 2-1-3 所示），法隆寺供奉药师如来的金堂、五重塔都是日本国宝（如图 2-1-4 所示）。

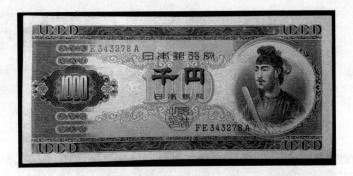

图 2-1-1　1000 日元纸币上的圣德太子像

（图片来源：首席收藏网 http：//data. shouxi. com）

图 2-1-2　飞鸟大佛（铜制释迦如来像）

（图片来源：百度百科 https：//baike. baidu. com/pic/）

图 2-1-3　法隆寺

（图片来源：郑州宣广计算机图文设计有限公司网站 http：//www. zzmjxgsj. com）

图 2-1-4　法隆寺金堂、五重塔

（图片来源：hatenablog 网 http://kyo-tari.hatenablog.com）

610 年，高句丽僧人昙征将彩色纸、墨制法传入日本。612 年，百济僧人味摩之将伎乐舞传入日本。644 年，在京都以东流行常世神信仰。645 年，天皇诏令高向玄理、僧旻为国博士（最高国务顾问），以兴隆佛教。646 年，制定薄葬制度。660 年，中大兄皇子制作漏刻（水的计时器）。670 年，法隆寺全部烧毁。

二、日本国内政局变迁概况

587 年，苏我马子灭物部守屋及其一族。592 年，苏我马子杀崇峻天皇，推古天皇即位。593 年，厩户皇子被立为太子（也就是圣德太子），并被任命为摄政。622 年 2 月，圣德太子去世。624 年 10 月，苏我马子要求获得葛城县，未得到天皇的允许。626 年 5 月，苏我马子去世，其子虾夷成为大臣。643 年 11 月，苏我入鹿将山背大兄王围困于斑鸠寺，山背大兄王一族自杀。645 年 6 月，中大兄皇子、中臣镰足等杀死苏我入鹿，苏我马子的儿子虾夷自杀。孝德天皇即位，建号大化，中大兄皇子成为皇太子，中臣镰足成为内臣；9 月，古人大兄皇子因谋反嫌疑遭到征讨；12 月，迁都难波（长柄丰碕宫）。646 年 3 月，评定东国地区各国国司的功过。649 年 5 月，右大臣苏我仓山田石川麻吕因谋反嫌疑在山田寺自杀。653 年，中大兄皇子因与天皇不和，同皇祖母、皇后、群臣等移居飞鸟。658 年 4 月，阿倍比罗夫征讨虾夷。同年 11 月，有间皇子因谋反嫌疑被处刑。661 年 7 月，齐明天皇去世，中大兄皇子称制。664 年 2 月，制定冠位二十六阶。将民部、部曲、家部赐予各氏。667 年 3 月，迁都近江大津宫。668 年 1

月，中大兄皇子即位，即天智天皇。669 年 10 月，天皇授予中臣镰足大织冠和大臣之位，并赐姓藤原。同月，藤原镰足病逝。670 年 2 月，编订户籍（"庚午年籍"）。671 年 1 月，施行近江令；10 月，大海人皇子出家，隐退吉野；12 月，天智天皇去世。

三、圣德太子改革

圣德太子改革是日本大化改新的预演，也是日本历史上第一次较大规模的改革。

进入 6 世纪以后，日本社会矛盾日趋严重，氏姓贵族、地方豪强势力争权夺利，对抗中央。如上所述，593 年，厩户皇子被立为太子（也就是圣德太子），并被任命为摄政。圣德太子为了引进大陆先进文化，巩固王权，进行了全面的改革，其主要措施有三项：①推行冠位制。603 年 12 月制定《冠位十二阶》，按照德、仁、礼、信、义、智表示冠位的高低。根据个人的才能和功绩授予冠位，不看门第，从而打破了旧的世袭氏姓门阀制度，削弱氏姓贵族集团的势力；②制定了《十七条宪法》，规定了人与人之间不同的社会地位和权利义务，为君臣、父子的等级制度提供了思想和制度保障。此外，为各级官吏制定了行为准则。是日本历史上首次提出较为完整和具体的建立中央集权统治的政治纲领，为大化改新提供了思想和理论基础；③提倡佛教，以树立一个全国共同崇信的宗教来削弱氏姓贵族的势力，提高皇权的地位。结果，全国很快出现弘扬佛法、竞造佛寺的局面；④推行平等自主的外交政策，派遣小野妹子两次使隋，确立与中国对等的外交地位和外交关系。第一次国书称"日出处天子致书日没处天子"，第二次国书称"东天皇敬白西皇帝"；⑤编纂《天皇记》《国记》等历史书，以提高皇室尊严，加强国家观念。此外，圣德太子还推进采用了中国南朝宋的《元嘉历》（中国南北朝时期天文学家何承天创立的历法，属于阴阳历），这也是日本最早的历法。

总之，圣德太子改革是日本历史第一为巩固中央集权而进行的政治尝试，在一定程度上压制了氏姓贵族的势力，加强了皇权观念，为其后的大化改新奠定了基础。

四、大化改新

大化改新是日本古代规模最大的一次政治变革，也是对日本历史发展造成重大影响的三大改革之一。

7世纪初的圣德太子的改革未能很好地解决社会矛盾，统治阶级内部矛盾深化，贵族争权夺利，部民的反抗日益高涨。土地兼并盛行，租佃制兴起。

在上述背景下，在归国留学生影响下，形成以中大兄皇子和中臣镰足为首的革新势力。645年6月，革新势力发动政变，杀死了专权的苏我入鹿，推举孝德天皇即位，建号大化。

646年元旦，孝德天皇发布改新诏书，颁布推行的一系列的改新措施。其主要内容如下：①废除部民制，收回皇室的屯仓和贵族的田庄等私有土地，将全国的土地和百姓变为"公地、公民"；②建立中央集权的政治体制。中央设八省百官，地方设国、郡、里。把原来由氏姓贵族统辖的大小诸国，置于中央管理之下。修改圣德太子制定的冠位制，647年3月，制定七色十三阶的冠位制。649年又制定19阶冠位。对于大夫以上的贵族赐予食封，以下的给予布帛，作为俸禄；③效仿隋唐实行班田收授法与租庸调制。改新诏书没有记载班田收授法的具体内容，根据后来的《大宝律令》和《养老律令》中的田令推测，其主要内容为政府每隔6年班田一次，班给6岁以上的男子口分田两段、女子为男子的2/3，奴婢为公民的1/3。受田者死后，口分田归公。接受班田的农民负担租庸调。租即实物地租；庸是劳役或其替代品；调是征收的地方特产，分为田调、户调、付调。

关于大化改新后日本社会的性质，史学界有不同看法。有部分学者认为大化改新后的律令社会是奴隶社会的继续，但一般认为大化改新使日本走上了封建社会的道路。

五、与中、朝的关系概况

597年4月，百济王派遣王子阿佐到日本进贡。同年11月，新罗遣使日本。600年2月，新罗与加耶发生战争，日本派兵救援加耶。同年，日本首次向中国隋朝派遣使节。607年7月，日本派遣小野妹子等使隋。608年4月，隋朝使节裴世清陪同小野妹子回国。9月，小野妹子随同隋朝使节再次入隋。留学生高向玄理、南渊请安、僧旻等随行。小野妹子翌年回国。614年6月，日本派遣犬上御田锹使隋。犬上御田锹翌年回国。621年，新罗派使节到日本进贡，并首次上表。623年7月，留学生惠日等回日本，并建议日本与中国唐朝建交。同年，新罗讨伐加耶，日本派军征伐新罗。630年8月，日本派遣犬上御田锹使唐，这也是最初的遣唐使。631年3月，百济的丰璋王子作为人质到日本。632年10月，犬上御田锹伴随唐使高表仁回国，日本留学生僧旻等也回国。640年10月，日本留学生高向玄理、南渊请安等回国。646年9月，日本派高向玄理出使新罗。660年3月，阿倍比罗夫征讨肃慎。663年8月，日本、百济联军与唐朝、新罗联军白村江激战。664年5月，唐朝使节到达日本，未获得进京允许。665年9月，唐使到达日本，并入京。

六、白村江之战

白村江之战是663年8月，日本、百济联军与唐朝、新罗联军之间的一场海战，也是古代东亚区域最早的一次大规模海战。

白村江并未真有这样一条江，所谓"白村江"是对白江（今天的锦江）流入黄海的海滨地区的称呼，之所以得名还由于在白江河口有名为"白村"的城栅。

7世纪下半叶的中国，经过贞观之治（627—649）后的唐朝处于"开元盛世"的鼎盛期。朝鲜半岛正处于高句丽（前37—668）、百济（前18—660）、新罗（前57—935）三国时代。三国之间，百济和新罗的矛盾最深。641年百济义慈王即位后，首先清除在对新罗战争中持消极态度的"亲大和政权派"，随后于642年大举进攻新罗。642年10月，新罗派金春秋前往高句丽求援，但高句丽权臣泉盖苏文不仅拒绝援助，且要求新罗归还刚占领的高句丽竹岭以西地区。

642年百济大举进攻新罗前，新罗曾通过朝贡、遣使及派遣留学生，多方接近唐朝。唐朝则于624年和635年册封新罗的真平王和善德王，将新罗纳入自己的势力圈，并将新罗作为牵制高句丽的力量。而高句丽在泉盖苏文掌权后，对唐朝采取强硬政策。因此，唐太宗于645年（贞观十九年）亲率10万大军进击高句丽，使其国力大为削弱，减轻了其对新罗的压力。但百济在唐朝军队进军高句丽期间，仍继续进攻新罗，连夺十数城，切断了新罗对唐朝的贡道。

与此同时，日本于645年发生大化改新，新政权倾向于改善与唐朝与新罗的关系。646年9月，日本政府派遣高向玄理出使新罗。翌年，新罗派金春秋陪高向玄理回国。日本和新罗达成协议，日本从军事上援助新罗，新罗则为日本提供先进文物。648年，新罗的金春秋入唐，将日本同意援助新罗的表文转呈唐朝。因此，唐朝与日本恢复交往。

649年7月，唐太宗病逝。同年，唐高宗即位后，从高句丽撤兵。而与此同时，日本国内发生变故，中大兄皇子铲除了改新政权的两个实力人物——左大臣苏我仓山田石川麻吕和右大臣阿部内麻吕臣，掌握了政权。中大兄皇子对于新罗与唐朝关系过于亲密深表不满。在孝德天皇去世前的654年2月，日本派高向玄理出使唐朝，并希望唐朝不要援助新罗，但唐高宗反而要求日本援助新罗。孝德天皇之后继位的齐明天皇不但拒绝唐朝要求，反而还主张与百济、高句丽联盟，与唐朝与新罗抗衡。

659年，百济进攻新罗，新罗向唐朝求援。660年，唐高宗派左卫大将苏定方统率水陆军13万出兵百济。新罗武烈王率军5万接应唐军；同年7月，唐、新联军攻陷百济王城泗沘城，义慈王投降。义慈王的堂弟鬼室福信与浮屠道深等人率部死守周留城（日本方面称州柔城）；10月，福信派人向日本求助，并要求放回作为人质的丰璋王子。齐明女皇答应福信的请求，送回丰璋王子，并于10月亲自前往筑紫（今九州岛）做出兵准备；12月，齐明天皇行次难波，为援助百济准备武器。

661年1月6日，齐明天皇再次与中大兄皇子前往筑紫准备亲征；但是，7月24日，齐明天皇因劳累过度而病故于筑紫朝仓宫。中大兄皇子回京素服称制，是谓天智天皇；8月，齐明天皇丧期未满，日本即决定派前将军大花下阿昙比罗夫、小花下河边百枝臣等，以及后将军大花下阿倍引田比罗夫臣、大山上物部连熊、大山上守君大石等救援百济；9月，日本派大山下狭井连槟榔、小山下秦造田来津率军5000余人护送丰璋王子回百济。鬼室福信率队迎接，并将朝政交丰璋王子管理。但由于百济复兴军内部原因，出兵计划未能马上实施。

662年5月，天智天皇决定派阿昙比逻夫等率军援助百济，并开始备战。663年3月，日本派遣前将军上毛野君稚子、间人连大盖，中将军巨势神前臣译语、三轮君根麻吕，后将军阿倍引田臣比逻夫、大宅臣镰柄等率军27000人攻打新罗。

而在高句丽方面，唐高宗在660年打败百济后，于661年4月，派仁雅相、苏定方率军进攻高句丽。高句丽与百济的鬼室福信联合抵抗唐军。鬼室福信率军曾一度围困刘仁原军于百济王城泗沘城，但遭刘仁轨与新罗军夹击，被迫撤军。高句丽也于662年3月遣使赴日本乞师，敦促日本水军迅速开赴战场与唐军作战。故此，日本政府命令百济战场的日本水军马上投入战斗；与此同时，662年6月，日本前将军上毛野稚子率领的军队夺取了新罗的沙鼻歧、奴江两城，使新罗与唐军的联系通道受到威胁。

此时，朝鲜半岛形成南北两个战场。在北方战场，高句丽与唐军基本形成对峙。在南方战场，由于日本水军介入，优势转向日本水军和百济军方面。但是不久，鬼室福信功高震主，被百济王扶余丰以谋反罪诛杀，百济军队战斗力被削弱。

663 年 8 月初，日本援军将至，百济王率部分军队自周留城赴白江口迎接。这时，唐右威卫将军孙仁师率援军与刘仁轨会师后，兵分两路进攻周留城。刘仁原、孙仁师以及新罗王金法敏率陆军从陆路进攻周留城。刘仁轨、杜爽率领唐水军和新罗水军从熊津进入白江口，溯江而上夹击周留城。8 月 13 日，刘仁原所部进逼周留城外围（如图 2-1-5 所示）。

图 2-1-5　白村江之战示意图
（图片来源：百度百科 https://baike.baidu.com）

与此同时，刘仁轨率唐新水军 170 艘战船到达白江口，与先期前来的日本水军相遇。唐新水军布阵于白村江。8 月 27 日上午，日本水军前锋部队首先冲向唐军水阵。由于唐军船高舰坚利于防守，日本水军船小不利于攻坚，日本水军立刻处于劣势。日本水军指挥官慌忙下令战船撤回本队。8 月 28 日，日本水军下级军官计议认为只要勇猛冲锋即可击退唐新水军，故此各领一队战船冲向唐新水军军阵。唐军统帅指挥船队分为左右两队，将日本水军围在阵中。据《新唐书》记载：唐军与日本水军海战，"四战皆克，焚四百船，海水为丹"。百济王丰璋先在岸上守卫，见日本水军失利，遂带领数人乘船逃亡高句丽。消息传到周留城，守城的百济王子于 9 月 7 日率军投降。日本陆军忙从周留城及其他地区撤离，百济境内日本水军集结于以礼城（日本方面称弓礼城），于 9 月 19 日撤回本国。

白村江之战结束了新罗与百济间的长期纷争，同时使日本受到打击，天智天皇为首的日本统治阶层从信心百倍转而怕唐朝大军压境，危及日本列岛。664 年 5 月，镇守百济的唐将刘仁愿派朝散大夫郭务悰出使日本；12 月，郭务悰离开日本。同年，天智天皇下令在对马岛、壹岐岛、筑紫国等地设置防人和烽火台，并在筑紫国造水城。665 年 8 月，天智天皇又派遣达率答春初在长门国筑城，派达率忆礼福留、达率四比福夫到筑紫国修筑大野和椽城两城。667 年 11 月，唐使司马法聪赴日。不久，日本在倭国（大和国）、赞岐国、对马国分别建造高安、屋岛、金田三城。669 年，盛传唐朝将出兵日本，日本一方面派河内鲸出使唐朝探听虚实，另一方面加固高安城等要塞。天智天皇也因此积忧成疾而去世。此后大约千余年之内，日本未曾向朝鲜半岛用兵。另一方面，唐灭百济五年后灭高句丽，与唐友好的新罗逐渐统一半岛。

思考：

1. 圣德太子改革的起因及影响如何？

2. 大化改新的影响如何？

第二讲　白凤时代（672—710）

一、白凤文化

白凤文化是指从 672 年①到 710 年迁都奈良前一段时期的文化，由白雉年号（650—654）而得名。白凤文化仍以佛教文化为中心，但前期受中国六朝文化影响，后期受唐朝文化影响。

天武天皇时期确立了以伊势神宫为中心的神祇制度，以及新天皇即位的大尝会制度，同时大力保护佛教，实施佛教国教化，为此建造大官大寺、药师寺等官寺，举行讲解护国经典法会。各地贵族也纷纷建立自己的氏寺。

673 年在川原寺抄写一切经。675 年，设立日本最初的占星台（天文台）。676 年，向诸国传讲《金光明最胜之经》。680 年，天武天皇由于皇后生病而许

---

① 关于白凤文化起始年代有些学者主张从大化改新开始，707 年结束。笔者认为 670 年法隆寺的烧毁标志着飞鸟文化的结束，而 672 年又是白凤元年，故此白凤文化起点为 672 年比较恰当。而 710 年日本迁都平城京标志着奈良时代的开始，同年作为白凤文化重要标志的山阶寺也迁至奈良，改名兴福寺。故此，白凤文化的终点为 710 年比较恰当。

愿建造药师寺（698 年建成）。685 年，山田寺金铜丈六佛像（药师如来像）开眼。692 年时，日本全国共有 545 所寺院。710 年，将山阶寺迁至奈良，改称兴福寺。

　　作为白凤文化的代表，遗存的代表性建筑有药师寺东塔（如图 2-2-1 所示）、山田寺回廊等，雕刻有药师寺金堂药师三尊像等。

图 2-2-1　药师寺东塔（日本国宝）
（图片来源：日本经济新闻 https://www.nikkei.com）

　　代表性绘画有法隆寺金堂壁画、高松冢古坟壁画等。

　　另外，还有大友皇子、大津皇子创作的汉诗作品，以及额田王、柿本人麻吕创作的长短歌、和歌等，其作品收录在奈良时代编撰的《怀风藻》和《万叶集》中。

二、壬申之乱

　　671 年 10 月，天智天皇病重，希望大海人皇子主持政务，但大海人察知大友皇子阴谋篡权，拒绝了天皇的要求，以出家为名离开京都避居吉野。同年 12

月，天智天皇去世。大友皇子继位，为弘文天皇。

672年5月，弘文天皇以修建皇陵为借口，征调军卒、民工，准备袭击大海人皇子。大海人皇子发动反击，经过6月至7月间一个月的内战，大海人皇子一方获得胜利。同年冬，迁都飞鸟净御原宫。673年，大海人皇子称帝，为天武天皇。因这次内战发生于壬申年，所以史称"壬申之乱"。

壬申之乱表面上是大海人皇子和大友皇子之间的皇位之争，实质是革新派和保守势力之间的一场殊死斗争。革新派的胜利，使大化改新成果进一步巩固。

三、八色之姓

天武天皇在位期间（673—686），在大化改新基础上，进一步推行新政，"八色之姓"是其用人政策改革的一项重要措施。684年，天武天皇宣布建立以天皇为最高等级的身份制度，整顿旧的臣、连、村主等姓，实行分为八级的新姓，即：真人、朝臣、宿祢、忌寸、道师、臣、连、稻置，亦即"八色之姓"。真人授予5世以内的皇亲原公姓氏，朝臣、宿祢分别授予原臣姓氏、连姓氏，忌寸授予真姓的国造诸氏。其中，把真人置于八姓之首，以提高皇亲的政治地位。

与此同时，为了使有才能但地位低的人获得晋升、赐位的机会，实行新的阶位制，将冠位增至48阶，以削弱大贵族的势力。

四、《大宝律令》

在《大宝律令》颁布之前，律令的编纂起源可追溯至681年，天武天皇下诏命制定律令。天武天皇去世后的689年，制定颁布《飞鸟净御原令》，但没有律，又有许多部分不适合当时日本的国情。故此，继续编纂律令，使其符合日本国情成为一大课题。《大宝律令》于701年（大宝元年）8月制定，包括律6卷，令11卷，由藤原不比等编纂，将之前的《近江令》《天武令》等制度与法规进行修正补订，成为日本历史上第一部律和令齐备，真正成型的完备法典。律相当于刑法，令相当于行政法、民法、诉讼法。直到757年《养老律令》颁行前，《大宝律令》一直是国家基本法。该法令在大化改新诏书基础上，进一步对中央集权体制和律令制进行了完善和加强。其具体内容如下：

土地制度和赋税制方面：法令详尽规定了班田法具体内容。政府每6年重新制定户籍，班给6岁以上的男女口分田。班田原则是，男子2段，女子为男子的三分之二（即 1 段 120 步），"官户"公奴婢与良民相同，"家人"私奴婢为良民的三分之二。受田人对口分田只有终身使用权，没有所有权，受田人死去，其口分田归国家。除口分田外，政府永久分给各户一定数量的园田、宅地，这些土地可以买卖。山川沼泽为公用。为便于班田，逐步实行将耕地纵横区划的条里制。

农民负担租庸调和杂徭。租额为每段稻 2 束 2 把（706 年改为 1 束 5 把），约占收获量的百分之三。庸是劳役，正丁每年到都城服劳役 10 天，一般可交庸布 2 丈 6 尺代替。次丁减半。调（包括付调）是按正丁、次丁、少丁的等级交纳一定数量的地方土特产品。庸调物品由农民自己运往首都。杂徭是国司每年役使正丁 60 天以内，次丁 30 天以内，少丁 15 天以内的徭役，但期限往往延长。另外，赋役令还规定，每 50 户出 2 名仕丁。

为实施班田法和征收赋税，该法令模仿唐朝建立户籍制度。670 年在畿内、东海、山阳、南海、西海广大地区编制公民、部民、奴隶的户籍，即"庚午年籍"。690 年又制作"庚寅年籍"。日本户籍制度全面模仿唐制，以唐令为蓝本。户籍以乡户为单位。乡户是家长制家庭，包括户主的妻子、儿女等直系亲属和兄、弟、姐、妹、伯父、伯母等旁系亲属以及寄口、奴婢、家人等，大小由 10 至 100 多人不等，一般 25 人左右。乡户中包含的小家庭房户逐渐脱离乡户成为独立纳税单位。

官僚贵族按位阶、官职、功劳受位田、职田、功田。位田赐予 5 位以上贵族，不得世袭和自行处理。职田只能在职期间占有，卸任或死亡后归还国家。功田分为大、上、中、下四等，大功田可世袭，上功田传曾孙，中功田传孙，下功田传子。位田、功田是输租田，职田大部分是不输租田，但郡司职田是输租田。这些土地大多出租给班田农民，也有役使"家人"、奴婢耕种的。神田、寺田是私有土地，是不输租田，出租或使役"家人"、奴婢耕种。分给口分田、位田、职田、功田后剩余的田地称乘田，这些土地大都在宽乡。乘田由国司经营管理，以一年为限租给班田农民，征收收获量五分之一的地租，送交太政官充作费用。

天皇家族拥有直辖领地官田，在大和、摄津各置 30 町，河内、山背各置 20 町，合计 100 町。官田由宫内省管理，宫内省派遣田司经营。田司每年调换。土地由从事杂徭的班田农民耕种，种子、农具、畜力由公家提供。官田生产的粮食全部归天皇，班田农民从事徭役期间没有报酬。

大化改新后建立了国家土地所有制，但不是清一色的，法律允许存在部分私有土地，如园田宅地、神田、寺田、大功田，等等。

中央集权制度建设方面：中央设置以天皇为中心的二官八省一台五卫府。二官即神祇官、太政官，前者掌管国家祭祀，后者为最高行政机关；太政官下设中务、式部、治部、民部、兵部、刑部、大藏、宫内八省。这样的官职，只有地位相称的贵族才能担任。省下置职、察、司等下级机关；一台即弹正台，是肃正风纪和弹劾官吏不法行为的机构；五卫府即卫门府、左右卫士府、左右兵卫府，是担负宫廷警卫的军事机构。这种太政官制意味着中央集权统治体制的成立，明治初期建立的太政官制与其基本一致。

将全国行政区划整合为五畿七道（如图2-2-2所示）。五畿指京都附近的山城、大和、河内、和泉、摄津（畿内五国）；七道包括东山、东海、北陆、山阴、山阳（今阪神地区）、南海（四国地区）、西海道（九州地区）。并修建连接地方国府的道路。

图 2-2-2　五畿七道图

（图片来源：kousin242. sakura 网 http：//kousin 242. sakura. ne. jp）

五畿七道之下设国、郡、里（后改为乡），分别由国司、郡司、里长治理。国司由中央派遣，任期6年（后改为4年），有很大权限；郡司则任命当地豪族，也认可其有一定权限；里长由里内的居民选择。此外，特别重要的首都、摄津、九州分别置左右京职、摄津职、大宰府。各机关原则上由长官、次官、判官、主典四等官和附属他们的下级官吏组成。九州是日本对大陆外交的前线，因此特设大宰府负责与大陆的外交和国防。

军事制度方面：中央设五卫府，每国设数个军团，军团受国司的指挥监督。九州设大宰府管辖下的防人司，以防外国入侵。本州岛东北陆奥地区设镇守府，防备虾夷。士兵通过征兵制征集，模仿唐朝府兵制，实行兵农合一制度。正丁的三分之一被指定为士兵，他们平时从事农业生产，在一定时期到军团服役。有的士兵作为卫士到京城守卫宫廷一年，有的士兵作为防人到大宰府防卫九州三年。虽然一般士兵被免除庸和杂徭，卫士和防人被免除庸、调、杂徭等，但被征去服役的是正丁，是各户的主要劳力，而且武器、粮食自备。这给班田农民带来极大灾难。

身份制度方面：国民被划分成"良民"和"贱民"。"良民"包括皇族、贵族等，是所谓"自由民"。皇族分亲王和诸王，亲王为天皇的皇子、兄弟、姐妹、诸王为二世以下至四世王。令制称五位以上的有位阶者为贵族。各级官僚贵族享有政治经济特权，除受田外，按位阶受位封（三位以上）、位禄（四、五位）、季禄，按官职受职封。封主占有封户交纳的田租的一半（739 年改为全部），庸、调的全部。封户是分得口分田交纳租、庸、调的班田农民。凡有位阶者免庸、调、杂徭。贵族又有荫位制的特权。所谓荫位制是三位以上的子与孙，四位、五位之子到 21 岁时，受一定位阶。他们还有减刑和子女受教育的特权。

"公民"包括改新前的自由民和绝大部分部民。他们在政治上受压迫，经济上受剥削，不仅是人口绝大多数的基本群众，也是农业生产的主要担当者。改新后被解放了的部民，大化改新前被当作赠予和赎罪对象的身份已改变，已具有人身不完全被占有的农民的特点。班田农民的徭役负担很重。品部和杂户虽是"良民"，但其身份地位介乎"良民"与"贱民"之间，日本学者称他们为半自由民。

"贱民"包括"陵守"（守皇陵者）"官户""家人"、公奴婢、私奴婢。其中，公私奴婢身份最低贱，不得建立家庭，主人把他们当作财产买卖、转让，不能和"良民"通婚，两者非法所生之子，被定为"贱民"。

司法制度方面：各级行政机关同时也是审判机关。刑罚的种类有苔、杖、徒、流、死五种。重罪有谋反、谋大逆、谋叛、恶逆、不道、大不敬、不孝、不义"八虐"。涉及"六议"者有享受减刑的特权。"六议"源于唐八议：议亲（皇亲）、议故（皇亲的故旧）、议贤（德行出众者）、议能（有才能的人）、议功（对国家有功者）、议贵（三品以上官员，有一品爵位的人）、议勤（勤于政务的人）、议宾（前朝国君，被尊为国宾者）。其中，日本"六议"取消了议勤、议宾。

关于天皇的地位和权限，法律上没有明文规定，天皇拥有至高无上的神权，所以他是立于法律之上的国家最高统治者。皇权神授、天皇为活神的宗教观念在贵族阶层中已确立。天皇通过中央到地方的各级机构和官吏，统治全国。总之，律令制的国家统治体制是以天皇为首的中央集权的封建专制体制。

五、经济发展

通过律令制度的完善，经济也得以发展，国力得到加强。农业方面：铁制农具普及，耕作技术得以改进，出现了犁，用牛等畜力耕种增长，水稻种植广泛采用先进的插秧技术和割茎法。农作物和经济作物品种多样化。灌溉方面：政府役使农民兴修沟渠、池塘、堤坝等水利设施。通过上述举措和改进，耕地面积扩大，农业生产率大大提高。

产矿业自大化改新以后迅速兴起。一些地区发现和开采矿物资源，如美作、备中、备后、近江的铁，越后的石油，对马的银，周防、长门、丰前、武藏的铜，下野、陆奥的金，伊势的水银等。矿山委托国司和生产者开发，规模不大，产量有限。708 年，仿造唐朝的开元通宝，铸造了被称为和同开珎的铜钱、银钱（如图 2-2-3 所示）。这是日本铸造正式货币的开端。此后，到 958 年的乾元大宝，共铸造了 12 种货币，被统称为"日本皇朝十二钱"。

图 2-2-3　和同开珎银币
（图片来源：日文维基百科 https://ja.wikipedia.org）

思考：

1. 分析日本白凤文化中的中国元素。

2. 为什么大宝律令的颁布意味中央集权封建政治体制的确立？

第三讲　奈良时代（710—794）

一、奈良时代概述

710 年，日本从藤原京迁都平城京（现在的奈良市以及近郊），迎来了律令国家的兴盛时期。但是，由于庄园扩大而导致公地公民制崩溃，使农民贫困、游民增加，阶级矛盾开始暴露。佛教文化方面，8 世纪中期，出现受唐代鼎盛期文化影响，以写实手法体现人类丰富情感的天平文化。与佛教美术相媲美，这个时期的诗歌文化的金字塔是《万叶集》，如实反映了古代日本人朴素的生活情感。此外，保存至今的日本最古老的历史书籍《古事记》（712）、最古老的敕撰历史书《日本书纪》（720）、最古的汉诗集《怀风藻》（751）等都是这个时代的文化遗迹。

二、平城京

平城京模仿唐长安城，大小为其约 1/4，东西约 6 千米（也有说法是 4.2 千米），南北约 4 千米（也有说法是 4.8 千米）。东部、北部建外京，中心建朱雀大街，北部中央建宫城平城宫，设置天皇生活的内里。内里由以太极殿为中心的国家仪式场所朝堂院，以及中央官厅组成。

朱雀大街东面为左京，西面为右京，每纵横 4 町（530 米）有大路。采用条坊制，规划南北 9 条，东西各 4 坊（如图 2-3-1 所示）。朱雀大街北端为朱雀门（如图 2-3-2 所示）。

位于奈良佐纪町的平城宫遗址的正式发掘开始于 1959 年，出土了大量木简，其中大半是记录从全国各地运往平城京庸、调情况的标签。

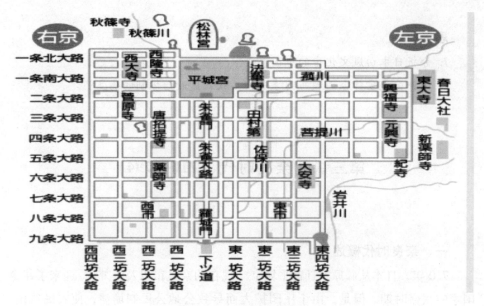

图 2-3-1 平城京平面图

（图片来源：奈良世界遗产学习 http：//sekaiisang. naracity. ed. jp/）

图 2-3-2 复原后的平城宫正门（即朱雀门）

（图片来源：hatenablog 网 https：//kumacare. hatenablog. com）

三、边境开拓

随着日本国力的充实，领土也有所扩充，对开拓东北地方和九州地方，平定虾夷和隼人倾注了力量。

在东北地区的日本海一侧于 708 年设置出羽郡，在最上川的河口修筑出羽栅，作为统治虾夷的据点。712 年设置出羽国。733 年在雄物川河口筑秋田城。同时强迫东海、东山、北陆地区的农民移居东北边境，开发该地区；在东北地区的太平洋一侧于 724 年筑多贺城（仙台市东），并置镇守府，设镇守府将军，统治虾夷。后在陆奥也设置国府，作为平定支配虾夷的据点。

在九州、西南诸岛方面，征讨九州南部的隼人，于 713 年设置大隅国，加强对该地区的控制。支配种子岛、屋久岛、奄美大岛、石垣岛、久米岛等岛屿，设置岛司。

四、《三世一身法》

为增加税收、奖励垦荒，以解决财政困难及土地不足问题，日本政府于 723 年颁布《三世一身法》，规定凡是新修沟池开垦的土地，多少不限，归开垦者三代所有；利用旧有沟池开垦的土地只允许开垦者一代所有。

但是，由于垦田到时必须交还国家，该法令并没有达到预期的目的。故此，日本政府于 743 年颁布《垦田永年私财法》，认可按身份地位规定限额之内开垦的土地归开垦者永久私有。此后，有实力的贵族、寺院等，占有广大的原野，利用奴婢、周边农民、逃亡的农民进行开垦，使各地广阔的私有地增加，促使日本的封建国家土地所有制迅速向封建地主领主土地私有制转化，庄园开始出现。

五、藤原广嗣之乱

藤原广嗣之乱是奈良时代中期上层贵族间争夺权势的内讧。737 年（天平九年），权倾朝野的藤原不比四兄弟因传染天花相继去世。天皇重用藤原氏的政治对手橘诸兄以及从大唐留学归国的吉备真备、僧玄昉等。

738 年，藤原广嗣被贬官为大宰少贰。740 年，藤原广嗣从九州太宰府举兵，发动叛乱。但在 11 月 16 日，藤原广嗣被官军俘虏，叛乱被镇压。11 月 24 日（天平十二年 11 月 1 日），大野东人将藤原广嗣、藤原纲手斩首于肥前国唐津。741 年，朝廷公布了对叛乱的处分，死罪 16 人、没官 5 人、流罪 47 人、徒罪 32 人、杖罪 177 人。藤原广嗣的弟弟们也大多受牵连而被流放。

六、遣唐使

为了汲取隋唐王朝统治经验和先进的文化，从 630 年（舒明天皇二年）至 894 年（宽平六年），奈良时代和平安时代的日本朝廷一共任命了 19 次遣唐使，成行并到达长安的有 13 次。遣唐使团初期约 250 人，后期约 500 人，甚至达到 600 人。其次数之多、规模之大、时间之久、内容之丰富，可谓中日文化交流史上的空前盛举。

其官员包括大使、副使、判官、录事官等，有时在大使之上置持节使或押使。这些官员都从通晓经史、长于文墨、熟悉隋唐情况或有一技之长的人中选拔。使团其他成员有知乘船事（船长）、造船都匠、船师、船匠、水手长、水手、射手、杂使、翻译、神官、医师、阴阳师、画师、卜部、音乐长、音乐生等。还有不少留学生。13 次成行的遣唐使中，以阿倍仲麻吕、吉备真备随行的第八次遣唐使最为著名。

通过遣唐使，中国的律令制度、文化艺术、科学技术及风俗习惯等传入日本，唐文化及佛教文化在日本广泛传播，对推动日本社会的发展和促进中日友好交流做出了巨大贡献。

七、天平文化

天平文化是奈良时代以京城为中心的文化的通称。710 年（和铜三年）3 月，日本元明天皇迁都平城京（奈良），至 794 年 10 月迁都平安京（京都），是日本史上的奈良朝，729—748 年以天平为年号，以后又以天平感宝、天平胜宝、天平宝字、天平神护等为年号，是奈良时代的全盛期。故此将奈良时期的文化称为"天平文化"，又称奈良文化。这一时期，日本多次派遣唐使、留学生、学问僧到中国学习，例如阿倍仲麻吕、吉备真备及玄昉等人。另外，也有唐朝的学者，特别是僧人到日本，例如 736 年，唐朝僧人道璿到日本传华严宗。754 年，唐朝僧人鉴真到日本传律宗。他们将唐代文化广泛地在日本传播，使日本佛教兴盛，在城市发展、寺院建筑、造型艺术、雕刻、绘画、书法、音乐等各个文化领域都有突出的新成就。这种文化实质上是以平城京为中心的城市贵族文化。与此同时，日本依靠律令制度使国力得以充实，生产技术也有所发展，出现许多能工巧匠。

　　天平文化体现在流行强烈的国家意识之中，其为树立天皇家族神圣权威而编撰国史上。712 年成书的三卷本《古事记》（太安万侣奉命据稗田阿礼背诵的帝记、旧辞笔录），利用假名（如图 2-3-3、图 2-3-4 所示）表记。

无	和	良	也	末	波	奈	太	左	加	安
无ん	和わ	良ら	也や	末ま	波は	奈な	太た	左さ	加か	安あ
	為ゐ	利り	由ゆ	美み	比ひ	仁に	知ち	之し	機き	以い
		留る		武む	不ふ	奴ぬ	川つ	寸す	久く	宇う
	恵ゑ	礼れ	与よ	女め	部へ	祢ね	天て	世せ	計け	衣え
	遠を	呂ろ		毛も	保ほ	乃の	止と	曽そ	己こ	於お

图 2-3-3　中文草书演化平假名

（图片来源：hinative 网 https：//hinative.com）

ア阿	イ伊	ウ宇	エ江	オ於
カ加	キ機	ク久	ケ介	コ己
サ散	シ之	ス須	セ世	ソ曽
タ多	チ千	ツ川	テ天	ト止
ナ奈	ニ仁	ヌ奴	ネ祢	ノ乃
ハ八	ヒ比	フ不	ヘ部	ホ保
マ末	ミ三	ム牟	メ女	モ毛
ヤ也		ユ由		ヨ與
ラ良	リ利	ル流	レ礼	ロ呂
ワ和	ヰ井		ヱ惠	ヲ乎
ン尒				

图 2-3-4　中文楷书偏旁部首演化片假名

（图片来源：hinative 网 https：//hinative.com）

《古事记》以天皇家族为中心，讲述开天辟地、天孙降临、神武东征、武尊讨伐至推古天皇时代的故事，内容多神话传说，但看出日本民族形成期的某些痕迹；720 年成书的 30 卷本《日本书纪》（舍人亲王等编纂），是汉文编年体史书，内容从神话时代一直到 697 年（持统天皇时代），史料价值较高，但仍需批判分析性引用。官方修史持续到平安时代中期，共有六部用汉文撰写的历史书籍，即《续日本纪》《日本后纪》《续日本书纪》《续日本后纪》《日本文德天皇实录》《日本三代实录》，包括《日本书纪》在内，统称《六国史》。另外，在 713 年，朝廷命令诸国编撰山川名称来源、乡土特产、古老传说等，即汉文记载的地方志《风土记》，目前仅剩常陆、出云、播磨、丰后、肥前五国的《风土记》，而且大多残缺。

天平文化是受盛唐文化影响的，国际色彩浓厚的佛教文化。这一时期，受到圣武天皇等当权者保护的日本佛教，祈求国家平安的"镇护国家"的思想比较强，但也有对民众布教和兴办社会事业者。

这一时期，包括东大寺，各国都兴建国分寺，都大规模地抄写佛经。这一时期著名的佛寺有药师寺（680 年建）、兴福寺（710 年由山阶寺改称）、东大寺（又称大华严寺，是日本华严宗大本山。东大寺前身为 733 年建立的金钟寺，东大寺大佛的铸造始于 747 年，东大寺的称呼应该是始于此时）、唐招提寺（759年建）、西大寺（765 年建）、室生寺（兴福寺僧人贤璟 771 年开始兴建）、比叡山一乘止观院（后来的延历寺，由最澄创建）、东寺和西寺（796 年建）等。在佛塔建筑方面值得一提的是，日本政府曾于 770 年组织修建了百万基小佛塔，并分别放置到各个寺院（塔内的陀罗尼经成为世界最古老的印刷品之一）。

在佛像、佛画、寺院建筑方面产生许多优秀作品。佛像塑造方面，东大寺三月堂的执金刚神（如图 2-3-5 所示）和日光菩萨（如图 2-3-6 所示），以及该寺戒坛院的四天王（如图 2-3-7 所示）等塑像，三月堂不空胃索观音（如图 2-3-8 所示），兴福寺的十大弟子、八部众（如图 2-3-9 所示）等干漆像是代表作品。除金、铜、木材外，还使用塑土和干漆等软材料，表现技术有所进步，能采取理想的写实方法。

著名建筑有兴福寺东金堂（726 年建立）（如图 2-3-10 所示）、兴福寺五重塔（730 年建立）（如图 2-3-11 所示）、药师寺东塔（730 年建立）（如图 2-3-12 所示）、法隆寺梦殿（739 年建立）（如图 2-3-13 所示）、东大寺法华堂（如图 2-3-14 所示）、唐招提寺金堂（如图 2-3-15 所示）等。

图 2-3-5　东大寺的执金刚神

（图片来源：日文维基百科 https：//ja. wikipedia. org）

图 2-3-6　东大寺日光菩萨（日本国宝）

（图片来源：新浪图片 http：//slide. fo. sina. com. cn）

持国天　　　　　増長天　　　　　廣目天　　　　　多聞天

图 2-3-7　东大寺戒坛院四天王像

（图片来源：sumally 网 https：//sumally.com）

图 2-3-8　东大寺不空罥索观音立像

（图片来源：新浪图片 https：//photo.sina.cn）

图 2-3-9 兴福寺八部众像（源于印度异教八神，因保护佛教，被称为八部众）

（图片来源：Pinterest 网 https：//www.pinterest.jp）

图 2-3-10 兴福寺东金堂

（图片来源：ameblo 网 https：//ameblo.jp）

图 2-3-11 兴福寺五重塔

（图片来源：日文维基百科 https：//ja. wikipedia. org）

图 2-3-12 药师寺东塔

（图片来源：日本经济新闻 https：//www. nikkei. com）

图 2-3-13　法隆寺东院梦殿

（图片来源：文化遗产在线 https：//bunka. nii. ac. jp）

图 2-3-14　东大寺法华堂

（图片来源：中文维基百科 https：//zh. wikipedia. org）

图 2-3-15　唐招提寺金堂

（图片来源：唐招提寺网 https：//toshodaiji. jp）

绘画方面，有上品莲台寺的《过去现在因果经图》、正仓院的《鸟毛立女屏风》（如图 2-3-16 所示）、药师寺的《吉祥天女画像》（如图 2-3-17 所示）等。

图 2-3-16　鸟毛立女屏风 2

（图片来源：中文维基百科 https：//zh. wikipedia. org）

图 2-3-17　药师寺吉祥天女像

（图片来源：中文维基百科 https：//zh. wikipedia. org）

最有名的是正仓院（756 年，圣武天皇的遗物被赠送给东大寺，这成为正仓院之始）（如图 2-3-18 所示）收藏的御用珍品，其中许多家具、日用品、乐器和伎乐面具等都是从唐朝和西域传到日本的工艺品（如图 2-3-19、图 2-3-20 所示）。

图 2-3-18　正仓院（干栏式建筑）

（图片来源：中文维基百科 https：//zh. m. wikipedia. org）

图 2-3-19　绀琉璃杯（正仓院，经中国传入的罗马文物）
（图片来源：Buyee 网站 https：//buyee.jp）

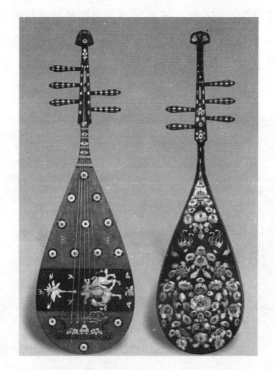

图 2-3-20　唐代螺钿紫檀五弦琵琶孤品（左面为正面，右面为背面）
（图片来源：百度百科 https：//baike.baidu.com）

由此可以看到天平文化的世界性和当时摄取这些文化的人所具有的高度美学意识。这些珍品作为工艺美术资料来说也受到很高评价。文学方面有《万叶集》《怀风藻》（751 年成书）。

八、东大寺的卢舍那大佛

747 年，圣武天皇下诏令铸造东大寺卢舍那大佛（如图 2-3-21 所示）。749 年，卢舍那大佛铸造完工，圣武天皇命令将其安置在大佛殿（如图 2-3-22 所示），并称其为"三宝奴"。752 年，东大寺卢舍那大佛开眼供养。

1180 年平重衡军队火烧东大寺，大佛受到很大损伤，1185 年得以复原。1567 年由于松永久秀军队火烧东大寺，再次受到较大损伤，1692 年（元禄五年）得以修复，高 16.2 米。

图 2-3-21 东大寺卢舍那大佛（卢舍那有太阳之意思，也称大日如来）
（图片来源：梵华网 http://fh. china. com. cn）

图 2-3-22　东大寺大佛殿

（图片来源：中文维基百科 https：//zh.wikipedia.org）

九、《养老律令》

《养老律令》是日本元正天皇养老二年（718 年）制定的律令法典，故名。大化改新后，为巩固改新成果、加强中央集权，于 701 年制定《大宝律令》。

718 年在《大宝律令》基础上修订《养老律令》，其内容包括律 10 卷 12 编、令 10 卷 30 编。养老律令在 757 年（天平宝字元年）5 月施行，废止于明治维新，期间大约是 1100 年，也是日本史上历史最长的明文法令。律令规定国家政治、经济制度，是国家的根本大法，其意义近似宪法。至此，日本成为封建法制较完备的国家。《养老律令》保存至今，是研究大化改新至奈良初期日本历史的重要文献资料。

十、橘奈良麻吕之乱

740 年，藤原广嗣叛乱失败后，橘诸兄逐渐失势。代之而起的是受孝谦天皇（749-758 年在位）宠信的藤原武智麻吕的第二个儿子藤原仲麻吕。藤原仲麻吕极力维护律令制，因其减轻农民的负担，以防班田农民逃亡，757 年施行其祖父藤原不比等制订而被长期搁置的《养老律令》。但由于政府组织修建卢舍那大佛和大量寺院，百姓的负担依然很重。

757 年 7 月，失势的橘诸兄的儿子橘奈良麻吕（参议），趁百姓苦于建造大佛和寺院的机会，联合对藤原仲麻吕不满的皇族，和大伴氏、佐伯氏等贵族，策划起兵。欲杀藤原仲麻吕，撤换天皇，但由于有人告密而被镇压。

十一、惠美押胜之乱

"惠美押胜之乱"又称"藤原仲麻吕之乱"。758 年 8 月，孝谦天皇为藤原仲麻吕赐名惠美押胜。760 年 1 月，惠美押胜成为太师（太政大臣）。不久，因孝谦天皇宠信僧侣道镜，仲麻吕的势力急剧下降。

故此，764 年 9 月，惠美押胜企图夺取孝谦天皇宠信的大臣禅师道镜的职位而发动政变，但最终失败。765 年闰 10 月道镜被任命为大臣禅师。766 年 10 月，道镜被授予法王之位。

思考：

1. 评析遣唐使。

2. 天平文化有哪些主要特点？

第四讲　平安时代（794—1192）

一、平安时代概述

8 世纪末，日本将都城移至平安京（现在的京都市），试图重建律令体制。但由于公地公民制的崩溃，国家陷入财政困难。894 年派出最后一批遣唐使后，日本大量摄取大陆文化的活动告一段落。

10—11 世纪，藤原氏专权，创立日本史上著名的"关白政治"这种特殊政体。也就是藤原氏以外戚身份在天皇年幼时作"摄政"，在天皇年长后作"关白"。

这一时期以庄园为经济基础的在乡领主势力强盛起来。由于地方政治的混乱，以领主为核心的武装组织——武士集团随之强大起来。11 世纪末，为对抗藤原氏专权开始实行"院政"（指日本平安时代后期上皇、法皇代理天皇执政），武士阶层开始进入中央政界。

平安时代的文化主要以本土文化为特色。9世纪时受唐朝影响，密教和汉学方面的"弘仁·贞观文化"还十分繁荣。但10世纪后与大陆的直接交流断绝后，日本便诞生了其独特的贵族文化。

二、平安京

784年，以藤原种继为造长冈宫使，开始营造长冈京（今天京都府的长冈京市、向日市等区域）。桓武天皇于同年移居新都。但是，785年发生藤原种继被反对迁都的大伴、佐伯氏等暗杀等事件，继续营造长冈京遭遇挫折。后选取山背国葛野郡宇太村（京都市），营造平安京。794年迁都平安京（如图2-4-1所示），山背国也改名为山城国。迁都的理由有以下三点：①为了显示天智系新王朝的威势；②为了排除以平城京为基础的传统豪族、寺院势力；③为了将平城京与难波宫统合，紧缩财政。

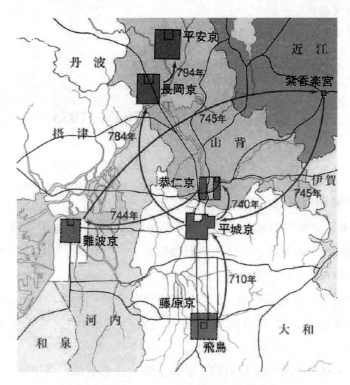

图 2-4-1　日本古代都城的变迁
（图片来源：AONIYOSHI 网 http://eich516.com）

平安京和平城京一样，也是模仿唐朝的长安，东西长 4.5 公里，南北长 5.3 公里，为长方形条坊制。中央北端为内里和官衙，朱雀大街从中央贯穿南北，左右为左京、右京（如图 2-4-2 所示）。

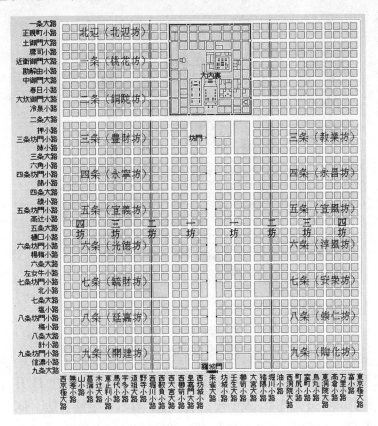

图 2-4-2 平安京略图

（图片来源：官制大观 http：//www.sol.dti.ne.jp）

三、田堵制（负名制）

由于班田制的崩溃，日本政府为保证财源，不得不采取新的租赋征收方式，田堵制由此产生。其主要内容是让比较富裕的农户每年承包一定面积的耕地进行经营，由其担负纳租责任。这种承包人被称为"田堵"，其所承包的地称为"负名"，承包者每年春天要向国家提交申请（请文）并订立合同。后来，承包人对耕地的占有权进一步稳固和加强，并给所占土地加上自己的名字。这些承包地变成了"名田"，土地所有者变成了"名主"。进入 11 世纪以后，日本庄园的大部分承包地转为名田。成为日本封建社会发展的一大标志。

四、坂上田村麻吕

坂上田村麻吕（758—811）（如图 2-4-3 所示）是平安时代的武将，是日本传统文化中的武神。

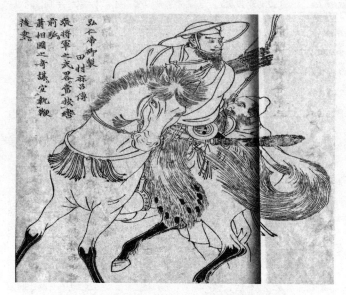

图 2-4-3　坂上田村麻吕（菊池容斋所绘）
（图片来源：中文维基百科 https：//zh. wikipedia. org）

恒武天皇在位时期（782—805）开始大举讨伐虾夷。797 年 11 月，坂上田村麻吕被任命为征夷大将军。801 年，坂上田村麻吕平定虾夷地。802 年 1 月，坂上田村麻吕筑胆泽城。803 年 3 月，坂上田村麻吕筑志波城。804 年 1 月，坂上田村麻吕再次被任命为征夷大将军。805 年坂上田村麻吕去世，被追赠从二位。

五、菅原道真

菅原道真（845—903）（如图 2-4-4 所示）是平安时代的贵族、学者、诗人（擅长汉诗）、政治家，也是日本传统文化中的学问神"文圣"。

菅原道真出生于世袭的文学博士家庭，是参议菅原是善的第三子，除了是学问神外，还以忠臣著称。他曾被宇多天皇重用，是宽平之治的主要参与者。

菅原道真年幼时即长于诗歌，862 年成为文章生，867 年成为文章得业生，叙任正六位下下野权少掾，870 年升任正六位上，隔年转任玄蕃助，不久，再迁任少内记。874年，菅原道真升任从五位下兵部少辅，877年担任式部少辅，同年10月改元元庆，兼任文章博士，879年升为从五位上，883年兼任加贺权守、治部权大辅。886年1月，他被任命为赞岐守，前往四国赞岐，890年回京。

图 2-4-4　菅原道真像，菊池荣斋绘
（图片来源：中文维基百科 https：//zh. wikipedia. org）

宇多天皇为牵制外戚藤原氏，重用菅原道真。891年2月，菅原道真补任藏人头，后兼任式部少辅与左中弁。次年1月，升任从四位下，并于同年年底兼任左京大夫。893年2月，菅原道真补任参议，并兼任式部大辅，后因兼任左大弁、勘解由长官、春宫亮，免去式部大辅职务。894年8月，菅原道真被任命为遣唐大使。但在其建议下，9月，日本中止遣唐使。同年12月，菅原道真兼任侍从。895年，菅原道真兼任近江守，后升任从三位权中纳言，兼任春宫权大夫，其长女衍子成为宇多天皇的女侍。次年8月，菅原道真兼任民部卿。897年，菅原道真的女儿和宇多天皇之子齐世亲王结婚，同年6月，菅原道真升任权大纳言，兼任右近卫大将。7月，宇多天皇让位给醍醐天皇，醍醐天皇继续重用菅原道真，将其升任正三位，并兼任中宫大夫。

当时只有藤原时平与菅原道真拥有"官奏执奏"（又称为"内览"）的特权。感到威胁的藤原氏与中下层贵族中对菅原道真的政治改革感到不安的人合谋对付菅原道真。899年2月，菅原道真升任右大臣并兼任右近卫大将，藤原时平任左大臣。次年，文章博士三善清行建议菅原道真退隐，但他没有接受。901

年1月，菅原道真升任从二位，但被诬告企图帮齐世亲王夺取皇位而获罪，被贬为大宰权帅，流放至九州太宰府。以长子菅原高视为首的四名子女皆被处以流刑（是为"昌泰之变"）。

903年，菅原道真在太宰府筑紫的配所（罪人发配之所）病逝，并葬在当地（现太宰府天满宫）。923年4月20日，菅原道真被追赐右大臣，赠正二位。987年，菅原道真被一条天皇赐称"北野天满宫天神"。993年5月20日，菅原道真被赠正一位左大臣，10月20日被追赠太政大臣。

六、弘仁·贞观文化

弘仁·贞观文化是平安时代前期的文化。这一时期，日本政府在政治方面注重儒教的"德治主义"，唐文化的影响进一步加强，也在汉文学得以发展的同时，佛教，特别是密教盛行。

在汉文学方面，汉诗文盛行，以嵯峨天皇为首，涌现出了空海、小野篁、菅原道真等诸多的文人、学者，产生了敕撰汉诗集。书道方面也受唐朝影响，嵯峨天皇、空海、橘逸势被后世合称"三笔"。培养官吏的大学也以学习汉诗文、历史等的"文章道"为中心。806年，名医和气广世在任大学寮别当时创立弘文院。821年，藤原冬嗣创立劝学院。841年，《日本后纪》成书。879年，藤原良房等人撰写《续日本后纪》。879年，藤原基经等人撰写《日本文德天皇实录》。881年，在原行平创立奖学院。892年，菅原道真撰写《类聚国史》。

在佛教界，新宗派的创立带来了新风气。804年，最澄、空海、橘逸势到唐朝求学。805年，最澄归国，创立天台宗，在比睿山开创延历寺。806年，空海回国，在京都教王护国寺（即东寺，建于796年）宣讲佛法，创建密教的真言宗。816年，空海在高野山创建金刚峰寺。822年，日本政府允许在延历寺设置戒坛（即大乘戒坛）。823年，嵯峨天皇赐京都教王护国寺为真言宗的根本道场。828年，空海创立综艺种智院。838年，日本天台宗山门派创始人圆仁等人入唐（847年回国）。853年，日本佛教天台宗寺门派创始人圆珍（空海的外甥）等人入唐（858年回国）。866年，天皇赐最澄"传教大师"谥号，赐圆仁"慈觉大师"谥号，这是日本大师谥号的开始。868年，圆珍成为延历寺住持。874年，僧人圣宝创建醍醐寺（真言宗醍醐派总本山）。888年，建立仁和寺（日本真言宗御室派总寺，建于公元886年）金堂。这一时期天台宗、真言宗两大宗派除在山岳开创寺院、镇护国家外，还为个人祈祷现世的利益，吸引了不少贵族信教。

　　由于新佛教构建与山岳地形相应的庙堂建筑，所以佛教建筑方面之前齐整的伽蓝样式开始消退。佛像技法方面，木雕的"一木造"（如图 2-4-5 所示）开始增多。

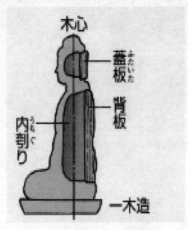

图 2-4-5　一木造示意图

（图片来源：山川 & 二宫 ICT 图书馆 https：//ywl. jp）

　　雕刻技法方面，如波纹一样的衣褶的"翻波式"技法产生。

　　美术方面，庄严的密教艺术得以发展，绘画、雕刻方面也由于其神秘感而让人难以接近。代表性的遗存：在建筑方面有室生寺金堂（如图 2-4-6 所示）、五重塔（如图 2-4-7 所示），绘画方面有园城寺的黄不动（如图 2-4-8 所示），雕刻方面有观心的如意轮观音像（如图 2-4-9 所示）等。

图 2-4-6　室生寺金堂

（图片来源：奈良大和网 https：//www. nara-yamato. com/）

图 2-4-7 室生寺五重塔

（图片来源：日本的塔 http：//kawai25. sakura. ne. jp）

图 2-4-8 园城寺的黄不动（不动明王）像

（图片来源：朝日新闻 https：//www. asahi. com）

图 2-4-9 木雕如意轮观音像
（图片来源：e 国宝网 https：//emuseum. nich. go. jp）

在历法方面，857 年使用五纪历。《五纪历》由唐朝郭献之编纂，属于阴阳历。861 年使用长庆宣明历。《宣明历》由唐代徐昂制订，颁发实行于唐穆宗长庆二年（822）。

在神道教发展方面，876 年创建了祇园社（八坂神社） （如图 2-4-10 所示）。

图 2-4-10 八坂神社
（图片来源：aumo 网站 https：//aumo. jp）

七、三代格式

"三代格式"是弘仁格式、贞观格式、延喜格式（所谓"格式"是律令的辅助法令）的总称。弘仁、贞观、延喜分别是上述三种格式编纂年代的年号。

弘仁格式由藤原冬嗣等6人按嵯峨天皇敕命编集，720年4月施行，编集方式是按类别将701—819年间的诏、敕、官符等集为一册。其中，格有10卷、式有40卷，现今都有部分留存；贞观格式由藤原氏宗根据清和天皇敕命编集。格12卷，编成于869（贞观11年）年，内容为819~868年间的诏、敕、官符等。式20卷，编成于871（贞观13年）年，仅收录820（弘仁11年）年之后对《弘仁格式》内容的更改及增补部分。贞观格式现今没有留存；延喜格式，按醍醐天皇敕命编写。格10卷由藤原时平等人编成于907（延喜7年）年，908年施行，收集有869—907年间的重要法令。式50卷由藤原忠平等人编成于927（延长5年）年，967年施行，基本上是弘仁格式与贞观格式的集成，其中略有取舍和追加。

八、渤海使

渤海使指渤海国派往日本的使节。据记载，728年至922年之间，渤海国共派遣34次（辽派遣一次）使节。698年，高王大祚荣建立渤海国，第二代武王大武艺时，渤海国与唐和新罗发生外交对立，为牵制两国，渤海国开始向日本派遣使节。初期的渤海使有较强的军事同盟意义，日本方面也认为渤海国仰慕天皇的德化而遣使，故隆重接待。与此同时，日本有时也遣使至渤海国。

第三代文王大钦茂想要改善与唐朝关系，日本与渤海间往来的军事意义逐渐被淡化，改为以文化交流和商业活动为主。此外，由于两国往来采取朝贡贸易的形式，对于渤海的贡品，日本方面须给予数倍的回赐。因此，渤海国得到较大利益，但日本的财政因此受到影响。故此，799年5月，日本政府规定渤海使到日本每6年1次，824年变为每12年1次。926年，渤海国被辽国所灭。929年5月，辽国派遣的渤海使到日本，为最后一个渤海使。

九、藤原良房

藤原良房（804—872）是藤原氏北家藤原冬嗣次男。官至从一位摄政太政大臣，准三宫，到去世后赠正一位，封美浓公，汉风谥号忠仁公。世称其为"染殿大臣"或"白河殿"。其女明子入宫为文德天皇女御，生惟仁亲王（清和天皇）。

由于嵯峨天皇的眷顾，藤原良房于 825 年出任藏人，其后历任中判事、大学头、春宫亮、左近卫少将等职位，并在 834 年升至从四位参议，进入公卿之列。835 年任从三位权中纳言，840 年升为中纳言，848 年任右大臣，857 年 2 月成为太政大臣。

858 年 8 月，文德天皇病故。11 月，因外孙清和天皇年幼，藤原良房以太政大臣和外戚的双重身份独揽朝政。这也是日本历史上最初的人臣摄政。清和天皇自幼长于良房宅邸，对良房的信赖终身不变。藤原良房任摄政是日本史上初次由非皇族的臣子担任摄政，其后藤原北家子孙相继担任摄政、关白，可以说是良房奠定了藤原氏北家全盛的政治基础。藤原良房无子，以兄长良的儿子藤原基经为后。972 年 9 月，藤原良房去世。

十、承和之变

承和之变发生在平安时代初期，承和九年（842）因废立太子而引发的一场政变，也是藤原氏为排挤政敌而进行的第一次行动。

823 年，嵯峨天皇让位给弟弟淳和天皇。833 年，淳和天皇将皇位传给嵯峨上皇皇子正良亲王，即仁明天皇。仁明天皇立淳和上皇之子恒贞亲王为皇太子。嵯峨天皇开始建立的皇权继承体系维持了近三十年的稳定。在此期间没有发生有关皇权的纷争。

但是，也就在此期间，藤原北家的藤原良房由于获得了嵯峨上皇和皇太后橘嘉智子（檀林皇太后）的眷顾而实力大增。藤原良房的妹妹藤原顺子成为仁明天皇的中宫，并生下皇子道康亲王。藤原良房一心想让道康亲王成为皇太子。察觉这种状况，不愿卷入政治纷争的恒贞亲王多次向父亲淳和上皇表明辞太子之位的心意，却屡次被嵯峨上皇劝阻。

840 年，淳和上皇过世。承和九年（842 年）7 月，嵯峨上皇也病入膏肓。此时，仕于皇太子的春宫坊带刀舍人伴健岑及其盟友但马权守橘逸势感到危机临近，而谋划将恒贞亲王移往东国。他们将此计划告诉了阿保亲王（平城天皇皇子）。但阿保亲王将该计划秘密上报了檀林皇太后。檀林皇太后立即召见时为中纳言的藤原良房，并将阿保亲王的密呈传奏仁明天皇。7 月 15 日，嵯峨上皇驾崩。7 月 17 日，仁明天皇下令抓捕伴健岑和橘逸势，同时命六卫府对平安京进行警备戒严。23 日，左近卫少将藤原良相（良房之弟）率近卫府兵包围皇太子居所，逮捕了出仕皇太子的大纳言藤原爱发、中纳言藤原吉野、东宫大夫文室秋津。仁明天皇下诏判伴健岑和橘逸势谋反罪，恒贞亲王被废黜皇太子之位。藤原爱发被放逐出京都，藤原吉野贬为大宰员外帅，文室秋津贬为出云员外守，伴健岑流放至隐岐（后贬至出云），橘逸势流放至伊豆（途中在远江国板筑去世）。此外，春澄善绳等侍奉恒贞亲王的东宫职及春宫坊的官员多数也被处分。

政变后，藤原良房升任大纳言，道康亲王被立为皇太子。850 年 4 月，道康亲王即位，称文德天皇。藤原良房迫使天皇立自己年幼的外甥惟仁亲王为皇太子。858 年 8 月，惟仁亲王即位，为清和天皇。藤原良房便以太政大臣和外戚的双重身份独揽朝政。总之，藤原良房通过"承和之变"确立了自己的权威，为藤原氏繁荣发展打下了坚实的基础。

十一、藤原基经

藤原基经（836—891）是平安时代公卿，藤原氏北家出身，藤原长良第三子，叔父藤原良房养子。藤原良房去世后，历清和天皇、阳成天皇、光孝天皇、宇多天皇四代，官至从一位摄政关白太政大臣，准三宫，是朝廷实权的掌控者。藤原基经幼名手古，世称"堀川大臣"或"堀河大臣"，去世后赠正一位，封越前公，谥昭宣。

872 年 9 月藤原良房去世后，11 月藤原基经任摄政，为了扩大权力，创立"关白"官职。884 年 6 月，藤原基经行关白之实，所有政事都要先咨询太政大臣藤原基经，再上奏天皇。887 年 11 月，藤原基经接受天皇"关白"诏书，这也是日本历史上最初的关白。"关白"一职比摄政和太政大臣有更大的权利，是天皇代言人，也是天皇与廷臣之间的联络媒介，地位仅次于天皇。890 年 12 月，藤原基经辞去"关白"，翌年去世。其后，藤原家族的实力有短暂削弱，但藤原基经的儿子藤原时平很快重新确立了藤原家族的霸权。

十二、摄关政治

摄关政治是日本平安时代中期的一种政治体制，指藤原氏以外戚地位实行贵族寡头统治的政治体制。"摄关"是摄政和关白的合称。天皇年幼时，由太政大臣代行政事称"摄政"。天皇年长亲政后，摄政改称"关白"，辅助天皇，实际独揽朝政，类似于我国汉代的外戚干政，后被"院政"取代。

十三、国风文化

从 9 世纪前后开始，传入日本的大陆文化逐渐与日本本土的风俗与思想相调和，日本文化出现国风化动向。这种倾向在遣唐使被废止的 10 世纪以后得以更快地发展。故把这一时期的文化称为"国风文化"。国风文化包括 10 至 11 世纪摄关政治时期的藤原文化及 11 世纪末到 12 世纪末院政时代的平安末期文化。

首先在文学领域。遣唐使被废止，特别是 907 年唐朝灭亡后，在吸收、消化大陆文化基础上，日本逐渐形成其独特的审美意识，并出现了体现其意识的假名文字、美术、生活及独特观念。尽管从五世纪开始，日本人就用汉字表述其发音，但假名字母到 11 世纪初才大体成型，并由此推动了以和歌为首的国文学的发展。和歌成为当时日本宫廷社交生活不可或缺的媒介。代表作有《竹取物语》《伊势物语》《古今和歌集》《枕草子》《源氏物语》《紫式部日记》等。

887 年前后成书的《竹取物语》被誉为"物语之祖"。同时成书的《伊势物语》是以和歌为主的"歌物语"。905 年成书的《古今和歌集》由纪贯之等人编写，格调优雅，是日本第一部敕撰和歌集。《土佐日记》是由纪贯之写的日记体纪行性作品。《枕草子》是清少纳言的作品。

其中，引人注目的文学作品大多是由女性创作的。其原因在于，贵族社会逐渐成熟使有闲文化女性增加、女性最先使用假名文字、摄关家族的女性以其文学修养获得天皇的宠信等。例如藤原道纲之母的《蜻蛉日记》细腻地描述了婚姻生活中的女性心理；宫中女官紫式部创作的世界闻名的长篇小说《源氏物语》通过主人公光源氏的恋爱和命运，出色地描写了宫廷贵族的奢侈生活与人物微妙的心理状态，反映了当时的社会变动趋势。

在佛教的传播及普及上，作为外来宗教的佛教信仰与日本固有的神的信仰相调和，出现了"佛神习合"（即"本地垂迹说"）的趋向，即用佛教的释迦现身、普济众生的思想来解释日本历来崇拜的神灵，甚至将天照大神看作是大日如来的化身。在寺庙建筑方面，相应地出现了日本神道教神社与佛教寺院特色结合的"神宫寺"（也称别当寺、神护寺、神愿寺、神供寺、神宫院、宫寺，如图 2-4-11 所示）。

在佛教传播方面，权门贵族的作用逐渐增强。天台、真言两大宗派由于接受了贵族捐赠的大量土地和财物而变得世俗化，相互竞争日益激烈。在民众之间，主张佛法之世破灭，末法之世开始的末法思想得到推广，对既成佛教的不信任和对人生的不安情绪也不断增长。在末法思想的传播过程中，以民间传播为社会基础的净土宗急速发展。与以往追求现世利益的佛教不同，净土宗主张信仰阿弥陀佛，逃脱今世的苦难，最终进入极乐净土。平安时代中期的僧人空也（903—972）成为日本民间净土宗信仰的先驱者，为日本"口称念佛"之祖，被人们尊称为"阿弥陀圣""市圣"或"市上人"。与此同时，出现了《往生要集》（10 世纪成书，由源信编写）《日本往生极乐记》《拾遗往生传》等宣扬净土宗的书籍。随着净土信仰的广泛传播，贵族们也出现相信净土之世来临者，开始大量修建阿弥陀堂（如图 2-4-12 所示）。堂内安放阿弥陀如来像，在墙壁和门扉上绘制阿弥陀来迎图（如图 2-4-13 所示）。

图 2-4-11 若狭神宫寺
（图片来源：日文维基百科 https：//ja. wikipedia. org）

图 2-4-12 宫城县高藏寺阿弥陀堂
（图片来源：维基百科 https：//wikichi. icu）

图 2-4-13　《阿弥陀圣众来迎图》之一高野山灵宝馆藏
（图片来源：大公网 http：//bodhi. takungpao. com/）

上述造像和绘画为了表现净土世界，色彩都比较明亮，金光灿烂。在佛像雕刻技法方面，"寄木造"（如图 2-4-14 所示）取代"一木造"，并得以推广。

图 2-4-14　寄木造图解
（图片来源：山川 & 二宫 ICT 图书馆 https：//ywl. jp）

造佛师定朝于 1022 年在法成寺塑造佛像成功，获法桥（僧职）职位，后为宫廷和藤原氏建造众多佛像。其所塑造佛像有突出的日式风格，佛像的面部圆满祥和，人称"定朝式样"（如图 2-4-15 所示），被后世尊为典范。宇治平等院凤凰堂的阿弥陀如来像是其存世的唯一作品。

图 2-4-15　定朝作阿弥陀像（平等院凤凰堂，日本国宝）
（图片来源：Artiroiro 网站 https：//art. iroiro. co）

　　在艺术方面，出现了以日本风景为题材的"大和绘"（如图 2-4-16 所示）
和日本式寺院建筑，如以池为中心的平等院凤凰堂（如图 2-4-17 所示）等。

图 2-4-16　京都国立博物馆藏旧京都东寺山水屏风（大和绘代表）
（图片来源：kcn 网站 http：//web1. kcn. jp）

图 2-4-17　平等院凤凰堂

（图片来源：世界遗产平等院 https：//www.byodoin.or.jp/）

十四、承平天庆之乱

承平·天庆之乱是平安时代中期，承平、天庆年间发生在关东的"平将门之乱"（935—941）和濑户内海的"藤原纯友之乱"的总称。东国和西国的两起反乱几乎同期发生。

平将门（？ -940）为日本平安中期武将，桓武天皇五代孙，镇守府将军平良将的儿子，又名相马小次郎，早年投于权臣藤原忠平门下。其父亲去世后，他约在930年返回自己的领地下总国猿岛郡，经营私田、积聚武装，围绕平良将所遗领地，和伯父、叔父们发生冲突。935年2月，平将门杀死伯父常陆大掾平国香，"平将门之乱"开始；同年10月，平将门在常陆击败伯父平良正。12月，平将门被召唤到京都。936年10月，平将门在下野打败伯父下总介平良兼。平良兼到京都称述平将门的罪状。937年4月，天皇认可平将门有罪，并于11月下令追捕平将门。

939年（天庆二年）平将门攻略常陆国府。11月，平将门攻略下野、上野国府。平将门势力波及常陆、武藏、安房、相模等八国，并以下总国为根据地，自称"新皇"，以石井乡为王城，设左、右大臣及八省百官，制玉玺，震动京都朝廷。940年2月，平香国之子平贞盛及藤原秀乡等讨伐平将门，平将门中箭身亡，"平将门之乱"被平定。

"藤原纯友之乱"与海盗有关。由于当时日本列岛南部海域海盗横行，933

年 12 月，日本在诸国设警固使，翌年设追捕海盗使。936 年 6 月，日本南部海域的海盗聚集在伊予日振岛。京都朝廷任命纪淑人为伊予守，与前伊予掾藤原纯友共同追捕。但是，纯友于 939 年率海盗袭击西国各地，公然反抗朝廷。941 年 5 月，小野好古等人在博多津打败藤原纯友；6 月，橘远保又再次打败藤原纯友，"藤原纯友之乱"平定。

十五、藤原道长

藤原道长（966—1028）是日本平安时代的公卿，藤原北家藤原兼家第五子。官至从一位摄政太政大臣，准三宫，出家后法名行观，后改名行觉，别名法成寺摄政、御堂殿，或称"御堂关白"。藤原道长是摄关政治、外戚专权最具代表性的人物，最有名的事迹是"一家立三后"。他在权势达到顶峰的时候，曾写下一首和歌"此世即吾世，如月满无缺"来描述自己的心境。

藤原道长走向日本政治的核心是由于 995 年 4 月至 5 月间，疫病流行，左右政坛的藤原道隆、藤原道兼去世，藤原道长被任命为内览（准摄政）。7 月，藤原道长和藤原道隆的儿子伊周纷争加剧。996 年正月，伊周与其弟隆家因女性关系，引发向花山法皇射箭的事件。4 月，伊周左迁为太宰权帅，史称"长德之变"。1000 年 2 月，藤原道长的女儿彰子成为一条天皇中宫（日本历史上皇后与中宫并立的开始）。1012 年 2 月，藤原道长的女儿妍子成为三条天皇中宫。1016 年 1 月，藤原道长成为摄政。1017 年 12 月，藤原道长成为太政大臣。1018 年 10 月，藤原道长的女儿威子成为后一条天皇中宫。藤原道长的政治势力达到全盛。1027 年，藤原道长去世（62 岁）。

十六、前九年之役（1051—1062）

"前九年之役"与"后三年之役"合称"奥州十二年合战"，是平安时代后期以奥州（东北地方）为主要舞台的地区性战争。"前九年之役"的结果是安倍氏被消灭，清原氏独霸日本列岛东北部。

安倍氏是日本列岛东北部陆奥国的豪族，负责管理虾夷地区的囚徒，在奥六郡（岩手县北上川流域）建城砦，形成半独立的势力。11 世纪中期后，安倍氏逐渐不向朝廷缴纳贡租。1050 年，陆奥守秋田城介与俘囚安倍赖时（原名安倍赖良，后改名安倍赖时）作战，失败。1051 年，陆奥守藤原登任出兵数千讨伐安倍氏也以失败告终，朝廷派遣河内源氏的源赖义担任陆奥守继续对安倍赖时进行讨伐。1053 年，陆奥守源赖义兼任镇守府将军。1057 年 7 月，源赖义讨伐安倍赖时，安倍赖时的儿子安倍贞任和安倍宗任率军抵抗；11 月，源赖义被安倍贞任打败。1062 年 7 月，出羽的俘囚首领清原武则应源赖义的要求率军 1 万出兵陆奥；9 月，源赖义、清原武则等在厨川栅杀死安倍贞任，其弟弟安倍宗任投降，"前九年之役"结束。

十七、后三年之役（1083—1087）

"后三年之役"是源义家讨伐奥羽豪族清原氏叛乱的战役。1063 年 2 月，源赖义任伊予守，源义家任出羽守，而清原武则因"前九年之役"中有功，被任命为镇守府将军，并兼并安倍氏旧地，声势大振。到清原真衡一代时，与义弟藤原清衡、清原家衡等同族发生纠纷。1083 年 3 月，"后三年之役"爆发。陆奥守兼镇守府将军源义家介入清原氏内讧，帮助清原真衡攻打清原家衡。

清原真衡病死后，1085 年，清原家族又发生清原家衡、清原武衡与清原清衡的争斗。应清原清衡邀请，陆奥守源义家介入，帮助清原清衡。1087 年，源义家诛杀清原武衡与清原家衡，"后三年之役"结束。源氏势力从关东地方扩展到东北地方。在此期间，源氏同关东武士"生死与共"，结成牢固的主从关系。源氏集团成长为以源义家为中心，在广阔地域内拥有势力的强大武士团。

十八、庄园公领制

所谓"庄园公领制"是指日本中世时期，以庄园（主要是寄进地系庄园）和公领（主要是国衙领）为基础形成的双重土地支配结构（如图 2-4-18 所示）。

土地/職	權門	受領	大名田堵
莊園	本家	領家	莊官
公領	知行国主	国司	郡司·郷司·保司

图 2-4-18　庄园公领制组织结构图
（图片来源：weblio 辞典 https：//www. weblio. jp/）

日本历史学者网野善彦认为，庄园公领制从 11 世纪中后期至 12 世纪初期形成，在院政时期得以发展，在镰仓时代迎来极盛期。但另一方面，受到地头势力侵蚀，在室町时代被守护势力（守护大名）蚕食。庄园公领制随着武士阶层的发展壮大而逐渐解体，到战国时代几乎空壳化，最终因太阁检地而完全消灭。

十九、院政与院政时代

"院政"是指日本平安时代末期由太上天皇（皈依佛门后称"法皇"）亲掌国政的政治制度，始于 1086 年 11 月。当时，白河天皇为抵制外戚藤原氏，让位年仅 8 岁的堀河天皇，而自己成为太上天皇。其在住处建立院厅，任命别当、判官代、主典代、藏人等院厅官吏。1095 年，设置保卫太上天皇和院厅的北面武士。国政大权悉归院厅。由于院厅拥有摄政、关白以上的权威，得到被藤原氏压制的贵族的支持。因此，院政也指中央权威逐渐崩溃的一段时期，天下听命于引退天皇的律令，而不是当朝的天皇。自 1086 年院厅建立至 1192 年（也有说法是 1185 年）镰仓幕府建立的百余年间，史称"院政时代"。

二十、平安时代末期文化

从院政时代到平氏时代（武家平氏集团占据优势的时代）的 12 世纪，日本文化一方面仍以国风文化为基调，另一方面也出现了新内容。

平安时代末期日本文化的主要特征就是在贵族文化呈现"斜阳化"的同时，随着武士阶层的形成，武家文化萌芽初现，平民文化也开始登场。例如"田乐"（1099 年左右开始流行）"猿乐"等平民艺术的出现。

文学方面，有描述武士及平民生活，记载平将门之乱的《将门记》、描述陆奥前九年合战的《陆奥话记》等军记作品；物语代表作有《荣花（华）物语》（作者不详，上编成书于 1037 年，下编成书于 1102 年，时间段限从宇多天皇到崛河天皇在位的 1092 年）等历史物语；还有印度、中国、日本的说话（说话即民间艺人讲故事）及佛教物语，收集以武士、民众生活为主题的世俗物语等的《今昔物语集》（成书于 1113 年）。民间歌谣集有《梁尘秘抄》等。

绘画方面出现"绘卷物"手法，例如描述平民生活的《年中行事绘卷》（如图 2-4-19 所示）。即使在《源氏物语绘卷》（如图 2-4-20 所示）中，也可以看到武士及平民的影响。此外，还有《伴大纳言绘卷》《信贵山渊起绘卷》等杰作。

图 2-4-19　年中行事绘卷（局部）

（图片来源：gooblog 网 https：//blog.goo.ne.jp）

图 2-4-20　源氏物语绘卷（东屋）

（图片来源：一起 QQ 网 https：//jbh.17qq.com）

采用将动物拟人化手法，讽刺世态炎凉的《鸟兽戏画》（如图 2-4-21 所示）也比较有名。

图 2-4-21　鸟兽戏画

（图片来源：icity 网 https：//art.icity.ly）

这一时期还有《大镜》（成书于 1119 年）《今镜》等国文体历史书籍。

通过有实力的地方豪族、武士等，中央文化也传播到了地方。奥州藤原氏在岩手县平泉修建的中尊寺金色堂（奥州藤原氏第一代藤原清衡于 1124 年建成）为其中代表。此外，以平清胜为首的平氏一门于 1164 年奉献给广岛县严岛神社的《平家纳经》也是反映平氏荣华的、华丽的遗物（如图 2-4-22、图 2-4-23 所示）。

图 2-4-22　《平家纳经》卷轴
（图片来源：fc2 网 http://orimasa2008.web.fc2.com）

图 2-4-23　《平家纳经》页面
（图片来源：pinterest 网 https://www.pinterest.fr）

佛教发展方面：1105 年，藤原清衡在陆奥平泉建立中尊寺。1115 年，醍醐寺三宝院建成。1117 年，藤原基衡在陆奥平泉建设毛越寺庭园。1124 年，良忍创立融通念佛宗。1132 年，平忠盛为鸟羽上皇建成得长寿院千体观音堂。1148 年，藤原忠通重建法性寺。1156 年，高野山金刚峰寺的两界曼陀罗（唐朝时期形成由胎藏、金刚界两种曼陀罗组成的两界曼陀罗）（如图 2-4-24 所示）完成，后由惠果传给入唐日僧空海，而成为流传于日本的绘制成图传世的"现图曼陀罗"。

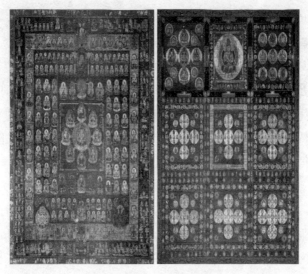

图 2-4-24 两界曼陀罗
（图片来源：中文维基百科 https：//zh. wikipedia. org）

1164 年，平清盛创建三十三间堂（正式名称为莲花王院）。1168 年，入宋僧人重源、荣西归国。1175 年，法然（源空）倡导专修念佛（净土宗）。1181年，重源建议重建东大寺。1183 年，日本聘请宋朝的佛师陈和卿开始对东大寺大佛进行修补，该工程于 1185 年完成。1187 年，荣西再次入宋。1188 年，《四天王寺扇面古写经》（如图 2-4-25 所示）完成。1190 年，重源重建东大寺。1191 年，荣西归国，禅宗（临济宗）得以推广。

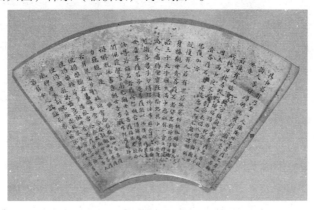

图 2-4-25 四天王寺扇面古写经
（图片来源：东京国立博物馆 https：//webarchives. tnm. jp）

二十一、平忠盛

平忠盛（1096—1153）是日本平安时代末期武士，出生伊势平氏，是后来日本权臣平清盛的父亲。

平忠盛的父亲平正盛担任白河法皇的北面武士，在讨伐源义亲、讨伐京都的强盗、讨伐九州的平直澄等战斗中声名显赫，并通过同河内源氏的源义忠联姻扩张势力。凭借父亲的关系，平忠盛13岁成为左卫门少尉，两年后成为检非违使，负责维持京都治安。1113年，平忠盛捕获盗贼，同年成功阻止兴福寺僧众的骚乱，博得法皇赏识。

1120年，平忠盛在担任越前守时，逮捕了日吉神社的一名僧人杀人嫌疑犯，在押往检非违厅的途中被延历寺僧兵劫走。1123年7月，延历寺僧人奉日吉神社的神舆入京强诉，平忠盛、源为义等人奉命防止。1129年3月，平忠盛奉命追讨山阳、南海两道的海盗。1132年，平忠盛奉上皇之命建成了得长寿院，因功得到内升殿许可。1133年8月，宋朝的商船抵达日本，平忠盛根据院宣（上皇颁布的诏书）收取了宋朝商人的货物。1135年6月，因为捕获海盗首领有功，平忠盛的儿子平清盛被叙从四位下。而平忠盛也不断升迁，其最高的官位是正四位上刑部卿。平忠盛一生曾转任数个国的国守，积累了大量财富、威望和政治根基，为其子平清盛建立平氏政权奠定了基础。

二十二、平清盛

平清盛（1118—1181）（如图2-4-26所示）是日本平安末期武将，平忠盛的嫡长子，通称"平大相国"。在"平治之乱"（1159）中打败源义朝，进入中央贵族行列，并采取联姻办法与皇室结亲。1167年任太政大臣，建立平氏政权，为武将执政之始。

如上所述，1135年6月，由于其父亲平忠盛抓获海盗首领有功，平清盛被叙从四位下。1146年2月，平清盛任安艺守。1156年（保元元年）7月，鸟羽法皇去世后爆发"保元之乱"。形成借助源义朝及平清盛兵力的后白河天皇、藤原忠通一派，与借助源为义、源为朝父子及平忠正等人兵力的崇德上皇、藤原赖长一派，形成两大对立集团。结果，后白河天皇一方的平清盛、源义朝率军打败了崇德上皇一方的平忠正、源为义的军队。这使贵族们认识到，"保元之乱"不仅是地方之乱，还是中央皇族、贵族之间的对立，必须靠武士的力量才能解决。此后，平清盛受到白河院重用，扶摇直上，这又加剧了平清盛与源义朝之间的矛盾。

图 2-4-26 平清盛肖像

（图片来源：日文维基百科 https：//ja. wikipedia. org）

1158 年 8 月，后白河上皇院政开始。而其宠臣藤原通宪（信西）也想巩固自己的宠臣地位，继续推动政治改革，以实现重建以庄园公领制为基础的礼仪国家的构想。

1159 年（平治元年）12 月爆发"平治之乱"，藤原信赖、源义朝起兵反叛，意欲打倒藤原通宪。此外，院近臣藤原成亲，源赖政、源光保、源光基、源重成、源季实等源氏武士参加了政变。叛军一方虽在初期取得胜利，迫使藤原通宪在绝望中自杀。但源义朝等最终被平清盛率领的平氏"官军"打败。1160 年 1 月，源义朝（38 岁）、源义平（20 岁）被杀。3 月，源赖朝（14 岁）被流放到伊豆。6 月，平清盛被叙正三位，进入公卿之列。

1167 年 2 月，平清盛成为太政大臣。他的儿子平重盛任大纳言；但 5 月，平清盛辞去太政大臣职位。那时，平氏一门的公卿增至五人，受领增至 11 国，知行国增至 5 国。平氏集团迎来全盛期。

1168 年 2 月，平清盛因病出家。1171 年 12 月，平清盛的女儿德子入内（高仓天皇女御，女御为天皇后宫的一种身份称谓，为天皇伺寝）。1172 年 9 月，宋朝明州的使者到达日本，赠给法皇和平清盛礼物。1173 年 3 月，平清盛奉法皇命令给宋朝送回牒。与此同时，平清盛建设摄津兵库岛。1174 年 3 月，法皇与平氏一门参谒严岛神社。

1179 年，藤原基房与后白河法皇联合，将平清盛请求授予近卫基通的权中纳言一职，授予藤原基房的儿子师家。平清盛的儿子平重盛去世，藤原基房又与法皇图谋收回平重盛的领地越前。故此，平清盛率军从福原入京，于同年 11 月罢免关白藤原基房及其他反平氏的贵族，将藤原基房贬为太宰权帅，预备流放太宰府，并且幽禁法皇于鸟羽殿，停止了其院政。他虽在第二年使外孙安德天皇即位，使其父、女儿德子的丈夫夫高仓院开始院政，但这不过是清盛的傀儡而已。此外，平清盛将藤原基实的儿子藤原基通捧上关白之位，成功使摄关家成为自己的傀儡。这就是所谓的"治承三年之变"。

1180 年，源赖政、源赖朝为首的源氏集团奉以仁王命令追讨平氏。1181 年 1 月，后白河法皇重开院政；同年闰二月，平清盛去世（64 岁）。

思考：

1. 794 年，日本为何迁都平安京？

2. 国风文化有哪些主要特点？

第三章　武家政权时代（1192—1868）

第一讲　镰仓时代（1192—1338）

一、源赖朝与镰仓幕府的建立

源赖朝（1147—1199）（如图 3-1-1 所示）是平安时代末期河内源氏源义朝的第三子，著名武将源义经是他的同父异母的弟弟。

图 3-1-1　源赖朝像

（图片来源：中文维基百科 https：//zh. wikipedia. org）

　　1159 年，源义朝在平治之乱中战败被杀，源赖朝被流放伊豆。1180 年 2 月，安德天皇即位；4 月，后白河法皇的第三个皇子以仁王发出讨伐平氏的令旨；5 月，源赖政举兵反对平氏，但在宇治战败后自杀；8 月，源赖朝在伊豆举兵反对平氏，但在石桥山之战中失败，逃往安房；9 月，源义仲在木曾举兵（故人们称其木曾义仲）；10 月，源赖朝进入镰仓，并在富士川之战中取得胜利；11 月，源赖朝在镰仓设置侍所（负责统制御家人，别当为和田义盛）。如前所述，1181 年初，白河法皇重开院政，不久平清盛去世。

　　1183 年 5 月，源义仲在砺波山打败平氏的军队；7 月，平氏一门奉天皇之命携其神器逃往西国（日本关西地区）。源义仲进入京都；10 月，法皇发布院宣，任由源赖朝处置东海、东山两道的国衙领及庄园归还本所（庄园的本家、领家中对庄园的实际支配者）的问题。一般认为这标志着源赖朝获得对东国（日本关东地区）的支配权。同年冬季，源赖朝应法皇请求，为追讨源义仲，让自己的弟弟源范赖、源义经上洛（即入京）。1184 年 1 月，源义仲被源范赖、源义经的军队打败，在粟津败亡；2 月发生"一谷之战"，源义经、源范赖的军队与平氏军队在摄津一谷相遇，平军大败，平氏再遭重挫，势力大衰；10 月，源赖朝设置公文所（负责一般行政事务，别当为大江广元。后来成为政所的一部分）、问注所（负责处理御家人的诉讼，执事为三善康信）。

　　1185 年 2 月发生"屋岛之战"，平家被迫决定放弃屋岛，向西撤退，源氏集团掌握了濑户内海制海权；3 月发生"坛浦之战"，这是平安时代末期平氏、源氏两大武士集团的最后一役。通过这场战役，平氏一门灭亡，而源氏集团则走上了政治巅峰。4 月，源赖朝被叙从二位，同时将公文所改称政所；5 月，源义经和源赖朝的矛盾激化；11 月，法皇发布追讨源义经的院宣。与此同时，源赖朝被任命为日本国总守护（总追捕使）、总地头，同时在各地设置守护、地头。朝廷还允许源赖朝不论权门势家庄（园）、公（领），每反田可征收兵粮米 5 升；12 月，朝廷解除与源义经相通的公卿的官职。通过源赖朝推荐，设置议奏公卿 10 人。1186 年 3 月，源赖朝上奏停止对庄园征收兵粮米。

　　1187 年 3 月，源义经投奔陆奥的藤原秀衡。1188 年 2 月，朝廷宣旨命令藤原基成、藤原泰衡追讨源义经。1189 年 4 月，藤原泰衡追杀源义经，源义经自裁于衣川；9 月，源赖朝征讨藤原泰衡，平定奥州，设置奥州总奉行，统一全国。1190 年 11 月，源赖朝入京都，谒见法皇。朝廷补源赖朝为右近卫大将，源赖朝没有接受，返回镰仓。

　　1192 年 3 月，后白河法皇去世；7 月，源赖朝成为征夷大将军。镰仓幕府正式成立，标志着与公家政权并立的日本武家政权幕府时代的开始，直到明治天皇在 1868 年宣布王政复古才结束。1199 年 1 月，源赖朝去世（53 岁）。

二、镰仓文化

在文化方面，以过去的贵族文化为基础，摄取宋朝时传入日本的禅宗文化，培育了以生动、写实、朴素为主要特征的、独特的武家文化。

宗教方面，适应武士、农民等阶层的新佛教相继兴起。由法然、亲鸾、日莲等著名僧人创建的镰仓佛教获得了各阶层的信仰。第一个登场的是法然（如图 3-1-2 所示），他开创净土宗，提出无须艰难的修行及学问，他认为只要一心念佛（南无阿弥陀佛），任何人都可往生极乐。

图 3-1-2　法然上人像

（图片来源：日本光照山阿弥陀寺网站 https：//kamidaji.com）

法然的弟子亲鸾进而提出只要心中相信阿弥陀的救护，谁也可往生极乐。亲鸾还提出人本来是罪孽深重的凡夫，救济恶人使其成佛是阿弥陀佛的本愿，恶人只需口念阿弥陀佛即可往生极乐世界，此即所谓"恶人正机说"。人们将亲鸾这一宗派称为净土真宗（一向宗）。学习净土宗、开创时宗的一遍法师一边游历诸国，一边通过"踊念佛"（边唱边跳念佛）向民众布教。

另外，主张通过以坐禅为中心，锻炼自己的精神以悟道的禅宗也得以传布。荣西（如图3-1-3所示）开创的临济宗以镰仓的上级武士为中心得到传播。道元带来的曹洞宗以北陆为中心在地方武士阶层中扩展。13世纪中期，日莲提出信仰法华经，可以使所有民众和国家得到救护，日莲进而开创日莲宗（法华宗）。

图3-1-3 荣西像

（图片来源：临济禅·黄檗宗禅网 http://cn. rinnou. net）

受新佛教活动的影响，旧佛教也兴起变革之风。华严宗的高弁和法相宗的贞庆主张尊重戒律。律宗的叡尊及其弟子忍性则兴办慈善事业。

具体而言，1191年荣西归国，禅宗（临济宗）得以推广。

1194年，由于延历寺的强诉，禅宗被禁止；同年，建立石山寺多宝塔。1199年，俊芿入宋；同年，东大寺南大门得以重建，并修建了法华堂（三月堂）。1202年，荣西创建建仁寺。1203年，运庆、快庆完成东大寺金刚力士像。1206年，高弁创建高山寺。1207年，专修念佛被禁止，法然被流放到土佐，亲鸾被流放到越后。1208年，运庆开始修造兴福寺北圆堂的无著菩萨、世亲菩萨像（世亲是无著的亲弟弟）。1212年，高弁著《摧邪论》，批判净土宗。1223

年，道元入宋。1224 年左右，亲鸾开始推广净土真宗（一向宗）。1227 年，道元回国，开始传播曹洞宗。1234 年，日本政府再度下令禁止专修念佛。1244年，越前永平寺创建，并招请道元。1246 年，宋朝僧人兰溪道隆到日本。1247年，北条时赖招道元到镰仓。1253 年，日莲在镰仓推广法华宗（日莲宗）。同年，镰仓建长寺创建（道隆成为住持）。1260 年，日莲向北条时赖进献《立正安国论》。1261 年，日莲被流放到伊豆（1263 年被免除流放）。1271 年，日莲又被发配到佐渡。1272 年，觉信尼将父亲亲鸾的墓从京都大谷迁移至吉水的北边，并建立大谷庙堂御影堂（本愿寺的开端）。1274 年，日莲开创身延山久远寺；同年，一遍法师开始提倡时宗。1279 年，宋朝僧人无学祖元到日本。1282年，无学祖元开创镰仓圆觉寺。1294 年，日像到京都推广法华宗。1302 年，幕府取缔一向宗。1322 年，虎关师炼完成《元亨释书》（30 卷）。1324 年，大德寺创建。1325 年，梦窗疏石成为南禅寺住持。1329 年，北条高时让梦窗疏石担任圆觉寺住持。而神道教方面，伊势外宫的神官度会家行倡导伊势神道。

文学、艺术领域也出现了新的倾向。文学方面，镰仓初期，成为京都和歌歌坛中心的是藤原定家。他奉后鸟羽上皇之命，于 1205 年完成《新古今和歌集》，其优美的歌风被称为"新古今调"。与此相对，武士出身的西行则秉持热爱自然和旅行的朴素的歌风。此外，将军实朝的万叶调秀歌也独具特色。

此外，出现了鸭长明的《方丈记》、吉田兼好法师的《徒然草》（1333 年左右完成）等优秀的随笔作品，以及才女阿佛尼的《十六夜日记》（1280 年成书）等纪行作品。但是，这一时代日本文学界特别引人注目的还是以武士为主人公，描写当时战乱的军记物语。其中，记录平氏盛衰的《平家物语》（原作诞生于13 世纪初）为杰出代表。《平家物语》由琵琶法师口述而成，通俗易懂，即使在不识字的一般民众中也受欢迎。1220 年左右，《保元物语》《平治物语》成书。慈丹的《愚管抄》利用道理理念和佛教思想论述公家的没落与武家的抬头，对学问的关注在武士阶层中也逐渐增强。其中，北条实时收集和汉之书于 1268年左右在武藏金泽创立金泽文库。另外，贵族们出于怀念过去的荣华的情绪，致力于古典、朝廷的仪式及先例（被称为"有职故实"，也叫"有识故实"，意为做事必问遗训，取其正确者）等的研究。此外，重大义名分的宋学（即朱子学）传入日本。例如，1326 年左右，玄惠讲授朱子学。

史学方面，14 世纪初期，幕吏们受幕府之命写成有关镰仓武士发家的历史著作《吾妻镜》（又称《东鉴》）。该书共 51 卷，内容包括 1180 年至 1226 年间幕府与皇室方面的编年体日记和记录。

艺术方面，1233年，猿乐（又称"申乐"，是日本古代、中世表演艺术之一，为"能乐"和"狂言"的源流）开始在京都流行。与宋朝的交流给美术界也带来新风气。在建筑方面，大佛样（天竺样）和禅宗样（唐样）等新样式传入日本（如图3-1-4所示）。

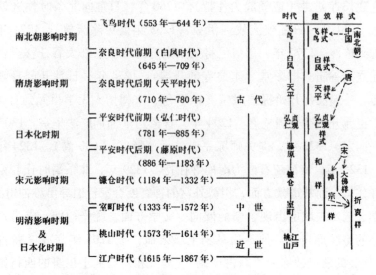

图3-1-4 日本古代建筑发展演变分期

（图片来源：郑州宣广计算机图文设计公司网 http：//www.zzmjxgsj.com）

大佛样是一种雄伟、豪放的建筑样式（如图3-1-5所示），以东大寺南大门（如图3-1-6所示）为代表性遗存。

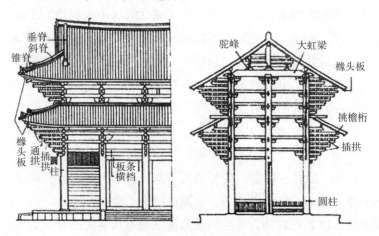

图3-1-5 大佛样图解

（图片来源：郑州宣广计算机图文设计公司网 http：//www.zzmjxgsj.com）

图 3-1-6　东大寺南大门（1199 年建）

（图片来源：郑州宣广计算机图文设计公司网 http：//www.zzmjxgsj.com）

禅宗样是禅宗寺院简朴的建筑样式，其代表性遗存为圆觉寺舍利殿（如图 3-1-7 所示）。与此同时，在这一时期也修建了大量和样的建筑。

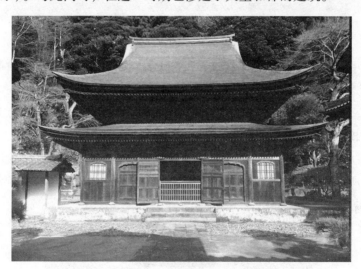

图 3-1-7　円觉寺舍利殿

（图片来源：郑州宣广计算机图文设计公司网站 http：//www.zzmjxgsj.com）

雕刻方面，出现了运庆、湛庆父子及快庆等雕刻高手，他们创作的写实且充满力度感的佛像多有遗存。另外，也创作了不少肖像雕刻的杰作。宋朝禅宗的顶相画（禅宗祖师传授弟子的肖像画）大量流入日本，成为肖像雕刻的样板，创作了北条时赖坐像（藏于镰仓建长寺）、无学祖元坐像（藏于镰仓圆觉寺）

等写实性杰作。

绘画方面，除延续前代的绘卷外，还有更多作品问世，新出现"似绘"风格的写实性肖像画。藤原隆信、藤原信实成为名家。1293 年，竹崎季长绘制《蒙古袭来绘词》（如图 3-1-8 所示）。

图 3-1-8　蒙古袭来绘词（局部）
（图片来源：中文维基百科 https：//zh. wikipedia. org）

1299 年，画师円伊完成《一遍上人绘传》。1309 年，高阶隆兼绘制《春日权现验记》。另外，还出现了"落书"（涂鸦）这样特殊的艺术形式。1334 年，在京都的二条河原（属于鸭川流域，今天京都市中京区二条大桥附近）一带有人用"落书"讽刺时势。

中国的制陶技法也被引进日本，据说加藤景开始在尾张制作濑户烧（如图 3-1-9 所示）濑户烧是日本六大古窑之一（日本的六大古窑有备前烧、丹波烧、信乐烧、常滑烧、濑户烧、越前烧）。

图 3-1-9　濑户烧
（图片来源：中文维基百科 https：//zh. wikipedia. org）

三、执权政治

1199 年（正治元年），镰仓幕府的创始人源赖朝去世，年仅 18 岁的源赖家（源赖朝长子）继任将军。源赖家精通弓箭马术，但缺乏其父的政治才能及权威，他独断专行，重用其岳父，排挤幕府元老，引起许多御家人的不满。在源赖朝之妻北条政子的主持下，源赖家剥夺了源赖家的裁判权，建立由 13 名元老决定重大决策的协议制。1200 年，北条政子的父亲北条时政铲除支持赖家的梶原家族，并在 1203 年软禁源赖家，同时灭其岳父家族，立其弟源实朝为将军，自己以辅助将军的名义掌握幕府大权，被称为"执权"。执权是朝廷对上皇身边处理事务者的称呼，13 世纪掌握了幕府实权的北条氏沿用之而称执权。而将执权北条氏确立的政治体制被称为执权政治。

1205 年 6 月，北条时政杀死畠山重忠父子；同年闰 7 月，北条时政试图排除源实朝失败。北条时政的儿子北条义时成为执权，1213 年灭和田义盛，兼任侍所别当，掌握了幕府的实权。此后，执权由北条氏世袭。

四、承久之乱

1219 年 1 月，将军源实朝被源赖家的儿子源千幡（公晓）暗杀（源氏的正统断绝）。后鸟羽上皇乘机于 1221 年 5 月向诸国武士下达追讨北条义时的命令，从而引发"承久之乱"。

1221 年，北条义时采纳大江广元短期作战的建议，以长子北条泰时为主将，弟弟北条时房为副将，兵分三路（东海、东山、北陆）进军京都。6 月，北条时房、北条泰时率幕府军压制京都；7 月，后鸟羽上皇被流放到隐岐，顺德上皇被发配到佐渡；10 月，土御门上皇被发配土佐。北条义时废年仅 4 岁的仲恭天皇，立后堀和天皇。幕府还命令西国御家人分担统制御家人、处理诉讼等事务。此外，又没收了跟随后鸟羽上皇的公家、武士的领地，任命有战功的御家人充任这些领地的地头，称"新补地头"为新地头。与此同时，幕府在京都设置六波罗探题，取代京都守护，由其负责警备京都，并监视朝廷，行使幕府统治力薄弱的三河（爱知县）以西各国司法和行政权，监督和指挥西国御家人，由北条氏世袭其职务。最终，公家政权的实力显著削弱，确立了幕府的优势地位。

五、《御成败式目》

1224 年，北条义时去世（62 岁），北条泰时成为执权；闰 7 月，已故北条义时的后室伊贺氏及其女婿一条实雅企图重新拥立将军的阴谋失败。1225 年 7 月，北条政子去世（69 岁）；7 月至 11 月间，执权北条泰时为分担政务，任命叔父北条时房为连署，以后连署持有极大的权力，甚至与执权并称"两执权""两后见"，连署一职成为与执权有同等权限的副职，执权的候补者；12 月，幕府设立评定众，北条泰时任命有实力的御家人等担任评定众，通过合议制来执政。1232 年 8 月，北条泰时还以武家社会的习惯做法及源赖朝以来的先例，制定了作为武家法典的《御成败式目》（《贞永式目》）。北条泰时将其作为司法裁判的基准，肯定了御家人的土地所有权，明确规定农民必须向封建主缴纳年贡，欠交的年贡限期交足；各国守护的任务是对谋反者、杀人者（如"山贼""海盗"）实行监督和镇压等。《御成败式目》作为武家的基本法典，对后来的武家法制影响很大。

北条泰时的孙子北条时赖为了促进裁判的公平，于 1249 年 12 月设置了辅佐评定众的引付众，幕府的统治体制臻于完善。此后，幕府的要职都被以北条氏嫡系之主得宗家为首的北条氏一门占据，德宗专制政治的倾向加强。1266 年 3 月，废除引付众，将其涉及的诉讼事务交给评定众；7 月，将军宗尊亲王被废，惟康亲王继任将军。1268 年 3 月，北条时宗成为执权。就在北条时宗掌权期间，发生了元军入侵日本的"文永、弘安之役"。1284 年 4 月，北条时宗去世（34 岁）。1293 年，幕府设置镇西探题，北条兼时成为首任；4 月，镰仓发生大地震，执权北条贞时乘机消灭平赖纲等人。

六、摄家将军

源氏将军血脉断绝后，北条氏从藤原摄关家迎立幕府将军，又名藤原将军。

如前所述，1219 年 1 月，将军源实朝被公晓暗杀后，源氏正统断绝。幕府本来考虑迎立后鸟羽上皇的皇子作为镰仓将军，遭到上皇拒绝；6 月，幕府迎立与源赖朝有血亲的摄关家九条道家之子九条赖经，九条赖经前往镰仓。其时，九条赖经只有两岁，实为傀儡。1226 年（嘉禄二年），藤原赖经正式成为将军，这成为摄家将军的开始。

在与执权北条经时关系恶化的情况下，藤原赖经在 1244 年（宽元二年）被逼让位给其子藤原赖嗣，但其仍逗留在镰仓。1246 年 5 月，名越光时等拥立前将军藤原赖经，其排除执权北条时赖的阴谋暴露；7 月，幕府将藤原赖经送还京都。1247 年，三浦泰村之乱发生后，执权北条时赖以企图颠覆幕府的借口放逐前将军藤原赖经，废黜赖嗣，于 1252 年 4 月迎立宗尊亲王为镰仓将军，实现了确立皇族将军的计划，这意味着摄家将军时代的终结。

七、初期倭寇（1223—1323）

历史文献中有关倭寇的最早记载是朝鲜方面的《高丽史》，其于高宗 10 年（1223）5 月条记载倭寇劫掠朝鲜金州。日本学者田中健夫参考田村洋幸所著的《中世日朝贸易的研究》（三和书房 1967）制作了倭寇在朝鲜半岛活动回数统计表，其中 1223—1323 年（初期倭寇时代）共有 12 次。1227 年，高丽王朝全罗道按察使曾前往日本大宰府控诉马岛人在朝鲜半岛的劫掠活动。对此，时任大宰的少贰资赖未经上奏就处死了对马海盗 90 人。因此，倭寇活动一度有所收敛。1263 年 4 月，高丽要求日本方面禁止日本人侵略朝鲜半岛沿岸。

八、镰仓武士的生活

当时的武士在其领地上修建"武家造"样式的、质朴的武士馆（如图 3-1-10 所示），役使下人、所从（隶属民）耕种佃作、正作等直营地，有时也将一般农民作为夫役耕作。

图 3-1-10　武士馆（方圆 1 町）复原模型图
（图片来源：日本国立历史民俗博物馆 https://www.rekihaku.ac.jp）

一族以"总领"为统率者集结，遇有战争时也由总领统率出阵。这种组织结构被称为"总领制"。不论男女，甚至儿童都分属各自的所领，并世代相继。

武士们被要求在战场上要不惜自己的生命建立功勋，为自己族群的繁荣做贡献。故此，儿童从年幼时就学习武艺，以备战斗。

被授予地头职务的御家人，以武力为后盾，拖欠，甚至霸占本应向庄园领主缴纳的年贡，实行对农民的不当支配，不断与庄园领主发生纷争。因此，庄园领主将庄园管理权全部交给地头，以换取一定数额的年贡收入，这种方法叫作"地头请"。但由于地头不守约束的事情多发，庄园领主又采取与地头对半平分庄园土地，并订立互不侵犯对方领土权的契约的方法，这种做法叫"下地中分"。这样，庄园被地头侵略，地头领主化得以发展。

九、各种产业的发展

镰仓时代中期，开垦新土地、旱作等活动得以发展，农业技术也得以进步，农业生产能力增大。在畿内、西国等地，将麦子与其他作物轮作，一年两熟的"二毛作"技术扩展。利用"割敷"（将保持绿色的山野的草和树木的叶子直接撒入水田或旱田）或将草木灰作为肥料，使用牛马耕作已经普及。

随着农业的发展，手工业和商业也展开新的一页。工商业者组成被称为"座"的同业行会，在贵族、寺社等机构保护下，逐渐垄断一些商品的贩卖和制造。

在庄园内的交通要冲、寺社的门前等场所建立市场（如图 3-1-11 所示），每个月三次（每隔 10 天 1 次）的定期集市——"三斋市"逐渐形成。至镰仓末期，庄园中小名主阶层中到市集做买卖的人增多，他们后来太多转化为市场商人。

图 3-1-11　备前国福冈的市场（一遍上人绘传部分）

（图片来源：Ameba 网 https：//ameblo.jp）

日本与中国宋朝的民间贸易频繁进行。这一时期对外贸易的管理权从大宰府转移到镇西奉行手中。日本进口商品主要是宋钱，还有高级丝织品、陶瓷、茶、香料、药品、书籍、文具、绘画、珍贵木材等；出口商品主要有砂金、水银、刀剑、扇等。由于宋钱大量被引进日本，货币的流通也得以繁荣。同时，日本出现汇兑业务。当时的汇兑有汇兑钱币（替钱）和汇兑稻米（替米）的区别，其票据称为"割符"，从业场所称为"替钱屋"或"割符屋"。还产生了被称为"借上"的高利贷从业者。庄园的部分富裕名主往往把产品换成货币，经营"酒屋"，兼营高利贷业。另外，在交通要地出现接受年贡、商品等的保管、运送、委托贩卖业务的"问丸"，利用汇兑结算货款也成为可能。有的高利贷从业者接受土地以外的典当物品，将其保存在"土仓"中，所以高利贷业者和金融业者也被称为"土仓"。

手工业和商品经济的发达，使自给自足的自然经济日趋瓦解，社会阶层结构也发生了新变化。

十、元寇

13世纪初，成吉思汗统一蒙古高原各部族，进而压迫金、南宋等邻国，成吉思汗向西远征欧洲，缔造了庞大的帝国。成吉思汗的孙子忽必烈迁都大都（北京）。1268年正月（日本文永五年、元朝至元五年），以潘阜为首的高丽使团到达日本大宰府（许多史书记为"太宰府"）。大宰府的镇西奉行少贰资能接受了高丽使团携带的《大蒙古国皇帝奉书》（日本方面称《蒙古国牒状》）、高丽国王书信以及潘阜的书信，并转送镰仓幕府。由于当时负责外交事务的还是京都朝廷，故此，幕府将上述书信上奏京都朝廷。京都朝廷经过朝议，决定不给元朝回信。并命令西国守护防备蒙古入侵；3月，北条时宗就任第八代执权。由于日本方面没有应答，高丽使团在到达大宰府7个月后返回；5月，忽必烈未等使团表明要征服日本和南宋，命高丽建造战船；10月，忽必烈又严命高丽准备军兵和战船，以备在南宋或日本违命时对其进行征讨，进而派明威将军都统领脱朵儿、武德将军统领王国昌、武略将军副统领刘杰等14人赴高丽调查从朝鲜半岛的黑山岛出发侵攻日本的路径。

1269年3月，由黑的任正使、殷弘等为副使的75人使团，由高丽人潘阜等为向导，在日本对马登陆。蒙古使节由于被日本方面拒绝，只能从对马返回，其间乘机抓获对马岛民塔二郎和弥二郎，并带到大陆；9月，蒙古以护送塔二郎和弥二郎回国为名，派高丽人金有成、高柔等到达大宰府。这次使节携带蒙古中书省草拟的国书和高丽国书，其中，蒙古国书明确提出要求日本臣服蒙古。经商讨，京都朝廷决定拒绝臣服蒙古，并给元朝回信。随后，文书博士菅原长成拟订给元朝《太政官牒案》，但幕府方面决定不给元朝回信。

1271 年，忽必烈改国号为元。1271 年 9 月，幕府命令在九州有领地的东国御家人前往镇西进行沿岸警备。同时，以女真人赵良弼为首的 100 余人的元朝使团携带再次要求日本臣服的国书到达大宰府。这次，忽必烈在使节返回前，就命令忽林赤、王国昌、洪茶丘等率军在高丽的金州集结，对日本施压。由于日本方面拒绝元朝使节到大宰府以东，赵良弼等人只得递交国书副本，在国书副本中提出在 11 月末，如日方尚没有答复，将不辞使用武力使日方臣服。经商讨，京都朝廷决定将《太政官牒案》稍做修改作为给蒙古的回信。但幕府方面不太同意，故此决定派使节代替回信。1272 年 1 月，弥四郎等共 12 名（《元史》记载为 26 人）日本使节经由高丽访问元大都；4 月，日本使节回国。

1273 年 3 月，元朝派女真人赵良弼等第 6 次赴日，再次要求日本臣服，但日本方面依旧没有回信；6 月，赵良弼等回国。

1274 年（文永十一年）10 月，元朝和高丽联军 3 万余人进犯对马、壹岐，攻打博多，即"文永之役"。迎战的西国御家人在前所未见的元军集团战法及火器面前，陷入苦战。但元军方面后来在赤坂、鸟饲潟（如图 3-1-12 所示）等地接连战败，且由于远征日本，补给困难，元军于 10 月 20 日夜不顾危险，强行起锚，结果在途中多次遭遇暴风雨，损失惨重。当时不少日本人都认为是由于神的保佑发生了奇迹。

图 3-1-12　《蒙古袭来绘词》描绘的"文永之役"中的"鸟饲潟之战"
（图片来源：日文维基百科 https：//ja. wikipedia. org）

"文永之役"后，1275 年 2 月，幕府将"异国警固番役"制度化。同时，元朝派遣蒙古人礼部侍郎杜世忠为正使、汉人兵部侍郎何文著为副使的使团出使日本。元朝使团抵达日本长门国室津，执权北条时宗命将元使带到镰仓，不但拒绝接受元朝国书，还于 9 月 7 日将杜世忠以下五人斩于龙口刑场。

1276 年 3 月，幕府命九州的官兵在博多附近海岸构筑石垒，以备元军再犯。1278 年 11 月，元朝许可日本的商船前往中国贸易。1279 年元朝派遣以周福、栾忠为使节，渡宋的日本僧人晓房灵杲和翻译陈光等组成的使团前往日本；6 月，元朝使团到达筑紫；7 月，日本将以周福为首的使团一行斩首于博多。

元朝在灭掉南宋后，于 1281 年（弘安四年）动员包括南宋的士兵在内的东路军、江南军 14 万大军，在 5 月至闰 7 月间进攻日本九州北部。但由于登岸受阻，在肥前鹰岛附近集结时，遇暴风雨，遭到毁灭性的打击。此即"弘安之役"。

日本将上述两次元军进犯称为"元寇"。战争造成御家人，尤其西国御家人的贫困和没落。而幕府无法满足众多获得战功要求恩赏的御家人的要求，从而破坏了通过"奉公"而取得"恩赏"的这种幕府同御家人关系的基础，镰仓幕府的统治转向衰落。

十一、霜月骚乱

霜月骚乱是 1285 年 11 月（弘安八年霜月）17 日，在镰仓发生的镰仓幕府的政变。第 8 代执权北条时宗死后，有实力的御家人安达泰盛与内管领平赖纲的矛盾激化。平赖纲方面先发制人，消灭了安达泰盛及其一族，以及其他同党。

这场骚动的结果是，镰仓幕府中有实力的御家人的政治势力遭到毁灭性打击，而平赖纲为首的得宗被官（御内人）势力的霸权得以确立。

十二、御家人社会的动摇

幕府为警备"元寇"的非常事态，将非御家人也置于统制之下。其统治力加强，但是在其反面，御家人制度发生了很大的动摇。

御家人一方面早就因分割继承使所领细分化；另一方面，由于御家人被卷入货币经济之中而生活困苦，甚至出现出售所领者的现象。再加元寇的战费负担，而幕府方面又不能给予充足的恩赏，西国御家人更加穷困。另外，庶子想从总领的支配下自立的动向早从镰仓时代中期就产生，以"元寇"为契机进一步增强，总领制崩溃。

基于上述情况，为救济御家人，幕府于 1297 年（永仁五年）3 月发布《永仁德政令》（幕府最初的德政措施），要求将御家人出售的土地无偿返还，不受理御家人借贷的相关诉讼。1298 年 2 月，幕府又对《永仁德政令》进行了修正，但并没有取得太大效果。而武士中出现了组成"徒党"侵略庄园的"恶党"，使社会不稳定增大。

由于政治、社会的动摇，北条氏乘机强化了德宗专制统治，有实力的御家人、幕府内部的分裂因素也因此增强。

十三、镰仓幕府的灭亡

在镰仓幕府的政治、社会出现动摇之前，1285 年左右，京都朝廷内部出现后嵯峨天皇子孙们的"持明院统"与"大觉寺统"之间的纷争。1317 年 4 月，在幕府提议下，"持明院统"与"大觉寺统"通过和谈，确立两个系统的人轮流继承皇位（"两统迭立"）的制度。这在日本史上被称为"文保御和谈"。经过这次和谈，幕府通过干涉皇位继承提升了自己的势力。

大觉寺统出身的后醍醐天皇废止院政，从延喜年间恢复天皇亲政，试图通过复兴记录所等措施，争取政治权力。后醍醐天皇看到执权北条高时掌权的幕府政治的混乱，曾两度实施倒幕计划，但都以事情败露而失败（"正中之变""元弘之变"）。1324 年 9 月的"正中之变"，因京都朝廷的讨幕计划泄露，日野资朝、日野俊基被捕，土岐赖兼、多治见国长被判刑。1325 年 8 月，日野资朝被流放到佐渡，日野俊基被赦免。1331 年 5 月的"元弘之变"，由于后醍醐天皇的讨幕计划再次泄露，日野俊基、僧人文观等被捕；8 月，后醍醐天皇逃往笠置山；9 月，楠木正成在赤坂城举兵拥护后醍醐天皇，幕府立光严院为天皇。不久，笠置陷落，后醍醐天皇被捕。

1332 年 3 月，后醍醐天皇被流放到隐岐；6 月，日野资朝、日野俊基被判刑。但以河内的楠木正成为首的、对幕府心怀不满的武士在各地举兵；11 月，护良亲王在吉野举兵，楠木正成在千早城响应。1333 年（元弘三年）1 月，赤松则村在播磨举兵；闰 2 月，后醍醐天皇逃出隐岐，在伯耆的名和长年的救助下，占据船上山；3 月，菊池武时攻打镇西探题，战败身死；5 月，足利高氏（后称足利尊氏）也背叛镰仓幕府，攻陷幕府在京都的六波罗探题。新田义贞也攻入镰仓，消灭包括北条高时在内的北条氏一族。这样，镰仓幕府最终灭亡。

思考：

1. 镰仓文化在文学、艺术领域出现了哪些新倾向？

2. 镰仓时代后期，御家人制度为什么会动摇？

第二讲 室町时代前期（1338—1467）

一、室町时代前期概况

1336 年足利尊氏（如图 3-2-1 所示）在京都立光明天皇，史称"北朝"。与此同时，后醍醐天皇在吉野建立政权，史称"南朝"，进入南北朝时期。1338 年足利尊氏获得征夷大将军称号，在京都建立了足利幕府。

图 3-2-1 足利尊氏像（京都国立博物馆藏）
（图片来源：朝日新闻 https：//www.asahi.com）

1378 年，第三代将军足利义满将幕府的政所迁到京都的室町，"室町幕府"由此而得名。1392 年，足利义满迫使南朝天皇退位，实现统一。

这一时期，武家在政治、文化方面都压倒公家，处于优势地位。但是，由于室町幕府是聚集了有实力大名而建立的，因此统治能力薄弱。1467 年（应仁元年）1 月，爆发应仁之乱，各地大名纷纷而起，日本进入战国时代。

这一时期在文化方面，无论是贵族文化，还是武家文化，都受到禅宗的影响。

二、建武新政

1333 年新田义贞攻陷镰仓，镰仓幕府灭亡后，6 月后醍醐天皇回归京都，重开记录庄园券契所，新设"恩赏方"（负责论功行赏），颁布奖赏措施；7 月，发布诸国平均安堵法（"安堵"为领主对土地的领有权）；9 月，设置杂诉决断所（审判、诉讼机关）、武者所（负责警卫京都）等机构。翌年，改年号为建武，开始天皇亲政的新政治。日本史上称之为"建武新政"。

但是，后醍醐天皇的新政府处理土地问题失败，恩赏也偏向公家、寺社，尤其是为扩建宫殿，向武士征收特别税，并要求其出"仕丁"（人夫），遭到武士和农民抗拒。另外，由于庄园领土也加重庄民负担，农民也对新政失望。

1335 年（建武二年）7 月，北条高时的儿子北条时行夺回镰仓。足利直义杀死于前一年 11 月被发配到镰仓的护良亲王，逃往三河国矢作（今爱知县冈崎市）。足利尊氏为镇压北条时行的叛乱，下镰仓。8 月，足利尊氏作为征东将军夺回镰仓。日本史上将这场战乱称为"中先代之乱"；10 月，足利尊氏举起恢复武家政治，反对新政的旗帜；12 月，发生足利尊氏与新田义贞的"箱根竹之下之战"，新田义贞败。

1336 年 1 月至 2 月间，足利尊氏攻打京都，失败后逃往九州。5 月，足利尊氏从九州东上再次进攻京都，后醍醐天皇派新田义贞、楠木正成率兵迎战。足利尊氏的弟弟足利直义与楠木正成的军队在摄津的凑川（今兵库县境内）遭遇，楠木正成战败自杀，此即"凑川之战"。在兵库登陆的新田义贞与足利尊氏、足利直义大军在生田地方决战，其最终失败逃走。

三、南北朝争乱

1336 年 6 月，足利尊氏奉光严上皇进入京都。8 月，足利尊氏拥立持明院统的光明天皇（即"北朝"）。11 月，足利尊氏制定建武式目，并将其作为政治大纲，室町幕府宣告成立。而实施新政仅三年就结束的后醍醐天皇于 12 月逃往吉野，并宣称自己才是皇位的正统（即"南朝"）。其后约 60 年间，诸国武士分别追随南北两朝进行战争，争乱波及日本全国各地。此即日本史上的"南北朝争乱"。

1338 年（南朝延元三年，北朝历应元年）5 月，南朝大将北畠显家在和泉石津战死。闰 7 月，新田义贞在越前藤岛战死。8 月，足利尊氏被北朝天皇任命为征夷大将军，恢复幕府政治。南朝国势不振，后醍醐天皇也于 1339 年 8 月在吉野亡故。

四、观应扰乱

在足利氏内部，1349 年闰 6 月爆发足利直义与高师直的冲突。足利直义向足利尊氏请求，罢免了执事高师直。足利直义同时向北朝光严上皇请求颁发讨伐高师直的院宣。8 月 12 日，高师直率河内军队上洛（特指进京），并与兄长高师泰一起讨伐足利直义；13 日，足利直义逃入足利尊氏官邸，高师直包围官邸，要求其交出上衫重能、昌山直宗。后经神僧梦窗疏石调解，以流放上衫重能、昌山直宗，足利直义出家，并退出幕政为条件，高师直退兵。该事件是足利尊氏与高师直一起谋划的，迫使足利直义退出幕政的阴谋。根据议和条件，足利直义的职务由派驻镰仓的足利尊氏的嫡子足利义诠进京担任政务官告终。11 月，足利义诠进京。12 月，足利直义出家，法号惠源。同时，上衫重能和昌山直宗流放途中遭到高师直属下暗杀，两派的矛盾再度急剧恶化，引发 1350 年（观应元年）10 月的"观应扰乱"。

该事件的直接诱因是足利直义的养子足利直冬在九州叛乱，足利尊氏派兵镇压。途中，足利直义逃出京都，并与南朝议和。南朝要求足利直义讨伐足利尊氏。足利直义派的山名时氏、细川显氏等纷纷响应。足利尊氏返还备后国，高师直兄弟加入；11 月，足利直义以讨伐足利尊氏兄弟为名征招全国武士，北朝光严上皇颁布讨伐足利直义的院宣。1351 年（观应二年）1 月，足利直义军进军京都，足利义诠逃走，但是上皇和朝廷落入足利直义派手中；2 月，足利直义派的上杉能宪杀死高师直兄弟。足利尊氏军与足利直义军会战。史称"播磨·光明寺合战"和"摄津·打出浜之战"。由于足利直义蓄谋已久，北朝军大败；11 月，南北朝暂时达成和议。1352 年 2 月，足利尊氏毒死弟弟足利直义，"观应扰乱"宣告终结。

五、半济

1352 年闰 2 月，南北朝合议被打破。7 月，为解决军费问题，足利尊氏下令将近江、美浓和尾张三国中本所领庄园的一半划为兵粮料所，为期一年，这也是最初的"半济法"。后来，"半济法"向各地区推行，成为幕府的一项制度，赋予守护以征收"兵粮米"的名义征收属于公家、贵族和寺社庄园一半年贡的权力。

1358 年 4 月，足利尊氏去世（54 岁）。1359 年 8 月，发生"筑后川之战"，南朝怀良亲王、菊池武光等打败北朝的少贰赖尚。1361 年 12 月，南朝军队攻打京都，将军足利义诠逃往近江。1368 年 6 月，幕府下令除皇室、寺社领地外，诸国的本所领都适用"半济法"，此即"应安半济令"。该制度使守护实际上合法地支配了庄园一半以上的土地。

六、南北朝的统一

1358 年 12 月，足利义满就任室町幕府第三代征夷大将军。1371 年 2 月，幕府任命今川贞世（又名今川了俊）为九州探题，旨在加强对九州的控制。1378 年 3 月，足利义满在京都的室町修建花之御所，并移居该处。室町幕府因此而得名；9 月，今川贞世在肥后打败南朝的菊池武朝。1383 年 6 月，足利义满成为"准三后"（也称"准三宫"，是日本过去授予皇族、贵族的一种荣衔。在明治维新以前，皇后、皇太后、太皇太后合称"三宫"，准三宫即指人臣的待遇相当于三宫者）。1390 年闰 3 月，幕府讨伐美浓守护土岐康行，日本史称"土岐氏之乱"（也称"美浓之乱"）。

1391 年 12 月发生"明德之乱"，山名氏清起兵反对足利义满，战败身死。1392 年（南朝元中九年，北朝明德三年）闰 10 月，南朝后龟山天皇返回京都，将神器转交北朝的后小松天皇，南北朝统一。1394 年 12 月，足利义满成为太政大臣。1399 年 10 月至 12 月间发生"应永之乱"，大内义弘起兵反叛，在堺战败身死。1408 年 5 月，足利义满去世（51 岁）。

七、室町幕府

如前所述，室町幕府的成立始于 1336 年足利尊氏制定政治纲领"建武式目"，而室町幕府得名是由于第三代将军足利义满将幕府置于京都的室町。室町幕府的组织结构学习镰仓幕府：将军之下有管领统辖政务，管领之下设侍所等机构，管领以下的要职都授予有力的守护，这就使幕府具有了有实力的守护的联合政权的性质。此外，在镰仓设镰仓府统制东国。

幕府的财政主要来自称为"御料所"的直辖地的收入。此外，幕府不仅向在京都城内城外经营高利贷的土仓、酒屋等征课仓役、酒屋役，还向地方诸国临时征课每 1 反田、每 1 栋房屋定额的段钱、栋别钱；幕府不仅在交通要地设关所，征收关钱、津料等，也派遣遣明船弥补其财政不足。

室町幕府的统治尽管持续到 1573 年，织田信长将第 15 代将军足利义昭放逐河内，但实际上 1467 年 "应仁之乱" 后，室町幕府已失去控制力，名存实亡。

八、三管四职制

1398 年确立了作为室町幕府核心管理机构的 "三管四职制"。该制度规定管领由足利氏族内的细川氏、畠山氏、斯波氏等三个家族轮流担任；四职指的是由京极、一色、山名、赤松四家垄断侍所的长官（所司）的职务。足利义满建立该制度旨在防止有实力的武士守护大名形成世袭的政治势力，其试图在平衡武士势力的基础上确保室町幕府统治的稳定。

九、守护大名支配领国

如前所述，南北朝时期的幕府将庄园、国衙领等机构上缴的年贡的一半作为军费，由守护负责将军费分发给国内武士，称为 "半济"。守护利用承包半济、年贡收缴等的 "守护请" 制度，将庄园、国衙领变成自己所属。这种为强大领主的守护被称为 "守护大名"。其中，也有身兼数国的守护者。

室町幕府创立之初，为统制守护大名煞费苦心，从而引发山名氏清的 "明德之乱"（1391 年 12 月）、大内义弘的 "应永之乱"（1399 年 10 月至 12 月），镰仓公方足利持氏的 "永享之乱"（1438 年 8 月）。在 1441 年 6 月赤松满祐父子反叛的 "嘉吉之乱" 中，将军足利义教被谋杀。幕府权威衰落，逐渐失去统制力。

十、"惣" 的形成

镰仓时代末期，在庄园内部，随着农业生产力的提高，出现庄民自立的动向。农民与以被称作 "侍" 的、当地土生土长的武士为中心的庄园领主、守护等势力对抗，为维持村的秩序，制定章程，以加强团结。此外，进行由村子承包交给庄园领土的年贡的 "百姓请"。上述农民自治组织称为 "惣"（总），有 "惣" 的自然村称 "惣村"。"惣" 召开被称为沙汰人、乙名等代表为中心的 "寄合"，决定村的例行活动及集体行动。

十一、土一揆

随着货币经济的发展，在临近畿内的一些国中出现不少苦于难以归还借款，而出售土地的农民。而在各地设立的关所征收关钱，又使利用马匹从事运输者（称为"马借"）的活动受到压迫。故此，通过"惣"团结起来的农民、马借们兴起强诉、逃散活动。

15世纪，出现举起武器暴动的"土一揆"，要求政府发布宣告借贷关系无效的德政令。1428年（正长元年）9月爆发以近江的"马借"暴动为开端的"正长土一揆"。京都附近的农民参加，他们袭击酒屋、土仓等，迫使幕府于同年11月发布德政禁制令。1429年1月至2月，发生"播磨、丹波土一揆"。1432年9月至10月，发生"大和土一揆"。1441年6月（嘉吉元年）"嘉吉之乱"后，8月至9月，近江、京都一代的农民暴动引发"嘉吉土一揆"，迫使幕府于闰9月发布德政令。1447年7月，山城国西冈的"土一揆"，起义者入侵京都洛中，要求德政。1451年10月，大和的"土一揆"，烧毁元兴寺金堂等建筑。1454年9月至10月，在山城爆发"土一揆"；10月，幕府首次颁布分一德政令（债主将债权的1/10额度缴给幕府，幕府保证为其取回其余债务）。

十二、应仁之乱

就在农民自治力量不断增强，"土一揆"时有发生的形势下，1449年，足利义政正式就任室町幕府第8代将军。足利义政就任将军之初，管领畠山持国、细川胜元主导幕政。足利义政长大后强烈倾向于亲政，开始重用政所执事伊势贞亲，抑制守护大名。而室町幕府的管领们也存在家督之争。1460年，足利义政命令畠山义就将家督之位让给政长，畠山义就抵抗失败，日本史称"畠山之战"。

1464年11月，尚无子嗣的足利义政将弟弟足利义寻作为后继者。1465年，足利义寻还俗，改名足利义视。但同年，足利义政的侧室日野富子生子义尚。

1466年7月，足利义政撤换斯波义廉，由斯波义敏接任总领。足利义政之前由于无子，要让位给弟弟足利义视，但后来又得子义尚。故此，1466年9月，足利义政计划杀害足利义视。足利义视被迫逃往细川胜元的宅邸。与此同时，诸大名联手使足利义政的亲信伊势贞亲失势，足利义政的统治基础弱化。1467年发生围绕将军继承问题的争论，管领细川胜元支持足利义视成为将军，山名宗全（又名持丰）则支持足利义尚为将军。再加畠山政长和畠山义就的畠山氏家督之争，形成了以山名宗全与细川胜元为首的两大对立集团。1467 年 1 月，细川胜元集团（细川胜元、畠山政长、斯波义敏等）集结 16 万军队占据京都东北部，称东军；山名宗全集团（山名宗全、畠山义就、斯波义廉等）集结军队 11 万占据京都市中心西部，称西军；5 月，山名宗全派的畠山义就讨伐细川胜元派的畠山政长，拉开了战乱的序幕。最初战乱波及地方，后演变为全国性内乱，2/3 以上的守护大名卷入战争之中。

1473 年 3 月，山名宗全去世（70 岁）；5 月，细川胜元去世（44 岁）；12 月，足利义政辞去将军职位，足利义尚继任。1477 年 11 月，参战的守护大名大多返回自己的领地，"应仁之乱"宣告结束。

这场战争使京都烧毁、荒废，地方上有实力的武士、领主乘机拥兵自立，取代旧的守护，成为"战国大名"，而日本也进入长期分裂割据的战国时代，直到 1603 年德川幕府的建立才重新统一。而室町幕府已经名存实亡，到 1573 年 7 月，织田信长将室町幕府的第十五代将军足利义昭放逐河内，室町幕府正式灭亡。

十三、"国一揆"与"一向一揆"

"应仁之乱"后，幕府权威丧失，下位者反而压倒上位者，逐渐形成"下尅上"风潮。1485 年（文明十七年）7 月，大和农民起义，以"大和国惣百姓"等名义向庄园领主要求德政，要求免除未缴纳年贡；从 7 月末起，近江、山城、京都爆发同类起义，都有"国人"（在乡武士领主）参加；同年年底，在山城国南部，"国人"集结，爆发威力更大的农民与国人联合为"国一揆"，将属于畠山氏的守护的军队被驱逐出山城国。新政权利用合议制统制山城国长达 8 年。

在北陆、三河等地，一向宗（净土真宗）本愿寺派的势力增强，并爆发一向宗门徒们暴动的"一向一揆"。其中，加贺的"一向一揆"在 1488 年（长享 2 年），打倒守护富樫政亲，富樫政亲自杀，新政权统制加贺国约一百年。

十四、日本各产业的发达

从南北朝时期开始，日本的农业技术取得进一步发展。米麦轮作的"二毛作"（一年两熟）技术得到普及，在关东地区也得到推广；采用水稻新品种，利用牛马，使用肥料等盛行。此外，经济作物也得以栽培。

手工业者（当时称为"职人"）不仅从事订单生产，也进行市场生产。在京都的西阵能生产高级绢织品，在各地也逐渐能生产各种特产。

在京都、奈良等地，商人、手工业者等组成业种别的新兴的"座"，店铺商人也增加。另外，每月6次的"六斋市"等定期集市在各地增加。出现利用马运送货物的"马借"、利用专用的货车运送货物的"车借"等运输业者。

货币流通也繁荣起来，除从中国进口的宋钱、元钱、洪武钱、永乐钱等明钱外，中国的私铸钱也流入日本，而日本国内也出现粗制滥造的私铸钱。故此，出钱厌弃恶钱，选择良钱的"撰钱"。由于"撰钱"阻碍了商品交易的顺利进行，室町幕府多次发布整顿"撰钱"的《撰钱令》。

十五、14—15 世纪的倭寇

从14世纪中期，日本人的海盗和走私贸易者（以对马、壹岐、北九州的松浦和濑户内海为据点），以及与之合流的朝鲜半岛人、中国人的集团，对朝鲜半岛、中国沿海的百姓的劫掠活动显著增加。

高丽及其后取而代之的朝鲜，将元朝政权驱逐到北方建国的明朝，都在制定倭寇对策方面煞费苦心，他们多次派使者到日本要求禁止和镇压倭寇。1367年2月，高丽派使者到日本，要求禁止倭寇。1369年，倭寇侵扰明朝的山东、浙江地区，明太祖朱元璋要求日本怀良亲王禁止倭寇。1375年，高丽派使者，要求日本禁止倭寇。1388年7月，倭寇攻陷高丽的光州，火烧州城。1389年2月，高丽兵船进攻对马。1398年8月，足利义满与朝鲜王朝约定禁止倭寇，传达修好之意。

十六、与明朝、朝鲜的关系

元朝时，日本曾向中国派遣天龙寺船（因由天龙寺提供制造和运营费用而得名）。明朝建立后，明太祖朱元璋与自己认可国王的国家通交，于1383年与日本断交。1387年，宁波卫指挥林贤借日本军队，帮助胡惟庸谋反的事件被揭露，朱元璋又下令断绝与日本贸易，严海禁。

1401年（应永八年）5月，足利义满向明朝派遣筑紫的商人肥富某、僧人祖阿（第一次遣明船），日本国王获得明朝皇帝的认可。1404年，明成祖允许日本以朝贡方式贸易，明朝开始与日本进行"勘合"交往（前往中国通交者须持有与日本国王金印"勘合"的勘合符）（如图3-2-2所示）。

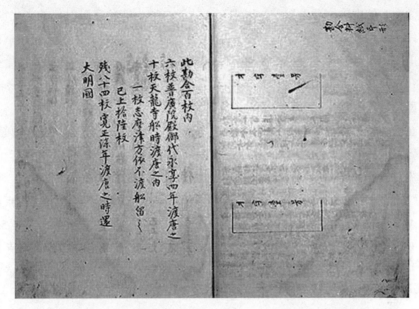

图3-2-2　天与清启的《戊子入明记》中的勘合图（妙智院藏）

（图片来源：日文维基百科 https：//ja.wikipedia.org）

　　将军足利义持在位时，1411年9月，日本与明朝再度断交。1432年8月，将军足利义教派道渊赴明，日本和明朝恢复国交。1434年9月，日本在向明朝派遣使节的同时，派出了勘合贸易船。1483年3月，足利义政向明朝派遣勘合船，求铜钱。1547年（天文十六年），有80余艘勘合船渡海到中国，进口了中国的铜钱等物品。

　　派遣勘合船的实权最初掌握在幕府手中，但最终转移到细川、大内两氏的手中，1523年（大永三年），双方的使者在宁波发生激烈冲突。此即"宁波之乱"。通过宁波之乱，大内氏垄断了派遣勘合船的特权。

　　1419年（应永二十六年）6月，朝鲜军队进攻被认为是倭寇根据地的对马，被九州探题等打败。日本史上称为"应永外寇"。其后，日本通过对马宗氏，与朝鲜保持和平的通交关系。1423年5月，朝鲜赠幕府大藏经。1443年（嘉吉三年），对马的宗贞盛与朝鲜签订贸易和约，日本史称"嘉吉约条"。从朝鲜传入了棉花、大藏经等。但1510年（永正七年），发生"三浦之乱"，两国间的贸易衰落。

十七、室町时代前期的文化

　　室町时代的文化是以传统的公家文化为基础的，新兴的武家文化，再加以禅宗为中心的中国文化的影响，以幽玄、枯淡之趣为特色室町时代的文化形成。第 3 代将军足利义满（1358—1408）时代的北山文化（由于足利义满在京都北山建山庄而得名）和第 8 代将军足利义政时代（1436—1490）的东山文化（由于足利义政在京都东山建山庄而得名，时代跨越前期和后期，所以下一讲详述）可以说是室町前期文化开花结果的两个顶点。

在佛教发展方面：镰仓新佛教中的禅宗为日本带来中国官僚贵族的教养、文化等，成为武家社会吸收文化的主轴之一。特别是临济宗，在足利尊氏皈依梦窗疏石以后，其在室町幕府的保护下得以繁荣，并形成"五山制"。

"五山制"是日本学习南宋的官寺制度而形成的禅宗寺院组织方式，京都五山将南禅寺置于五山之上，五山则包括天龙、相国、建仁、东福、万寿 5 寺。镰仓五山包括建长、円觉、寿福、净智、净妙 5 寺。排在五山之后的官寺是十刹。五山的僧侣学习并创作汉文、汉诗，其诗文被称为五山文学。日莲宗在室町时代得到京都町众的支持得以发展。

文学艺术方面：新的诗歌形式"连歌"开始盛行。14 世纪中期，二条良基受命编纂的《菟玖波集》成为日本最早的连歌集。南北朝时期，政治状况在文学作品和史学作品中也有所反映。以主张南朝正统性的北畠亲房的史学作品《神皇正统记》为首，出现了站在南朝立场上的《太平记》，站在北朝立场上进行论述的《梅松论》等军记物语、史学作品等。其后出现了在民众中喜闻乐见的《御伽草子》，以及将歌谣收集成册的《闲吟集》。

在公家的学问方面，为了保护贵族社会的文化遗产，进行了"有职故实"、古典研究等的活动。

在足利义满的保护下，综合猿乐、田乐、曲、舞（幸若舞）等既存的歌舞，集"能乐"之大成者是观阿弥、世阿弥父子。此外，世阿弥还写作了作为能乐基础理论书籍的《风姿花传》（通称《花传书》）等作品。其在能剧表演的中间穿插表演更接近民众生活的、轻妙的喜剧"狂言"。

建筑方面：足利义满修建的金阁（如图 3-2-3 所示）和足利义政修建的银阁（如图 3-2-4 所示）成为北山文化和东山文化的代表性遗存。金阁的寝殿造，银阁从公家的宅邸及寺院的书斋等变化而成的书院造都加入了禅宗建筑的样式。寝殿造除柱、户、涂笼外少有固定装修，空间区隔以用屏风、帘、几帐、冲立（小屏风）、帐台、棚（架子）、厨子（橱）、押板等可移动家具为主。而书院造将上述多数家具固定装修化，形成了床之间（和室里挂画轴的空间）、付书院（窗前台）、帐台构（小移门）、违棚（博古架）、障子门（格子贴纸木移门）、袄（门，可以绘画其上）等室内结构，叠（榻榻米）也从寝殿时代的随座而铺变成了房间内铺满，几乎不移动。

图 3-2-3　金阁

（图片来源：flickr 网站 https：//www.flickriver.com）

图 3-2-4　银阁

（图片来源：flickr 网站 https：//www.flickr.com）

在住宅建筑发达的同时，庭院设计也开始流行起来。龙安寺、大德寺大仙院（如图 3-2-5 所示）等庭院是采用了利用石头、砂等表现流水的"枯山水"等技法的名园。

图 3-2-5　大德寺大仙院枯山水

（图片来源：pinterest 网 https：//www.pinterest.jp）

这一时期绘画艺术的显著特点是"大和绘"走向衰落，而仿宋元画风的水墨画风靡一时。书院造的普及带来了在壁龛间绘画的流行。奠定日本山水画基础的是禅僧如拙及其弟子周文，而后来使其完善的是周文的弟子雪舟等杨。狩野正信、狩野元信父子将大和绘的手法融入水墨画，形成了新的狩野派画风。其题材、用墨表现出中国传统，但实际表达方式是日本样式，作风粗犷（如图3-2-6 所示）。该画风首倡者为狩野景信，公认的第一代画家为狩野正信，曾被足利幕府御用。

图 3-2-6　狩野正信山水画（九州国立博物馆藏）

（图片来源：日文维基百科 https：//ja.wikipedia.org）

南北朝时代广泛普及的喝茶习惯，通过村田珠光而形成"茶汤"（即后来的茶道）的雏形。此外，在室町中期，由池坊专庆确立花道。

思考：

1. 室町时代初期为何会出现南北朝争乱的局面？
2. 应仁之乱发生的原因是什么？

第三讲　室町时代后期（战国时代，1467—1603）

一、战国大名

1467 年，日本因室町幕府的守护大名争夺权势而发生"应仁之乱"，战争延续了十年之久，室町幕府名存实亡。随后一百年间，日本出现群雄割据混战的战国时代。

战国时期，由幕府任命，负责统治地方的守护大名互相厮杀，同时又受到农民起义打击，力量被大大削弱。地方武士、领主趁机通过扩大势力，拥兵自立。通过"下尅上"，许多守护大名的领国支配权被有实力的守护代、守护家臣或国人掌握。新的地方割据势力——"战国大名"崛起。

战国大名在下属领主中推行家臣团制度，大名和家臣结成主从关系。战国大名以有实力的家臣为"寄亲"，并将一般的家臣作为"寄子"配属给"寄亲"管理，另外，从农民中征集步兵（身份低的"足轻"），从而编成军事组织。大名保护家臣的土地占有，对有功者予以赏赐，家臣领有的土地变成了大名直辖领地。家臣平时集中住在大名的居城（城下町），随时听候调遣，战时为大名出兵作战。家臣实际上是一批新兴的武士地主，他们被编成一个不同层次的团体，其上层人物都是大名的亲属或亲信，上层和下层的一般成员间也结成主从隶属关系，前者对后者拥有绝对的权威。

为了加强对家臣的统制和领国的统治，许多领国大名制定了家法（分国法）。家法的主要内容有禁止领有地的买卖和转移；实行长子继承制；家臣的婚姻和财产的继承必须得到主君的认可；家臣之间不得相争；违犯家法者处以重刑。

战国大名在采取治水、灌溉等农业振兴政策的同时，进行检地。他们将领国内土地和农民的支配权掌握在手中，以确保年贡征收。为了确保经营领国的财源，除开发矿山外，作为振兴工商业的政策，他们还实施了撤废关所，乐市、乐座制等措施。

二、都市的发达

战国大名出于支配领国的必要，在领国内的要地修建城郭，并让家臣、工商者集中于城下町，使领主居城成为领国的政治、经济中心。与城下町类似的市街有港町、城下町、宿场町、社家町等。

随着商业的发达，各地作为商品输送据点的港町繁荣。其中，博多、堺等城市组建了以豪商为中心的自治组织，形成自治都市。因应仁之乱而荒废的京都，祇园会得以复兴，町人文化开花结果。另外，在奈良等都市出现门前町。所谓"门前町"就是在寺庙、神社等宗教建筑周边形成的市街、聚落。在参拜信众众多的寺庙门前，聚集以社寺人员及香客为服务对象的商店与小工厂，而逐渐形成一个个发展中心。另外，还出现由本愿寺门徒兴建的寺内町。

三、织田信长安土时代

"应仁之乱"后，日本各地战国大名纷纷崛起，从此战火纷飞，民不聊生。16 世纪中期，出现了一位决心以武力统一日本、结束乱世的枭雄——织田信长（1534—1582）（如图 3-3-1 所示）。

图 3-3-1 织田信长像

（图片来源：中文维基百科 https：//zh. wikipedia. org）

织田信长是尾张守护代一族，他提出"天下布武"（即人人都可凭武力夺取天下）的纲领，开创织丰政权。他施行大量使用火器的战术，实行兵农分离，鼓励自由贸易，整顿交通路线等革新政策。他成功控制以近畿地方为主的日本政治文化核心地带，使织田氏成为日本战国时代中晚期最强大的大名。

织田信长以名古屋（属尾张，今爱知县）为根据地向外扩张，逐渐压倒其他战国大名，奠定了统一的基础。1560年，织田信长通过"桶狭间战役"打败今川义元。随后，又消灭美浓的斋藤氏。1567年，织田信长挟持天皇和幕府以号令天下。1568年，织田信长率5万大军，在打败伊势、近江之敌后，9月奉足利义昭进入京都，横扫畿内5国（和泉、摄津、山城、大和、河内）。其后，织田信长一度立足利义昭为将军。但1573年7月，织田信长流放足利义昭，室町幕府灭亡；8月，织田信长灭浅井、朝仓两氏。

1574年9月，织田信长镇压伊势长岛的"一向一揆"。1575年5月发生三河的"长篠之战"，织田信长、德川家康打败武田胜赖；8月，织田信长镇压越前的"一向一揆"。

1576年7月，第一次木津川口之战，毛利水军打败织田水军，将兵粮米运入石山本愿寺。1578年11月，第二次木津川口之战，织田水军利用铁甲船打败毛利水军。1580年闰3月，织田信长和石山本愿寺的光佐（显如）讲和；4月，光佐从石山退出，"石山合战"结束。1582年3月的天目山之战，武田胜赖被织田信长和德川家康战败身亡，武田氏灭亡；6月2日发生"本能寺之变"，织田信长遭家臣明智光秀袭击，自杀身亡。

由于织田信长于1576年在琵琶湖畔近江筑安土城作为根据地，所以织田信长的时代被称为"安土时代"。

四、铁炮传来

"铁炮传来"是指葡萄牙人漂流到日本的种子岛，传入火枪的事件。葡萄牙摩鹿加群岛总督安东尼奥·加尔文于1563年所著《诸国新旧发现记》中记载，1542年，一艘从澳门开往浙江双屿的走私贸易船因遭遇台风而漂流到了日本九州岛以南的种子岛。该船船主是军火走私商、倭寇头目王直，船中载有数名装备火绳枪的葡萄牙人。

种子岛岛主时尧以2000两黄金的价格购入了两枝火绳枪，并让锻冶匠八板金兵卫研究仿制。仿造成功后，洋枪开始随着商业活动与战争向日本其他地区传播。出身萨摩（今鹿儿岛县）的僧人南浦文之于1606年编撰的《铁炮记》也对此事件有记载，其记载的传入时间为 1543 年 9 月 23 日（日本天文十二年 8 月 25 日）。

火绳枪的传入和推广，大大改变了日本传统的冷兵器战争形式，其典型战例为"长篠之战"，故"铁炮传来"事件在日本历史与科学技术史上有里程碑意义。

五、桶狭间战役

"桶狭间战役"是织田信长统一战争中的典型战例，也是日本史上的著名战例。

如前所述，织田信长以尾张国为根据地开始其统一大业。其主要打击对象是战国大名和形成割据的佛教寺院，在地域上以占领近畿和关东地区为主要目标，为此必须先夺取上述两地间的尾张、三河和远江三国。1559 年，织田信长先控制了尾张。

1560 年 5 月 19 日，织田信长抓住有利战机，率 2000 骑兵突袭远江国的今川氏，杀死主将今川义元，占领远江国。

1562 年 1 月，织田信长与三河国的德川氏结盟，议定织田信长向西发展，德川家康向东发展。

六、长篠之战

"长篠之战"又称"长筱合战"，是日本战国时代的一场著名战役。如前所述，织田信长利用新式火枪，创制了大量使用火器的战术。他推行兵农分离政策，将领国内的名主、武士编入自己的家臣团，组建了一支使用长枪为主，同时配备火枪队的常备军。

武田信玄死后第三年的 1575 年 4 月，其子武田胜赖率军 15000 人进攻三河。5 月，武田胜赖包围德川家康女婿奥平信昌的居城长筱城。长筱城当时只有守军 500 人。德川家康向其盟友织田信长求救。5 月 18 日，织田信长的救兵到达，与德川家康会师。在随后的战斗中，织田信长巧妙地利用新式武器火枪，歼灭了武田胜赖的骑兵队。

"长筱合战"是日本历史上火枪第一次在一场战役起决定性作用。在这场战役后，织田信长声威大震。

七、丰臣秀吉与桃山时代

丰臣秀吉（1536—1598）（如图 3-3-2 所示）出生于尾张国爱知郡中村（今名古屋市中村区）的农民木下弥右卫门家中。木下弥右卫门曾是织田信长军队中的足轻（步兵）。丰臣秀吉出生于丙申年，其自身材矮小且形容猥琐，酷似猿猴，因此被世人称为猴子。传说，丰臣秀吉的母亲在怀丰臣秀吉之前，经常向日吉权现（太阳神）祈祷能生一个男孩。有一天，她梦到太阳进入自己身体里面而怀孕，故此丰臣秀吉幼名为日吉丸。

图 3-3-2　丰臣秀吉像

（资料来源：中文维基百科 https：//zh. wikipedia. org）

1560 年左右，丰臣秀吉成为织田家的足轻组头（相当于小队长），并参加了著名的桶狭间合战。因多次获战功，他在 1573 年被提拔为大名。38 岁时，丰臣秀吉从织田家大老丹羽长秀和柴田胜家的姓名中各取一字改姓羽柴。

1582 年"本能寺之变"后，正在对毛利氏作战的羽柴秀吉同毛利辉元讲和，并回师，在"山崎之战"中打败明智光秀。1583 年 4 月，羽柴秀吉在"贱岳之战"中打败柴田胜家。织田信长的部将相继归顺；8 月，羽柴秀吉在石山本愿寺旧址上开始修筑大阪城（今大阪市），将其作为统一的据点。1584 年 4 月的"小牧·长久手之战"，羽柴秀吉、德川家康的军队打败长久手（双方于 12 月议和）；8 月，羽柴秀吉移居大阪城。

1585 年 6 月，羽柴秀吉出征四国；7 月，羽柴秀吉成为关白；8 月，长宗我部元亲归顺羽柴秀吉，四国得以平定。同时，越中的佐佐成政归顺，北陆平定。1586 年 12 月，羽柴秀吉成为太政大臣，被天皇赐姓"丰臣"。1587 年 3 月，丰臣秀吉出征九州；5 月，岛津义久归顺，九州平定。1588 年 4 月，丰臣秀吉将长崎作为直辖领；同年，丰臣秀吉在京都宅邸修建聚乐第接待后阳成天皇，并要求德川家康等 29 位大名向天皇宣誓效忠。1590 年 7 月，丰臣秀吉征伐小田原，北条氏投降。随后，奥羽地区诸大名归顺，统一全国。1593 年，虾夷（北海道）南部的松前氏归顺。

1592 年、1597 年，丰臣秀吉两度出兵朝鲜半岛，发动针对中国明朝和朝鲜的侵略战争，但以失败告终。1598 年（庆长三年）8 月，丰臣秀吉在伏见城病逝（63 岁）。丰臣秀吉的时代被称为"桃山时代"。之所以得名，有一种说法是丰臣秀吉晚年的居城是伏见城。1623 年德川幕府下令废弃伏见城，并在遗址上种植了很多桃树。

丰臣秀吉死后，其部下分裂为近江（西军）和尾张（东军）两派。身为丰臣政权五大老之一的德川家康于庆长五年（1600）发动关原合战，最终大败西军。1603 年建立德川政权，日本战国时代结束。

八、织丰政权巩固统一的措施

织丰政权为巩固统一采取以下措施：

建立和加强中央政府机构：织田信长在以武力平定诸大名的同时，已经开始建立中央政权，他在安土山筑城、建天守阁，使其既是政厅也是宫殿。

丰臣秀吉在进一步统一日本过程中，另在大阪筑城，形成新统治中心。随后着手加强中央政府机构，1585 年在关白之下设"五奉行"（关于其设立的时间尚有争议），由前田玄以管理京都市政、皇室、寺社；长束正家负责财政；浅野长政、石田三成、增田长盛三人管理行政、司法和丈量土地。他们平时分工负责各自事务，遇大事则五人合议。1591 年又设"五大老"，作为"五奉行"的顾问，由德川家康等五人组成。后来又设"三中老"，以协调"五奉行"和"五大老"的关系。尽管实行有实力大名参与的合议制，但大多数情况下还是丰臣秀吉独裁。

加强对地方大名的控制：没收战败大名的部分土地，分赐给亲信部下；将各地大名家属送到京都、大阪作为变相的人质。与此同时，让大名的家臣都集中居住到大名居城的城下町；规定不经许可，大名不得彼此联姻；在全国范围内丈量土地使自己成为全国土地的实际支配者，取消地方豪强的土地所有权，然后将土地重新分配给大名、领主，使他们成为自己的家臣，要求受地者宣誓效忠；把自己一族和近臣安置在重要地区，以种种借口没收或变更大名的领地，把不可靠的大名调离原领地。

加强对农民的剥削和统治：在全国实施"检地"（调查和丈量土地）。丰臣秀吉施行的检地叫"太阁检地"（"太阁"是平安时代对摄政、太政大臣的尊称。后来变为对辞去关白担任内览或将关白职位让给自己儿子的人的称呼。丰臣秀吉把关白让给了儿子丰臣秀次，自称"太阁"）。"太阁检地"具体做法是：规定用统一标准重新丈量土地，确定村的"石高"（也称"村高"）作为农民缴纳年贡和服劳役的标准。土地的面积以曲尺6尺3寸（约191厘米）的平方为一步，300步为一亩，10亩为一段，10段为一町；确定"一地一作人"原则，规定父子和亲属不得同居，必须单独立户。丈量土地后给每个耕作者发新地照，各村都建立检地帐。耕地按肥瘠分为四等，按等课赋。全国各地的年贡都要以实物缴纳，折成稻米的石数，统一石数的升、斗。确定实际耕作者——小农为年贡的承担者。1595年，制定检地条目、税法。通过"检地"，农民获得稳固的耕作权，农民所缴纳的年贡达到收成的2/3。

1588年7月颁布《刀狩令》，规定农民不准佩刀，要求各地大名收缴民间武器。

1591年8月发布《身份统制令》，制定士农工商身份法法令，规定农民必须永久居住在村庄，不得变更职业。实行编组制，把农民编成五人组或十人组，形成连环保，一家有罪共同受罚。1592年3月，对全国66个分国进行户口调查。

此外，给予工商业者免除地租等特权，但另一方面对他们进行严格控制。

以上种种措施的执行，使日本已经动摇了的封建秩序又重新得到恢复和加强。

九、织丰政权的经济政策

为促进商业发达和城市繁荣，织田信长在废止妨碍商业、交通的关所，禁征"关钱"，整修道路，架设桥梁的同时，让商人聚集到安土城下，并实行让其自由营业的"乐市制""乐座制"，丰臣秀吉也延续了上述政策。丰臣秀吉进而将越后的金山、但马的生野银山等转为直营。以京都为标准，统一度量衡，开始铸造天正大判（天正金币）等货币。又将堺、博多、长崎等重要城市作为直辖地，将都市的经济力量置于统治之下。丰臣政权的财政依赖于以近畿地区为中心的约 200 万石的直辖领，以及重要都市、矿山等的收入。为发展海外贸易，丰臣秀吉于 1588 年发布《海贼取缔令》，1592 年实行"朱印船贸易"，授予长崎、京都、堺的商人朱印状（特许状）。

十、伴天连驱逐令

葡萄牙人在中国澳门定居后，开始以澳门为根据地从事中日间的贸易，他们把中国的生丝运到日本出售，再把从日本赚到的白银运到中国采购商品。1584 年，西班牙人到了日本的鹿儿岛，开始同日本进行交易。

九州地区的大名们对欧洲船只的到来表示欢迎。紧随商人之后，葡萄牙、西班牙的传教士也到达日本，传播天主教。织田信长为利用天主教对抗一向宗农民起义和获得贸易利益，曾采取放任政策。1582 年，日本的天主教徒（当时日本称其为"切之丹"或"切支丹"）已达到 15 万人。当时，一些边远地区的大名为了获得贸易利润和传教士带来的先进武器，鼓励传教。

1587 年丰臣秀吉平定九州时，长崎被作为教会领寄进。天主教的活动和天主教与大名的密切联系，使日本统治阶层感觉到这可能是对中央政权的潜在威胁。此外，有日本人被葡萄牙人作为奴隶卖往海外，有的基督教徒破坏寺社。故此，同年 6 月，丰臣秀吉颁布了日本历史上第一个禁教令，即"伴天连驱逐令"（"伴天连"为基督教英语的音译），宣布日本是神国，不许天主教国家传播邪教，下令基督教传教士必须在 20 天内离开日本，但同意天主教国家的国民只要不在日本传教，就可以到日本经商。

丰臣秀吉并没有完全禁止日本的对外贸易活动。1592 年，丰臣秀吉又规定只要持有盖有丰臣朱红印章特许证的日本船只，就可以出海经商，这就是所谓的"朱印船制度"。

十一、文禄·庆长之役

丰臣秀吉刚刚完成国内的统一，就要求印度果阿的葡萄牙总督纳贡。1590年冬，他致书朝鲜国王，宣称要长驱直入大明国，易吾朝风俗于 400 余州，施加帝都化政于亿万斯年，威逼朝鲜臣服，并充当侵略中国的急先锋，遭到朝鲜的拒绝。1591 年 9 月，丰臣秀吉又要求在菲律宾的西班牙总督臣服纳贡；12月，丰臣秀吉将关白职位让给丰臣秀次，自称"太阁"，在九州肥前海滨的名护屋设为大本营，作出兵准备。

1592 年（文禄元年）4 月，宇喜多秀家、小西行长、加藤清正等率领日本 16 万陆军侵入朝鲜半岛。与此同时，九鬼嘉隆、藤堂高虎率领的日本水军也侵扰朝鲜沿海。日军在两个月内就占领朝鲜京城、开城、平壤三大都市。此即"文禄之役"。

日军最初占据了朝鲜要地，但朝鲜的义兵纷起。明朝派军队增援，日本水军被李舜臣率领的朝鲜水军几乎全歼，致使日军完全丧失制海权，补给停滞，战局逐渐对日军不利。通过两次平壤战役，中朝军队收复平壤，进而解放开城，后又解放朝鲜京城，朝鲜绝大部分领土光复。

1593 年 4 月，小西行长接受沈惟敬的和平倡议，双方签订《龙山停战协定》；6 月，丰臣秀吉向明朝使者提出和议 7 项条件；11 月，丰臣秀吉逼迫中国台湾朝贡。1595 年，丰臣秀吉让关白丰臣秀次自杀。1596 年 9 月，丰臣秀吉迁怒于明朝国书的无礼，驱逐明朝使节，和议破裂，战事再起。

1597 年（庆长 2 年）1 月，丰臣秀吉派遣约 14 万大军再次侵朝，日军一度占领朝鲜半岛南部。但由于 1598 年 8 月丰臣秀吉病死（63 岁），日军开始撤退；11 月，日本水军在半岛东南露梁海面遭到中朝水师截击，损失重大，即使是逃上岸的水军也遭毁灭性打击。年底以前，日军陆续撤回日本。

通过"文禄·庆长之役"，朝鲜的书籍、技术等被带回日本，对日本的学术、活字印刷、制陶业等都产生很大影响。但是，战争一方面给朝鲜半岛的民众造成痛苦，也使日本出征将士及民众疲敝，加速了丰臣政权的崩溃。

十二、"东山文化"与地方文化的发达

以"应仁之乱"为契机，为躲避战乱，中央的公家、僧侣流落到地方，寄身于战国大名门下，本来专属上层社会的、中央的文化向地方传播，位于大内氏的城下町山口等地呈现"小京都"的气象。

在文学艺术方面：茶道、花道、庭院、建筑、连歌等艺术都得到长足发展，使这一时期的文学艺术呈现百花齐放的态势。所谓连歌就是连"和歌"，连歌最初是一种由两个人对咏一首和歌的游戏，后来发展为众多诗人坐在一起写诗歌的一种活动，一人起头写和歌上句，下一人接写下句，再下一人接写上句，这样众人以此类推应和成诗。相对足利义满时期贵族的、华丽的北山文化，东山文化中，幽寂、佗寂的美意识形成。

文学方面，1480 年，一条兼良将《樵谈治要》《文明一统记》进献给将军

足利义尚。1495 年，饭尾宗祇编《新撰菟玖波集》。1514 年，山崎宗鉴等编《犬筑波集》。1518 年，歌谣集《闲吟集》成书（收入各类歌谣 311 首，表现庶民生活感情的短小歌谣 233 首）。

茶文化发展方面，村田珠光创立平民奈良流的"草庵茶"，成为后世茶道的基础，被后世日本人尊为茶道"开山之祖"。与此同时，与茶室装饰密切关联的花道（插花，日语写作"生花"）诞生。

庭院设计方面，善阿弥把禅的精神融入庭院造景，确立了"枯山水"风格。1496 年前后，龙安寺庭院建成（石庭）。1509 年，大德寺大仙院枯山水庭院建成。1568 年，西芳寺庭院（苔寺）重建。

房屋建筑发展方面，成为日本房屋造型基础的"书院造"（如图 3-3-3、图 3-3-4 所示）出现。

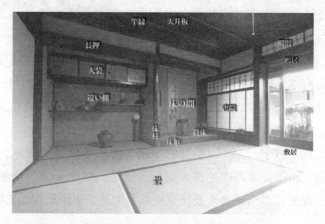

图 3-3-3　书院造各部分名称

（图片来源：日文维基百科 https://ja.wikipedia.org）

图 3-3-4　书院造代表（挂在川城二之丸御殿御书院上之间）

（图片来源：百度百科 https://baike.baidu.com）

1486年，慈照寺东山殿东求堂（如图3-3-5所示）建成。1489年，东山殿观音堂（慈照寺银阁，如图3-3-6所示）上梁约七年后完成。

图3-3-5 慈照寺东求堂

（图片来源：Ameba网站 https：//ameblo.jp）

图3-3-6 慈照寺银阁

（图片来源：Ameba网站 https：//ameblo.jp）

绘画方面，1486年，雪舟绘制了《四季山水长卷》（如图3-3-7所示）。1503年，土佐光信绘制《北野天神缘起绘卷》。土佐光信被尊为日本妖怪画的开山宗师，代表作为《百鬼夜行绘卷》（如图 3-3-8 所示）。

图 3-3-7　四季山水长卷部分
（图片来源：日文维基百科 https：//ja. wikipedia. org）

图 3-3-8　百鬼夜行绘卷
（图片来源：中文维基百科 https：//zh. wikipedia. org）

　　佛教发展方面，1467 年"应仁之乱"发生后，南禅寺、相国寺、天龙寺等大寺遭灾。雪舟（画家，相国寺僧）和桂庵玄树（禅僧、儒学家，在京都南禅寺修学）到中国明朝，1469 年回国。1471 年，本愿寺僧人莲如在越前建设吉崎道场。宗纯（一休）成为大德寺住职。1479 年，莲如创建山科本愿寺。1496年，莲如建大阪石山别院（石山别院寺）。1501 年，细川政元让日莲、净土两宗进行宗义辩论。1509 年，古岳宗亘创建大德寺大仙院本堂。1518 年开始，形成寺院的檀家（供养人）制度。佛寺掌管户籍，负责一定范围内檀家的丧葬、墓地管理，檀家则对寺院有供养义务。这一制度让僧人开始变得世俗化和职业化。

基督教传播方面，1549年，耶稣会传教士沙勿略到达鹿儿岛，在日本各地推广基督教。1551年，沙勿略前往印度。1556年，刘易斯·德·阿尔梅达在日本首次施行洋式医疗。1559年，加斯帕尔·比莱拉（Gaspar Vilela）从丰后上洛传教。1562年，从琉球传入"蛇皮线"（三味线），大村纯忠寄进教会领。1565年，宣布驱逐京都的传教士。1568年，大村纯忠在大村、长崎建教堂。同年，京都南蛮寺（永禄寺）建立。1569年，织田信长许可路易斯·弗洛伊斯（Luís Fróis）在京都传教。

教育方面，桂庵玄树在萨摩等地，南村梅轩在土佐讲授宋学，关东管领上杉宪实建设了下野的足利学校等教育机构。出版社也兴盛起来，例如五山的僧侣刊行了五山版。

艺能方面，流行民众直接参加的盂兰盆舞、念佛舞、风流舞等舞蹈。1551年，日本四大古典戏剧形式之一的"狂言"形成。

十三、桃山文化

织丰政权时期（安土、桃山时代），出现了反映全国统一新气象的雄伟豪放的"桃山文化"。作为其象征的有安土城（1576年建成）（如图3-3-9所示）、大阪城（1583年建成）、伏见城等城郭建筑。安土城、大阪城的核心建筑都是天守阁（如图3-3-10所示）。

图3-3-9 安土城全景

（图片来源：日文维基百科 https：//ja.wikipedia.org）

图 3-3-10　安土城天守阁复原模型

（图片来源：安土城郭资料馆 https：//4travel.jp）

在天守阁、书院造建筑的内部，装饰着豪华的雕刻、绘画、日用器具。特别是在墙壁、天井、隔扇等处绘制花鸟、山水的"障壁画"发达。狩野永德、狩野山乐等狩野派画师活跃。1573 年，狩野永德绘制《洛中洛外图屏风》（如图3-3-11 所示）。

图 3-3-11　上杉本洛中洛外图右半部分

（图片来源：日文维基百科 https：//ja.wikipedia.org）

水墨画方面，有长谷川等伯、海北友松等名家。寺院由于也被置于政权统制之内，佛教色彩变淡。顺应大名、町众的生活感受，以都市风景、民众风俗为绘画题材的洛中洛外图、职人尽绘、祭礼图等绘画作品也成为这一时期的特色。

佛教发展方面，1579 年 5 月 27 日，净土、法华（日莲）两宗在安土城下净严院举行宗义辩论。结果因织田信长有意镇压日莲宗而判定净土宗获胜。日莲宗方面有三人被杀，其余日莲宗人或被判坐牢，或被科罚金。1584 年，丰臣秀吉许可复兴延历寺。

基督教传播方面，1379 年，耶稣会士范礼安（Alessandro Valignano）到日本；同年，织田信长许可意大利人耶稣会士奥尔冈蒂诺（Gnecchi-Soldo Organtino）建立安土教会。1581 年，织田信长许可范礼安建学校。1582 年，大友、大村、有马三氏向罗马派遣了少年使节（1590 年回国）。

茶道方面，此前已盛行的茶汤在民众间得以普及。堺的町人千利休创立"空寂茶"。1577 年，千利休主办招待堺市富豪兼茶道大师今井宗久等人的茶会。

艺术方面，在三味线普及的同时，出现将木偶戏融入净琉璃（一种以三弦伴奏的说唱曲艺）的木偶净琉璃，成为江户时代流行的民众艺能的起源。此外，出云阿国创造歌舞伎舞蹈，也以"阿国歌舞伎"之名萌芽。

除火枪外，欧洲人带来的"南蛮文化"也融入日本人的生活，出现受西洋画影响的南蛮屏风（如图 3-3-12）、天草版的活字文化等。1576 年，京都南蛮寺竣工（和洋折中的三层建筑）。

图 3-3-12　南蛮屏风（狩野内膳作品）

（图片来源：神户市立博物馆 https：//www.kobecitymuseum.jp）

思考：

1. 丰臣秀吉为巩固统一采取了哪些措施？

2. 东山文化有哪些文化成就？

第四讲　江户时代前期（1603—1716）

一、德川家康与德川幕府的建立

庆长八年（1603），德川家康（1543—1616，如图 3-4-1 所示）受封征夷大将军，在江户（现东京）建立幕府政权，此后 260 多年，德川家统治全国，史称江户时代（也称德川时代）。德川幕府严格控制天皇、贵族、寺院神社，并费尽心思统治支撑幕藩体制的农民。

图 3-4-1　德川家康像

（图片来源：日文维基百科 https：//ja. wikipedia. org）

德川家康（1542—1616）为日本战国三杰（另外两位是织田信长、丰臣秀吉）之一。德川家康生于名古屋附近的冈崎城，父亲为冈崎城主松平广忠（松平广信长子）。德川家康原姓松平，1567年奉敕改姓德川。在战国时代为战国大名之一，根据地在三河。在织田统一战争初期，与织田信长结盟，议定德川家康向东攻略，织田信长向西攻略。织田信长死后，德川家康成为丰臣秀吉五大老之一。丰臣秀吉死后，德川家康在关原之战（1600）中击败石田三成。1603年，德川家康成为征夷大将军（在职1603—1605），创立江户幕府，即德川幕府。德川幕府的建立，标志日本进入德川时代，一直到1868年被推翻，明治新政权建立。

1616年（元和二年），德川家康在骏府城死去，被朝廷赐封"东照大权现"，成为江户幕府之神，在东照宫中供奉，被后人称为"东照神君"。

二、关原之战

关原之战是日本战国时代末期发生于美浓国关原地区的一场战役，具体时间为1600年。交战双方分别为德川家康率领下的东军，以及石田三成等组成的西军。最终，西军因缺乏主将，内部不统一，小早川秀秋又突然倒戈而败北。德川家康获胜，取得统治权，三年后成立德川幕府。大阪城重要人物丰臣秀赖、淀殿等及朝廷并未对战事作出太大干预。

广义而言，关原之战蔓延日本全境，双方均动员了超过十万兵力投入战斗，多数大名各自表述自己的立场，从出兵到撤退维持了三个多月的时间，可谓自应仁之乱以来全日本最大规模内战。狭义而言，仅指在关原的战斗，发生于东西两军之间（东军和西军名称均为后世所加）。由于战事的胜负决定了胜利的一方可以拥有天下，所以被誉为"决定天下的战争"。

三、幕藩体制

1603年，德川家康在江户城（如图3-4-2所示）建立幕府。1615年，德川家康在大阪之战中消灭丰臣氏残余势力，巩固了政权。但幕府的直辖领地（天领）只占全国土地的1/4，其余的大部分国土则被分割为200多个，成为半独立的"藩国"。由此，在日本便形成了由幕府和藩国共同构成的两级封建统治制度，即所谓"幕藩体制"。

图 3-4-2　江户城地形略图

（图片来源：中文维基百科 https：//zh. wikipedia. org）

四、江户幕府的职制

在将军之下设置了大老、老中、若年寄等职位。大老是必要时临时任命的最高官职，可代行将军职权；老中是处理日常事务的常设职务；为协助老中工作，设置若年寄等官职。老中和若年寄之下分别设大目付和目付，负责监督旗本（将军直属的家臣团）和御家人行动。另外，在老中之下设勘定奉行、江户町奉行、寺社奉行（统称"三奉行"）。勘定奉行负责管理幕府直辖地的财政，掌管货币的铸造发行，以及处理民事诉讼；江户町奉行负责江户的市政、警察和司法；寺社奉行掌管寺社及其僧侣，同时兼管关东八国以外幕领的诉讼。三奉行在审理相关诉讼案件时，如有涉及他人管辖或自己难以决定者，由老中主持三奉行及有关高级官员进行协商，这种协商组织被称为评定所，为最高司法机构。

五、参觐交代制与对大名的统制

在地方上，各藩的统治者——大名必须效忠将军，执行幕府颁布的一切法令。为巩固中央集权，防止大名叛乱，幕府采取了一系列削弱大名经济和军事实力的措施，并对他们实行严格控制。其中最重要的一项措施是参觐交代制，就是把全国的大名分成两部分，让他们轮流到江户居住。大名大体上一年住在自己的领地，一年住在江户，而其妻子则要长期住在江户作为人质。与此同时，还派遣巡见使、隐者、目付等到各藩巡查、监督。

各藩国仍有很大的独立性。各藩大名是世袭封建领主，大名由于同德川家的亲疏关系不同而分为三类：德川家同族大名称"亲藩"；关原之战前已归顺德川家康的大名称"谱代"；在这次战役中被征服的大名称"外样"。"亲藩"和"谱代"是将军统治的重要屏障，而"外样"则受到严密防范。

在经济上，大名是领地的所有者，有权向领地内的农民征收年贡；在政治上，大名虽然对上要服从幕府统治，但在藩内，他们在行政、军事、司法、税收等方面拥有广泛权力。为行使这些权力，大名在藩内建立起一套独立的政权机构，并拥有自己的武装力量。

六、所司代

天皇在政治上不仅被剥夺了统治大权，还被幕府设置于京都的"所司代"监视。天皇领地只有3万石（1石=180.39升），加上其他皇族和公卿的领地也不过12万或13万石，甚至比不上一个中等大名。但是，天皇仍不失为整个封建秩序的最高精神权威，历任将军的"征夷大将军"称号都是天皇授予。

七、幕藩领主土地所有制

江户时代的幕藩体制是建立在幕藩领主土地所有制基础之上的。当时主要的生产资料——土地，全部属于领主阶层所有。以土地收获量标准，即所谓"石高"计算领地多寡，幕府直辖领地约700万石，其中约有1/3作为采邑赏赐给部分，直属将军的武士"旗本"和"御家人"。

200多个大名的领地共约2300万石。大名也把他们的一部分领地赏赐给自己的陪臣。各级领主的土地均作为份地由农民耕种，每户农民占地在5反以下。农民对份地享有世袭耕作权，但必须向领主缴纳年贡——地租。地租基本上采取实物形态，按分成制的办法来征收。在德川时代初期，地租率约为全部收成的40%，即所谓"四公六民"。

地方行政长官，在幕府直辖领地是"郡代"和"代官"，在各藩是"奉行"和"代官"。在每个村庄设"村长""组头"和"百姓代"等"村方三役"。幕藩领主还在农村普遍实行"五人组"连坐制度。

八、身份等级制度

幕府把国民划分为"士、农、工、商"四个等级。士即武士，是统治阶层，有担任官职、领取俸禄、苗字（称姓）带刀，以及对平民的"无礼"者"斩杀御免"（格杀勿论）等特权。

农、工、商是被统治等级，他们被剥夺了一切政治权利和自由，且不能称姓。如果平民对武士"不礼貌"，武士可以把他们杀死而不算犯罪。大部分农民被称为"本百姓"，但也有"水吞"（贫雇农）等更下等者。工商业者主要是城镇的町人。町人的家族关系和武士、农民大体相同，但个人发展机会比较多。被列在四民之外，处于社会最底层的是贱民阶层，他们被称为"秽多""非人"。他们毫无权利，被指定集体居住在城郊或村落一角，从事屠宰、掘墓、制革等最卑贱的职业，世代遭受不平等待遇。因此，贱民争取自身权利的斗争至今存在。

九、年贡与禄米

将军和大名是武士等级的上层，他们拥有数量不等的领地，靠剥削领地内的农民过着寄生的生活。大名拥有领地最多的达 100 余万石，最少的也有 1 万石。在直属将军的武士中，被赐予采邑者约占 12%，其余的 88% 则领取禄米。在各藩的武士中，领取禄米者也占普遍多数，有的藩则全部领取禄米。据估计，武士的平均禄米收入为 35 石以下，相当于富裕农民的经济水平。武士领取的禄米来源于领主向农民征收的封建年贡。

十、儒学的发达

在江户时代，儒学，特别是朱子学（理学）受幕府推崇而成为官学。因为它把一些自然现象与人类社会规范合而为一，如其用天地上下的关系证明等级制度的合理，把封建统治秩序说成万古长存的"天理"。所以，儒学家受到将军器重。例如德川家康聘儒学家、禅僧藤原惺窝（1561—1619）为将军讲授《大学》等儒家经典。藤原惺窝弟子林罗山（1583—1657）历任四代将军的侍讲，并顾问幕政、参与制定典章制度，拟订外交文书。在幕府倡导下，各藩主也大兴儒学，从而使儒家学说，特别是朱子学广泛地渗入社会各阶层，产生深远影响。

十一、朱印船与奉书船

朱印船（如图 3-4-3 所示）制度是日本战国时代末期至江户时代，对对外贸易及其用船进行管理的制度。

图 3-4-3　朱印船模型

（图片来源：中文维基百科 https://zh.m.wikipedia.org）

丰臣秀吉发行朱印状，将海外贸易置于政权管理之下。持有朱印状的官许贸易船被称为"朱印船"，其广泛地在亚洲诸国进行了交易活动。与此同时，随着新航路开辟，伊比利亚半岛的葡萄牙和西班牙也开始和日本有贸易往来。葡萄牙经马尼拉，以澳门为据点开拓了中、日、葡三国间贸易；西班牙则通过开辟经美洲大陆横断太平洋的航线，以马尼拉为据点与日本进行贸易。1601 年德川家康确立朱印船制度，对对外贸易船只颁发朱印状（如图 3-4-4 所示）。

德川时代初期，德川家康看到对外贸易能获得较多收益，故而聘用漂流到九州的荷兰船船长英国人威廉·亚当斯（日本名叫三浦按针）为外交顾问，大力奖励海外贸易。持有渡航特许状的日本贸易船到达吕宋、安南、暹罗、爪哇、苏门答腊、婆罗洲等南洋各地。有的船只还渡航美洲大陆的墨西哥。朱印船多数是九州的大名及豪商幕吏、外国人所有，主要进口丝绸、锡、鹿皮、砂糖、染料、香料、药材等南洋及中国的物产；主要出口日本产金、银、铜、樟脑、米、文具、扇子、漆器等物产。

图 3-4-4　九州国立博物馆藏德川家康交趾渡海朱印状（1614）
（图片来源：文化遗产在线 https：//bunka. nii. ac. jp）

随着海外贸易的繁盛，有不少日本人移居东南亚，在菲律宾的马尼拉等城市出现了日本人町。当地政府允许这些日本人町自治。

后来随着对天主教信仰者的限制和镇压，锁国政策的逐步增强，德川幕府对朱印船贸易加强限制。1631 年，德川幕府出台"奉书船"制度，规定出海的船只除持有朱印状外，还必须有老中签发的文书，当时只有特权商人才能得到这种许可文书。

十二、锁国体制与宗教统制

在对外关系方面，由于天主教传播的扩大威胁到德川幕府的统治，德川幕府于 1612 年 3 月颁布针对幕府直辖领的禁教令。1613 年，德川幕府下令全国禁教。1614 年，德川幕府将天主教大名高山右近、内滕如安等流放到菲律宾马尼拉。1616 年，德川幕府颁布元和二年禁教令，将明船以外外国船的靠港地限制在平户、长崎。1621 年，德川幕府禁止日本人乘外国船渡航，禁止武器出口。1623 年，德川幕府关闭英国的平户商馆。1624 年，德川幕府禁止西班牙船只到日本。1629 年，长崎开始实行踏绘，要求天主教徒脱离天主教。1630 年，德川幕府禁止进口天主教相关书籍。1631 年，德川幕府制定奉书船制。

从 1633 年 2 月至 1639 年 7 月，德川幕府连续五次颁布"锁国令"，"锁国令"规定：①禁止日本船出海贸易和日本人与海外往来，偷渡者处以死刑；②

取缔天主教传教士，对潜入日本者应予以告发和逮捕，以防天主教在日本蔓延；③严密监视驶抵日本的外国船，贸易活动也由德川幕府严格管制。

此外，1636 年德川幕府，驱逐葡萄牙人子孙。1639 年，德川幕府禁止葡萄牙船只到日本。1641 年，德川幕府将荷兰商馆迁移到出岛。锁国体制最终形成。《荷兰风说书》成为锁国期间，日本了解西方的主要途径。

"锁国体制"维持了 200 余年。由于锁国，幕藩体制迎来一段安定的时期，但日本成为一个闭关自守的国家，只同荷兰、朝鲜和中国保持一定贸易关系。德川幕府实行锁国政策主要是为了巩固统治，同时也为防范西方殖民主义势力渗透，维护国家独立。但锁国政策使日本长期处于自我封闭的状态，几乎完全割断了日本经济同世界市场的联系，严重阻碍了资本主义因素发展和社会进步。

十三、岛原、天草之乱

"岛原、天草之乱"是江户时代九州岛的天主教徒为坚守天主教信仰、反抗统治者横征暴敛而发动的大起义。

天主教传入日本后，靠近长崎的岛原半岛的领主有马晴信成为虔诚的天主教大名。大部分岛原人也皈依天主教。1612 年，德川家康以叛乱罪处死了有马晴信，并命令有马直纯为领主。1613 年，幕府在全国禁止天主教。有马直纯将岛原的外国传教士驱逐出境，并大开杀戒。但其禁教以失败告终，幕府将其调往宫崎县。接任领主的松仓重政大兴土木，重筑日野江城，为此他征收重税，令岛原人民遭受双重苦难——信教不准，还要出钱出工。松仓重政死后，其子松仓胜家继任领主，更为残暴。

通过血腥镇压，天主教在岛原和天草一带一度销声匿迹。但是，一些有马晴信的家臣和岛原人仍旧坚持信仰天主教，并组织秘密团体。1634 年起，岛原、天草地区连续发生天灾，民不聊生。天草四郎（天草时贞）是天草岛基督教徒益田甚兵卫的儿子，他聪颖过人，有神童之称；同时，他也精通基督教教义，被人们奉为上帝的使者。1637 年 10 月 23 日，苦难中的人们聚集在天草四郎的周围，于 10 月 25 日发动起义。

幕府派板仓重昌为专使，赴九州岛镇压起义军，但被起义军击毙。幕府又派松平信纲调集 12 万余人，镇压起义，起义最终被镇压。根据幕府的记录，三万七千名参加起义的天主教徒全部被杀害，女人和孩子也被斩首。"岛原、天草之乱"促成了德川幕府锁国体制的最终完成。

十四、文治政治

从初代将军德川家康到第 3 代将军德川家光的治世可以说采取的是武断政治，而这一时段是巩固统治基础的时期。

德川家光病没后，由于后继的第 4 代将军德川家纲年幼体弱，庆安 4 年（1651），由井正雪与丸桥忠弥等共谋，策划发动政变夺取政权、批判幕政和要求救济浪人，即"庆安之变"。另外，还发生别木庄左卫门计划袭击老中的"承应之变"，迫使幕府转换统治方针。与此同时，由于幕藩支配体制进入安定期，所以幕府统治方针转为以儒家思想为核心的文治政治，采取融合朝幕关系，减少大名改易，整备法令、制度，振兴学艺等政策措施。

十五、城下町

在江户时代，大名和武士都离开农村，聚居在领地内的城下町（以城郭为中心形成的城市，如图 3-4-5 所示）。

图 3-4-5　山城（波贺城）与城下町

（图片来源：日文维基百科 https：//ja. wikipedia. org）

由于实行参觐交代制，大名们还要率领大批家臣轮流到江户城居住。当时，日本的武士连同他们的家属总数约达 200 余万人。此外，他们还雇用了许多仆从。为满足这些人的消费需要，大批的手工业者和商人也纷纷涌入江户和各藩的城下町，他们被称为"町人"。1615 年，德川幕府公布"一国一城令"，使城市的规模日益扩大。江户人口在 1731 年达 55.3 万，大阪人口在 1721 年为 38.2 万，京都人口在 1715 年为 35.8 万。

居住在城市的大名和武士，只靠农民缴纳的年贡米或禄米无法满足其全部生活需要，为了从市场上购买其他生活必需品和奢侈品，他们不得不出售年贡米或禄米换取货币。其他城市居民的生活，自然也必须依靠市场供应。

十六、三都

为适应领主经济商品化的需要，早在近世初期就形成了以幕府直辖的三都——江户、大阪、京都为中心的全国市场。

而全国市场的形成得益于陆上运输网与近海运输网相联结的全国运输网络的形成。陆上运输网主要有东海道、伊势路、山阳道、长崎道、山阴道、中山道、美浓路、甲州街道、奥州街道、北国街道等主干道；近海航运主要有以菱垣回船、樽回船及北前船三大"回船运输"为主的东回航线、南海路（江户、上方航线）、西回航线。围绕本州岛的三大回船航线的开辟，使江户时代的近海运输达到全国规模。借助上述运输网络，陆地上的中小都市（包括城下町、阵屋町、在町宿站）及港湾都市与三都相联结，形成并发挥了商品流通、信息传递的大型网络功能（如图 3-4-6 所示）。

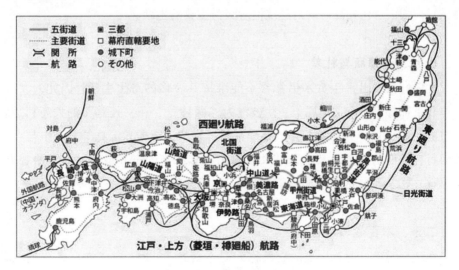

图 3-4-6　江户时代交通运输网

（图片来源：eo 公式网 http://www.eonet.ne.jp）

三都中的江户，既是全国的政治中心，也成为大米（包括幕府的城米和大名的藏米）和其他物品的主要消费市场，在全国经济中占重要地位。邻近京都的大阪，其一是领主们贩卖年贡米——藏米的中心市场，其二也是全国物资中心集散地。各种物资集中于大阪进行交易后，多数加工制品通过海陆两条线路运往江户。

十七、藏屋敷

伴随领主经济商品化，城市出现了一些主要为领主阶级服务的商业、金融机构和享有特权的大商人、高利贷者。为了出售以年贡米为主的各种年贡物资，许多大名在大阪设立了"藏屋敷"（仓库）。实际主持"藏屋敷"业务的主要是大阪的一些富商和高利贷者，他们除负责保管和出售各种年贡物资外，还经常以此为担保贷款给大名。

十八、株仲间

在大阪、江户、京都和其他城市，还有许多组成行会——"株仲间"的特权商人。他们以向幕府缴纳称为"冥加金"的营业税和特许费为代价，垄断了某些产品的经营特权。

大阪的"二十四组问屋"和江户的"十组问屋"是最著名的特权商人行会，它们均以居住在江户的封建统治阶级为主要的主顾。

十九、两替商与札差

大名们依靠出售年贡米仍常常不能维持其奢侈的寄生生活。因此，大阪、江户和京都等大城市又出现了一些被称为"两替商"和"札差"的大高利贷者（钱庄），以大商户为对象，为其办理存款、贷款、票据和汇兑等，从事与今天的银行相类似的业务。其中，以大阪的鸿池和江户的三井最为富有。两替商、藏屋敷、札差等构成了全国的信贷系统。它们除经营信贷外，大多兼营商业。

二十、本百姓与水吞

在江户时代，拥有份地的农民称为"本百姓"。每一户"本百姓"的人口约4~6人，占有的土地面积平均为1町到1町5反 [1町=99.2亩（66133.67平方米），1反=1/10町（6613.367平方米）]，可收获大米10石至15石左右。

在 17 世纪和 18 世纪前半期，这种本百姓约占农民总数的 90%；此外，还有10% 的无地农民，即所谓"水吞"。可见，当时日本存在着颇为发达的小农经济。但是，由于小农经济本身就不稳定，领主剥削使其更脆弱，后来日益卷入商品货币经济，也使小农破产的可能性增加。

二十一、学问的发达

随着社会的安定，武士、庶民阶层中出现了许多学者，学问呈现繁荣景象。在历史学方面，水户藩主德川光圀（圀为国的异体字，1628—1701）和部分朱子学儒学者开始编纂《大日本史》。全书标榜朱子学正统论，强调大义名分观点。新井白石敢于正视现实，客观看待日本在世界的地位，在国语学、国史学及洋学方面的工作都具有开创性。其著《读史余论》考察了日本朝廷和武家社会历史的变迁。新井白石还将通过调查秘密进入日本的耶稣会传教士得知的海外情况整理成《西洋纪闻》。儒学日本化方面，山崎暗斋倡导儒学和神道折中的垂加神道（垂加是山崎的别号）。佛教日本化方面，出现将祖先视为佛，并祈求现实家庭成员幸福的现象，奠定日本近代民众佛教的基础特征。

另外，被称为"和算"的日本特色的数学兴起，其中的代表为关孝和，宫崎安贞在亲身体验和见闻基础上，将农业心得和技术整理书，名为《农业全书》。

二十二、庶民文化

庶民文化是江户时代日本文化发展一大特色。17 世纪后期至 18 世纪初期的元禄文化是以京都、大阪等上方（日本关东地方人称京都、大阪为上方）地区为中心的武士和商人的文化。人偶净琉璃、歌舞伎、浮世绘、工艺等一片繁荣景象。19 世纪初期，正统文化移至江户，小说、歌舞伎、浮世绘、文人画等呈现出绚丽多彩的商人文化特征。

二十三、元禄文化

从十七世纪中期至十八世纪初期，第五代将军德川纲吉执政（1688—1703）期间，以京都、大阪等上方为中心发展起来的文化被称为元禄文化。

元禄文化是以町人文化为主的文化，表现的是个人特性。每个人对自己的生活方式进行思考，或者以自己的方式进行艺术创作，或者进行学术研究。由于德川纲吉实行"王道"，社会大体安定，文化在思想、文学、美术等方面表现活跃。

在文化趋于成熟的同时，由于近世社会成立已百余年，公共事务和个人事务，即政治权利和个人生活之间产生了矛盾，将军及大名的权利扩大，走向专制化。上述对立关系在接受儒学的方式上也体现出来。德川纲吉要求给大名及旗本讲授儒家经典，并在汤岛建立祭祀孔子的圣堂，儒学者开始享受与武士同等待遇。儒学在一般人中也得到普及。

元禄文化主要成就在文学艺术方面。松尾芭蕉（1644—1694）开创蕉风俳谐，从语言到内容都打破传统，为适应新的现实，将艺术俳谐提升到与传统的和歌、连歌或者千利休的茶道、雪舟的画作等相同的水准。他创作了《古池蛙跃入水声》等有名的俳句。小说方面出现由"御伽草子""假名草子"发展而来的"浮世草子"（风俗写实小说），这样一种现实主义大众文学。作为其代表，井原西鹤的小说以町人社会为主题，着意刻画市民心理，试图在"世人之心"的真实情况下发现人的本性，否定儒学道德，以享乐为人生要义。其代表作有《好色一代男》等。近松门左卫门的作品中也体现了"义理"。此外，国学家契冲也说过"俗中之真"。戏剧方面创作和发展了"人形净琉璃"（木偶说唱戏）。竹本义大夫在大阪开设竹本座，上演了近松门左卫门创作的《世继曾我》净琉璃。18世纪末期，大坂植村创立文乐轩，其弟子于1872年创办"文乐座"。其后，净琉璃木偶剧以"文乐"之名流传至今。歌舞伎在元禄年间从原来以舞蹈为主的民间艺术发展为歌舞剧。而工艺美术方面产生一种色彩鲜艳、图案抽象的新风格。

总而言之，当时的人们试图在新现实中寻求伦理，或者说"有良心"的生活方式。可以说，元禄文化的一大特色是形成了出色的"俗"文化。

思考：

1. 德川时代的大名分哪三类？
2. 元禄文化表现出哪些町人文化的特征？

第五讲　江户时代后期（1716—1868）

一、享保改革

享保改革是德川幕府第八代将军德川吉宗在任期间（1716—1735）进行的幕政改革，与宽政改革、天保改革并称为江户时代的三大改革。

17 世纪末以后，由于商品经济发展，城市生活费用增加，靠禄米为生的武士日益贫困。幕府、大名诸侯也出现财政危机。元禄年间（1688—1703）幕府滥铸货币，更使通货混乱、物价上涨。德川吉宗在 1716 年就任将军时，幕府竟连旗本、御家人的禄米也无力发放。为加强幕府统治、解决财政危机，德川吉宗决意实行改革。

其主要内容包括：①设置"目安箱"。为便于百姓直接上诉，1721 年 8 月，在评定所门前设置"目安箱"。有不平者，可以书信形式，写上住所氏名，提出诉讼。"目安箱"封存坚固，只有将军才有资格打开；②拔擢有能力的武士担任幕府要职；③严命武士要俭约，减少政府财政支出；④1722 年 7 月制定"上米制"，要求大名每一万石的领地要向幕府缴纳米 100 石，以增加财政收入；⑤加重幕府领地农民的年贡。本来，幕府领地农民的年贡是根据收获量而定的，叫"检见制"。后德川吉宗废除检见制，采用新的"定免制"，也就是根据过去数年间的平均收获量确定年贡量，实际上是增加了年贡；⑥鼓励豪农出资开发新田。但由此，许多豪农成为新的中间榨取者—公认地主；⑦奖励种植番薯、甘蔗、胡麻、朝鲜人参等经济作物；⑧为使产业兴盛，奖励实学，允许进口与天主教无关的洋书（中译本），引进新技术；⑨商业统制。德川幕藩体制是建立在靠农民劳作保证年贡的农业经济基础之上的。对于力求该系统持续性的领主来说，那些现实中参与剩余产品的市场流通并从中获利的商人值得警惕。原因在于，不定向的货币经济的发展将农民卷入其中而导致他们大量破产，间或有少数农民因之获得巨额利润而忽视辛勤劳动。并且，作为统治阶层的武士也无法容忍权力和财富两极分化。因此，领主的政策必然从重视农业、压抑商业的"贵谷贱金"向"贵谷贱商"转化。德川吉宗的政策虽然同样是以"贵谷贱金"为基调，但只供给已加入官方认可的同业者团体"仲间"的商人 22 种被限定的商品，把商业流通置于幕府统辖之下；⑩农民对策。为防止本百姓破产事件大量发生，1643 年，颁发了"田畑永代买卖禁令"。而实际上，田畑（土地）仍然以"质流"的形式秘密交易流通。农民因为贫困，不得不将土地典当给豪农富商，但过期无力赎回，于是土地归对方所有。土地集中于少数豪农之手，使幕藩体制受到很大动摇。故此，1721 年幕府颁布"田畑质流禁止令"，禁止一切土地质流。与此同时，已经被典当抵押的土地，以无利息，每年偿还原本 15% 的形式还清。但因为典当而失去土地的贫穷农民只会变得越发贫苦，每年交纳反济款几乎不可能。两年后，幕府不得不再次承认质流。1744 年，"田畑永代卖买禁令"缓和，处罚被减轻放宽；⑪"相对济令"。伴随大规模经济活动商品流通发展，私人间金钱纠纷案件与日俱增。幕府于 1661 年颁布了第一个"相对济令"。该法令摒弃了金钱纠纷案投诉公堂的权利，而是转为在当事者间谋求解决。该法令虽不否认债权，但使町人陷入政治无权地位，从而为武士赖债开了方便之门。1719 年，幕府发布了第二个"相对济令"。其中，提出为救济旗本、御家人，命札差（金融业者）放弃贷款。

总之，享保改革稍微松动了闭锁的国门，通过放松对西方书籍的进口限制、鼓励科学研究、完善法律制度、提倡节俭以及垦荒等措施，使财政状况有所改善。但是，抬高米价对都市商人造成打击，强化封建制实质是表面行为，不能应对现实社会的变化趋势（商业发达）。农民的状况仍旧得不到改善，农民不断反抗使幕府统治始终处于不稳定的危机中。

二、田沼政治

进入 18 世纪后半期，吉宗时代的鼓励开垦新田的措施几乎以失败告终，而年贡收入增长也达到极限。德川幕府又陷入财政危机。1762 年，德川家治成为第 10 代将军。1772 年，田沼意次被提拔为老中。田沼认为解决财政问题的唯一的途径是积极利用商业资本。故此，出台了一系列相关政策措施。

其要点包括：①鼓励开发矿山，扩充专卖制度，将以铁、铜为首的某些商品变为幕府专卖，让特定的商人专卖，向这些商人征收运上金（类似法人税）；②缓和贸易限制，促进长崎对外贸易，以增加铜和海产（干鲍鱼、海参、鱼翅等）的出口，促进从外国输入金银。这是一种将金银储存作为衡量国家贫富标准的早期重商主义政策；③鼓励作为商人同业组合的株仲间发挥更多职能，以替代政府公认，并从中收取税金；④鼓励开发新田，利用大商人的资金开发利根川流域，制定开发虾夷的计划；⑤鼓励种植经济作物。田沼还考虑对俄贸易。当时，俄国船只频繁出现在日本海域，工藤平助因此写了倡导加强北方国防的

《赤虾夷风说考》。田沼意次对俄的建交及发展贸易，证明其有世界眼光。

上述政策措施主要是想让大商人获得更多利润，向他们收取更多的税金，以重树幕府财政。这些政策措施的效果是使商人活动变得活跃，江户、大阪等城市得以繁荣。但是，其负面影响是商人和负责管理经济的官员加强了联系，使贿赂横行。此外，由于大商人囤积各种物资，抬高价格，使物价上涨，加重了武士和普通民众的生活负担。再加上爆发了前所未有的"天明饥馑"，激起了百姓一揆、市民暴动。本来就对削弱武士力量、在经济上增加商人力量不满的保守的谱代大名们乘机迫使田沼意次在 1786 年下台。

三、宽政改革

宽政改革是老中松平定信于天明七年（1787）至宽政五年（1793）间实行的幕政改革。

18 世纪中期以后，商品经济继续发展，沉重的年贡和商业高利贷盘剥，驱使农民弃地逃走，从而导致土地荒芜，领主经济破产。下级武士日益贫困，上级武士生活腐化，债台高筑。由于官商勾结，导致幕政腐败，贿赂公行，加上低温、多雨等灾害天气和浅间火山爆发，最后酿成天明饥馑（1783—1787），饿死、病死者达 110 多万人。与此同时，爆发了包括江户、大阪在内的全国性的市民暴动和农民起义。天明七年（1787），白河藩主松平定信就任老中笔头，他为平息动乱，挽救幕藩体制，实现封建中兴，推行了以重农抑商政策为中心的幕政改革。

改革要点包括：①罢免原老中田沼意次余党，重建以御三家（德川将军本家的三个家族）为核心，以谱代大名为后盾的老中协议体制；②重新实行抑商政策。废止幕府专卖制，废除田沼意次时代建立的铁、铜、石灰、硫黄、人参等的专卖商行，整治庆长年间（1596—1614）以来发展起来的御用商人，强化贸易限制。取缔"株仲间"的贸易垄断，在江户设立町会所，调整物价；③实行重农政策。种植粮食作物，限制种植经济作物，储粮备荒，造林、治水。1790 年—1794 年一再发布《旧里归农令》，在江户设立"人足寄场"，收容流入城市的农民、城市贫民及其他无家可归者，强制其劳动、学习技艺，3 至 6 年后，使其就业或归农。劝导城市游民归乡务农，禁止农民离乡入城，以确保农村劳动力；④振兴武家纲纪，奖励武士习文练武，取缔私娼和艺妓，禁止色情文学和男女混浴。1789 年颁发《弃捐令》，宣布废除旗本、御家人的债务，同时禁止新建娼楼；⑤整顿财政。1787 年 8 月，发布为期三年的《俭约令》。1789

年3月，发布禁奢令；5月再次发布为期5年的俭约令。上述禁令要求士农工商严格遵守等级身份制，禁止奢侈享乐。与此同时，为救助贫困者，制定"七分积金制度"，削减幕府经费1/2、将军家内用度1/3，连同江户城削减下来的经费中提取七成，作为救济贫民的费用和低贷资金；⑥调节物价及币值，停止铸造铜钱，收买铜钱，禁止向江户运输货币；⑦禁止异学。1790年制定《异学禁令》，重申朱子学为"正学"，朱子学以外的"异学"一律禁止。在汤岛圣堂的学问所禁止朱子学以外讲义。随后，将学问所改称昌平坂学问所，作为幕府学校，并且为登用人才，开始以旗本、御家人为对象的朱子学考试；⑧严厉取缔批判政治、扰乱社会风俗的出版物、戏剧等。著名政治思想家林子平（1738—1793）遭受处分，所著《海国兵谈》列为禁书。将兰医学馆划为幕府专有，遏制兰学传播；⑨肃正纲纪，要求官员廉洁务实，反对贿赂和贪污挪用公款。

宽政改革以重建幕府权威、紧缩财政、重建农村领主经济为重点。但这场改革既未能重振农村经济，也阻挡不住商品货币经济的发展，且招致商人、上层武士和广大农民的不满。1793年7月，松平定信辞职，改革以失败告终。

四、化政文化

所谓"化政文化"是指以江户时代后期的文化、文政时代（1804—1830）为鼎盛期，以江户为中心而发展的町人文化。这一时期，是浮世绘、滑稽本、歌舞伎、川柳等为现代人所熟知的町人文化的全盛期，也是国学、兰学的大成时期。在广义的定义中，包含从18世纪后半期到19世纪前半期之间非常长的期间。

在文学艺术方面，讽刺政治、社会现象及日常生活的川柳流行。如十返舍一九（本名重田贞一）的《东海道中膝栗毛》（东海道中旅行记），描写庶民生活的滑稽小说为大众所喜爱。版画方面，多样化色彩表现的技术提升，利用这样技法创作的版画被称为"锦绘"（也称浮世绘）（如图3-5-1所示）。该绘画风格在江户产生，通过商人等的全国性交流、出版和教育普及，流传全国各地，其内容也多样化，并向庶民阶层浸透。以时代剧为舞台的风俗活动在这个时代也是最多的。

江户时代前期，町人文化繁荣的元禄文化时期，文化的中心是上方。而从这个时段开始，文化的重心移向江户。但也有像音乐方面的京流手事物、陶艺方面的京烧等在上方得到显著发展。

图 3-5-1　浮世绘代表作之一——神奈川冲浪里
（《富岳三十六景》之一，葛饰北斋绘）
（图片来源：中文维基百科 https：//zh. wikipedia. org）

兰学方面，在 18 世纪后半期，杉田玄白、前野良泽等人翻译了荷兰文的解剖学书籍，即《解体新书》。以此为开端，兰学逐步发展起来，有的学者开始编纂荷兰语的词典和语法书。19 世纪初期，伊能忠敬对日本全国进行了测量，绘制了正确的日本地图，即《大日本沿海舆地全图》。另外，作为出岛荷兰商馆医生赴日的西博尔德在长崎培养了许多兰学者。而随着对外危机的加深，西洋炮术也被学习。兰学在医学、兵学、天文学等领域展开的同时，兰学者批判幕府的政治、外交等，从而导致"蛮社之狱"。

五、《异国船打拂令》

19 世纪前半期，欧美列强的触角开始探及亚洲。文政年间（1818—1829），英美捕鲸船屡次出现在日本周边海域。故此，时任幕府天文方兼书物奉行的高桥作左卫门（景保）于 1824 年（文政七年）7 月，就外国船的处理问题上书幕府。8 月，在萨摩藩属岛屿土噶喇岛（宝岛）又发生了英国捕鲸船员与当地民众的流血冲突事件。故此，接到高桥上书的幕府政权召集会议，征求三奉行（寺社奉行、町奉行、勘定奉行）的意见。三奉行对高桥作左卫门的意见书尽管存在着一些异议，但是均主张驱逐外国船只。幕府于 1825 年（文政八年）2 月发布了《异国船打拂令》（即《外国船驱逐令》，也称《无二念打拂令》）。

六、蛮社之狱

武士渡边华山和医生高野长英等兰学者组成尚齿会，积极从事西洋学问研究。在幕府对美国舰只"毛利松"号实施打击的次年，渡边华山著《慎机论》，高野长英著《戊戌梦物语》，还有批判幕府的《异国船打拂令》（亦即《外国船驱逐令》）等攘夷政策措施，由此触怒幕府。幕府以企图渡海去国外及与大盐平八郎有勾结等罪名将兰学者逮捕并判刑。该事件发生于 1839 年（天保十年），是幕府对兰学者所实行的最初的压制。

七、《薪水给与令》

中国清朝在 1840 年至 1842 年的第一次鸦片战争中被英国打败，被迫于 1842 年与英国签订丧权辱国的《南京条约》，开放上海等五处港口，香港岛则被英国割占。这使日本政府及其民众产生了极强的危机感。为了不重蹈清朝的覆辙，幕府聘请军事家高岛秋帆（1795—1866）制造枪炮、改革兵制，同时将之前的《异国船打拂令》修改为《薪水给与令》，宣布若有到达日本海域的外国船只提出补给要求，可以为其提供燃料、水和食物，然后让其离开。

八、国学的发达

国学是研究日本的古典、古词汇等，想排除儒教、佛教等外来思想，弘扬日本古来的传统精神的学问。从元禄时代开始，为重新审视日本传统文化，人们对和歌、古典等的关注加深。

18 世纪后半期，本居宣长（1730—1801）主张找回未被儒学污染的古代日本人的心情——"大和心"，他认为唯有研究古人文章，才能将"大和心"复原，故此研究《古事记》《源氏物语》等古典书籍，并著《古事记传》等，集国学大成。其弟子平田笃胤发展了宣长的复古主义，强调尊神忠君、爱妻育子之情是日本胜于万国的"古道"。宣墙保己一（1746—1821）收集了许多古典，编成《群书类从》。该书网罗了日本最贵重的文化史料，也是日本古今最庞大的丛书。另外，由于国学的姿态是要尊崇天皇，排除外国思想，所以对幕末的尊王攘夷运动产生了很大影响。

九、天保改革

天保改革是天保年间（1830—1843）幕政和藩政改革。享保、宽政年间的幕政改革，均未能从根本上缓和严重的社会矛盾，至天保年间，社会矛盾更趋尖锐。天灾频仍，导致农业歉收和全国性大饥馑。百姓一揆频繁发生，特别是 1837 年在核心城市大阪发生大盐平八郎起义。为维护封建统治，幕府在首席老中水野忠邦的主持下，在天保 12 年至 14 年（1841—1843）再次实行改革。

其主要内容包括：①巩固幕藩领主制经济基础，限制农村人口流入城市。出台《人返法》，强迫外流的农民（尤其到江户的农民）返乡，严格限定农民外出做工期限，严禁农民从事副业生产，降低雇工工资；②抑制物价上涨，实行公定价格，禁止使用奢侈，向庶民也发布严格的《俭约令》，禁止使用奢侈品；③矫正风俗，严格限制城乡人民生活。在对作为百姓娱乐的歌舞伎、寄席（曲艺演出场所）等加以规制的同时，严厉取缔批评政治、扰乱社会风俗的出版物。奖励武士武艺，振作士气；④解散"株仲间"（同业公会），废除其对商品的垄断权，实行自由交易，增加江户商品进货量；⑤为稳定财政收入，1843 年9 月发布《上知令》（封地调换令），宣布将江户城周围 10 日里（1 日里 = 3927.27 米）、大阪城周围 5 日里范围内的大名、旗本领地收作幕府直辖领地。其目的是为了强化两地的幕府统治及海防；⑥为避免重蹈中国清朝在鸦片战争中惨败的覆辙，缓和同殖民列强的关系，废除《异国船驱逐令》，发布《薪水给与令》，若外国船只提出补给要求，可为其提供燃料、淡水和食物；⑦实行富国强兵策，引进西洋炮术，进行相关训练，加强战略要地警备，巩固海防。

幕府的对内改革措施实质在于抑制商品经济的发展，维护和加强封建领主所有制。因此，未能缓和尖锐的社会矛盾，反而导致经济混乱，引起社会各阶层的不满。1843 年 9 月，水野忠邦下台，天保改革失败。

十、诸藩改革

在幕府改革的同时，各藩也进行了改革，其中，萨摩藩（今鹿儿岛县）、长州藩（今山口县）、肥前藩（今佐贺县）等西南强藩的改革具有重要意义。

萨摩藩改革前负债累累，出身下级武士的家老调所广乡 1827 年上台后，以赖账的办法取消了对三都（江户、大阪、京都）大商人的债务关系。他为增加财政收入，引进先进农业技术以提高产量，发展商品经济，实行红糖藩营专卖制度。在军事上，采用洋式炮术，制造枪炮、火药。其改革为以后藩主岛津齐彬实行殖产兴业、充实洋式军备的政策开拓了道路。

在长州藩，主持藩政改革的村田清风致力新士风和武士教育，同时压缩财政开支，以 37 年为期，偿还藩和武士借债，以整顿债务。他采用缓和专卖政策，减轻租税，并加强以下关为据点的藩营商业和海运业务，奖励洋学，采用洋式兵术。

在肥前藩，藩主锅岛直正在农村实行均田制，推行陶器和煤炭的专卖政策，并铸造大炮，建筑炮台，增强军备。在中下级武士的参与与领导下，以整顿财政和富国强兵为目标的藩政改革基本上取得成功，奠定了左右幕末政局的经济和军事基础。

土佐藩紧缩财政，将物价降低 2 至 5 成，解散特权行会，禁止农民商人化及商人地主化，不准商人置地，并征收富农的土地，分给贫农。

十一、黑船来航

日本嘉永六年六月三日（1853 年 7 月 8 日），美国东印度舰队司令佩里（M. C. Perry）（如图 3-5-2 所示）率领四艘蒸汽船闯入江户湾入口处的浦贺（如图 3-5-3 所示）。当时美国舰船铁甲外壳，蒸汽动力，冒出滚滚黑烟，与日本风帆摇橹时代的帆船全然不同，谓之"黑船"。

图 3-5-2 马休·佩里像

（图片来源：中文维基百科 https://zh. wikipedia. org）

图 3-5-3　黑船来航图

（图片来源：中文维基百科 https：//zh. wikipedia. org）

德川幕府虽固守锁国体制，但对外部世界并非茫然无知。其通过长崎与荷兰人通商，并通过《荷兰风说书》了解东亚局势。19 世纪初期，幕府对俄、英、美轮番的开国冲击一并拒绝，但着手修筑炮台，加强海防。然而幕府的海防力量对于佩里舰队而言过于薄弱。佩里舰队以测量江户湾水深为名炫耀武力。

最初幕府拒绝佩里登陆，也拒绝接受美国总统国书，但迫于压力不得不同意佩里等人在浦贺登陆。幕府最终接受美国国书，并约定第二年春天给予答复。佩里舰队随后前往琉球（约定通商，设煤库）。这一事件史称"黑船来航"。

黑船的到来，搅醒德川幕府的太平梦，预示着幕藩体制将要瓦解。佩里之所以能成功，得益于美国政府及佩里本人的周密安排，了解德川幕府动向及可能遇到的情况。打开日本国门的任务之所以历史性地落在美国肩上，是因为美国有强烈的需求：①美国吞并加利福尼亚后领土扩大到太平洋岸，由于其从太平洋到中国需要补给，日本为理想的补给站；②美国的捕鲸船经常漂流到日本，需要日本救助和遣送；③美国的综合国力有限，对华无法单独行动，只能选取较弱的国家，日本成为首选；④得益于对美国有利的国际局势，1853 年英、法、俄忙于克里米亚战争。

十二、《神奈川条约》

佩里舰队离去后，如何处理美国国书成为幕府的难题。首席老中阿部正弘决定把美国国书分发传阅，让各地大名和其他幕臣发表意见。在幕藩体制下，国政大事历来由幕府独断专行，这一举动无疑为幕藩体制的崩溃埋下伏笔。日本国内形成现状维持派、消极开国派和积极开国派三种意见。

1854 年 2 月，佩里舰队再次到达浦贺。2 月 13 日，七艘舰船停泊在江户湾内的金泽港（小柴港）。佩里舰队于 3 月 8 日在横滨登陆，在"条约馆"与幕府官员谈判。在美国的武力威胁下，幕府被迫签订了《神奈川条约》（也称《日美亲善条约》）。其主要内容包括：①开放伊豆的下田、北海道的箱馆（函馆）两港口，幕府需向美国船只提供煤炭、淡水、食物及其他必需品；②美国可在两港设领事馆，派驻领事；③救助遇难船只及漂流民；④给美国片面最惠国待遇。随后英国、俄国、荷兰先后与日本签订类似的条约。这标志着德川幕府的锁国体制缺口被打开，幕府统治岌岌可危。

为应对上述危机，幕府在江户设讲武所，对旗本、御家人及其子弟进行西洋式兵术训练；同时，在长崎开设海军传习所，对幕臣和藩士进行操作军舰训练。此外，幕府代官江川太郎左卫门（江川英龙）在伊豆的韭山建反射炉，开始进行军用制铁。幕府还开设蕃书调所，教授幕臣子弟兰学和英学。蕃书调所后来扩大改组为开成所，对藩士及有志之士开放，讲授语言学和自然科学等。

十三、安政五国条约

1856 年，美国总领事哈里斯赴日，在下田开设领事馆。基于之前的《日美亲善》条约，哈里斯强硬地要求当时幕府的首席老中堀田正睦与美国缔结通商条约。因此，堀田正睦一边选拔开明的人才与哈里斯进行交涉，一边就缔结通商条约事项并向诸大名及幕臣征求意见。堀田正睦为获得条约敕许，于 1858 年前往京都，但是由于孝明天皇本人坚决反对缔约，他没有获得敕许。尽管如此，哈里斯趁 1858 年爆发中国与英法联军的第二次鸦片战争的时机，最终还是于同年 7 月 29 日迫使幕府签订了《日美修好通商条约》。其主要内容包括：①增开神奈川（横滨，条约规定在该港开港 6 个月后，关闭下田港）、长崎、兵库（神户）、新潟 4 港，另辟江户、大阪为商埠；②在开港、开埠地区规定美国人可自由进出，其享有居住权、货物租赁权和基督教信仰自由的居留地；③两国民众可自由通商，日本官方不得干涉；④认可居留地内的领事裁判权（治外法权）；④协定关税（意味着日本放弃关税自主权）。随后英、法、俄、荷也与幕府签订了通商条约。由于发生在安政年间，被称为"安政五国条约"。

上述系列不平等条约，打开封闭两百余年的日本国门，对日本历史产生了深刻的影响：①严重损害了日本的经济利益，扰乱了日本的商品市场，日本市场和原料产地为资本主义列强开放，导致日本黄金外流、物价暴涨，农村的棉花种植和传统棉纺织业，由于机械生产的低价棉织品的大量进口而遭受打击。日本被纳入资本主义世界经济体系。马克思认为，日本的门户开放是世界市场最终形成的重要标志之一；②使德川幕府的威信急剧下降，加剧了幕府的统治危机，诸藩和朝廷开始插手国政；③受到开国开港的刺激，各个藩国的中下级武士奋起攘夷，强藩志士开始"草莽联合"，成为幕末不可小觑的政治力量。

十四、安政大狱

1858 年，幕府面临两大问题，其一是将军继嗣，其二是与美国洽谈通商条约。乘堀田正睦上洛，老中松平忠固（忠优）、纪州藩家老水野忠央等人力挺开国派重要人物近江彦根藩主井伊直弼（如图 3-5-4 所示）成为幕府大老。

图 3-5-4　井伊直弼肖像画

（图片来源：中文维基百科 https://zh.m.wikipedia.org）

在井伊直弼主持下，幕府方面与美国于 1858 年 7 月 29 日签订了通商条约。在同年 7 月至 9 月间，幕府又同荷、俄、英、法缔结类似的通商条约及贸易章程。

这些条约规都包含片面最惠国待遇、领事裁判权等不平等条款，且都未经天皇敕许。围绕条约敕许问题，朝廷内部和藩国之间有过争论，孝明天皇为狂热的攘夷分子，决定不批准签约。在此过程中，以岩仓具视为代表的中下级公卿开始登上政治舞台。井伊直弼在没有朝廷敕令的情况下断然与美国签约，成为攘夷派的敌人。然而，黑船来航时的国书传阅产生了多米诺骨牌效应，位于幕藩体制另一极的藩国的政治潜能被激活，致使强藩甚至干预将军继嗣问题。

第13任将军德川家定体弱多病且无子嗣，因此确定将军继嗣成为幕府面对内外困局的当务之急。围绕继嗣问题，幕府和雄藩大名之间对抗激烈，分为南纪派和一桥派。前者推举纪州德川家的德川家茂（曾用名德川庆福）为人选，支持者为以井伊为首的幕府累世忠臣、纪州藩家老积极说服将军侧近及大奥方面；后者推举前水户藩主德川齐昭的第七子，过继给御三卿之一的一桥家做养子的一桥庆喜（如图3-5-5所示），支持者为松平庆永等亲藩大名和岛津齐彬等强有力的外样大名。

图3-5-5 德川庆喜像（福井市立乡土历史博物馆藏）

（图片来源：日本网 https://www.nippon.com）

两派表面上争夺将军候选人，实质是在争夺开国路线。面对纷争不已的态势，井伊直弼采取了强硬政策。1858 年 9 月，井伊直弼逮捕梅田云滨，拉开"安政大狱"的序幕。紧接着，京都和各地的藩士、志士纷纷被捕，相继被押送江户，其中包括吉田松阴（长州藩改革派领导者）、桥本左内（松平庆永信赖的开明藩士）等人。10 月，吉田、桥本被处决。但井伊直弼并未善罢甘休，开始向水户藩施压，藩主德川齐昭被处永久蛰居处分。此外，尾张藩主德川庆恕、土佐藩主山内丰信、福井藩主松平庆永等遭到"隐居谨慎"（禁闭）处分。朝廷的左大臣近卫忠熙、前关白鹰司政通被处以出家的处分。

十五、樱田门外之变

万延元年（1860）3 月 3 日，水户藩藩士联合其他藩士，在江户城樱田门外设下埋伏，一举刺杀大老井伊直弼，史称"樱田门外之变"。这次变局意味着幕府强硬路线破产，幕府开始转向"公武合体"。11 月，天皇下大赦令，赦免了安政大狱中幸存的受难者。

十六、公武合体

井伊直弼遇刺后，继任的老中安藤信正欲解决通商条约的敕许问题，压制国内攘夷论，向朝廷提出了"公武结合"的妥协策略。在安藤的奏请和亲幕派公卿活动下，孝明天皇同意皇妹和宫下嫁幕府将军德川家茂，条件为幕府出头攘夷。部分强藩大名也积极推进公武合体，在压制下层激进武士的同时要求改革幕政，以分享权力，代表人物为萨摩藩主岛津久光。1862 年，久光派兵突袭京都寺田屋，斩杀激进藩士，以明确公武合体的政治立场。然而，社会混乱和诸藩大名间的矛盾使公武合体未能持续太长时间。

十七、尊王攘夷

日本开国后，下级武士自发展开了袭击外国人的攘夷行动。以长州藩为中心的下级武士云集京都，开始了"尊王攘夷"的组织和活动，其反对公武合体，在天皇的权威下打击外国势力。

1862 年 8 月，萨摩藩主岛津久光从江户返回京都，经过横滨附近生麦村时，4 名英国人骑马从岛津久光的队伍前经过。岛津久光的随从藩士认为此乃奇耻大辱，奈良原喜左卫门、海江田信义等人将为首的英国商人砍死，幸存者中有 2

名负伤，1 名女士安然无事。此即"生麦事件"。

事后，英国通过幕府要求萨摩藩交出凶手并赔偿，但遭萨摩藩拒绝。幕府向英国谢罪并赔偿，但萨摩藩无视幕府的决定，导致后来"萨英战争"的发生。岛建久光因此不得不加入攘夷行列。孝明天皇为狂热的攘夷派，在他的推动下，文久三年（1863 年）5 月 10 日开始了全国大攘夷。其中，最有名的是长州藩炮击通过下关海峡的外国商船；然而，8 月 18 日，萨摩藩、会津藩等公武合体派发动政变，将长州藩等尊王攘夷派赶出京都。1864 年 6 月 5 日，长州藩志士为夺回控制权，在京都旅馆池田屋秘密集会，商讨武装政变，不料遭到幕府维稳的新选组袭击，史称"池田屋事件"。受此事件影响，长州藩决定出兵京都；7 月 19 日，长州藩兵进攻右哈御门（皇宫西门），被松平容保（京都守护）率领的萨摩、会津两藩的藩兵击败，被视为朝敌。1863 年的萨英战争和 1864 年的下关战争使尊攘派认识到西方列强的强大，也认识到攘夷行不通，必须进一步改革藩政，向西方学习。

十八、萨英战争

萨英战争又称鹿儿岛炮击事件（1863 年 8 月 15 日—1863 年 8 月 17 日），是英国为促使萨摩藩解决"生麦事件"，派军舰攻击鹿儿岛湾的炮击事件，在鹿儿岛当地又称"前之滨战役"。

"生麦事件"发生后，英国舰队于 1863 年 8 月 15 日扣留萨摩藩三艘蒸汽船（白凤丸、天佑丸、青鹰丸）。中午，萨摩藩的岸防 80 门大炮先发制人，开炮射击，英舰被打得措手不及。14 点，英军使用 100 门大炮攻击炮台、鹿儿岛城，破坏近代工厂兼研究所集成馆。萨摩藩失去蒸汽船和所有生产炮的工厂，但死伤者只有 17 人。英国舰队重伤 1 艘，中度伤害 2 艘，包括舰长、副舰长一共死伤 63 人。英国方面认为损失惨重的原因是当时有暴风雨，舰队摇晃严重，准备不足的火炮命中率极低，而英国舰队停泊的地方正好是萨摩藩常常军演训练的地方。而萨摩方面认为自身受创惨重的原因是英国的新型大炮命中率、射程都优于萨摩的大炮。

8 月 17 日 16 时，英国舰队炮击樱岛后，往横滨撤退。值得一提的是，此战中开炮击中英舰的炮手大山岩，后来成为日军中最早的元帅。而为大山岩搬运炮弹的助手中，有日本海军之父山本权兵卫，还有日本海军军神东乡平八郎。

十九、幕末志士

在幕末内外变局中，中下级武士作为新兴力量出现在政治舞台。幕府改革的同时，强藩也进行以富国强兵为目标的藩政改革。在改革过程中，藩主及家臣倚重一批中下级武士，使之迅速成长，崭露头角。其中的佼佼者包括长州藩的木户孝允、高杉晋作，萨摩藩的大久保利通、西乡隆盛，土佐藩的板垣退助、后藤象二郎，肥前藩的大隈重信，松代藩的桥本左内、由利公正、佐久间象山（如图3-5-6所示）以及熊本藩的横井小楠（如图3-5-7所示）等。

佐久间象山（1811—1864）为松代藩藩士，兰学家、思想家。他早年学习儒学，后研修兰学，学习西洋炮术。1839年他在江户创办象山书院。1842年著《海防八策》，进呈幕府。他研读魏源的《海国图志》，并视魏源为海外知己。1853年他完成建议筹建海军的《论时务十策》。佐久间象山因循日本历史上学习中国的"和魂汉才"方针提出日本近代化的方针——"东洋道德，西洋艺术"，在明治维新时发展为"和魂洋才""士魂商才"等思想。其弟子包括胜海舟、坂本龙马、吉田松阴、桥本左内、加藤弘之、西村茂树、津田真道等人，对明治维新产生重要影响。

图3-5-6　佐久间象山像

（图片来源：中文维基百科 https://zh. m. wikipedia. org）

图 3-5-7　横井小楠像

（图片来源：日文维基百科 https：//ja. wikipedia. org）

横井小楠（1809—1869）为熊本藩武士。1858 年他应邀前往福井藩，以重商主义为基调，以富国强兵为主要内容，开始进行藩政改革。他与桥本左内并称幕末政治制度设计的双璧。横井小楠赞赏美国立国方针，同样关注英国立宪君主制。其思想对明治维新后的政治建设以及自由民权运动不无启示作用。

吉田松阴（1830—1859）（如图 3-5-8 所示）11 岁便给长州藩主讲兵法。后来到江户拜佐久间象山为师，学西洋兵法。在学习过程中，吉田松阴认识到西方的强大。1854 年，他企图搭乘佩里舰队军舰偷渡到美国，但被发觉而被捕入狱。出狱后，他于 1856 年在长州藩开办松下村塾，广招门生。其弟子大都为明治维新中的栋梁之材，如木户孝允、高杉晋作、久坂玄瑞、伊藤博文、山县有朋、井上馨、前原一诚、品川弥二郎等人。吉田松阴著书立说，对幕府展开激烈批判。1858 年安政五国条约签订后，松阴吉田痛心疾首，发表《狂夫之言》《时势论》等，引起幕府不满。1859 年，其在安政大狱中被捕并被送往江户，在狱中写了《幽囚录》等，提出"草莽崛起"的思想，随后被处决。

图 3-5-8　吉田松阴像

（图片来源：中文维基百科 https：//zh.wikipedia.org）

二十、尊王倒幕

萨摩藩和长州藩为争夺政治权力，曾存在尖锐矛盾，后来两藩的处境和认识渐趋一致，采取了相似的内外政策，关系逐步缓和。1866 年 1 月，两藩达成相互支持的萨长军事同盟密约 6 条；11 月，两藩又签订《商社会谈议定书》，建立经济同盟。下级武士领导的尊王攘夷运动转向尊王倒幕运动，形成以萨长同盟为核心举国讨幕的局面；同年，幕府发动第二次征长战争，但以失败告终。朝廷公卿三条实美等人与倒幕派联系，策划武装倒幕。1867 年 11 月 9 日，末代将军德川庆喜以退为进，提出"大政奉还"；12 月 9 日，新即位的睦仁天皇颁布"王政复古大号令"，宣布废除幕府，成立由总裁、议定、参与组成的新政府，命令将军庆喜"辞官纳地"。由此，倒幕战争一触即发。

二十一、戊辰战争

德川庆喜不甘心交出政权，于 1868 年 1 月 1 日制订"讨萨表"。1 月 2 日，幕府军与会津、桑名等藩军队向京都进发。当晚，幕府军舰在兵库海面炮击萨摩藩船只。1 月 3 日，新政府决定讨伐幕府。以萨摩、长州军队为主力的新政府军与幕府军在京都附近的伏见、鸟羽激战，结果大胜。庆喜从海路退回江户。

日本新旧政权的内战拉开帷幕。该年为农历戊辰年，因此此战争被称为"戊辰战争"。

　　新政府军兵分三路，兵临江户城下。经幕府方面代表胜海舟与新政府军统帅西乡隆盛协商，4 月 21 日"江户无血开城"。但以榎本武扬、大鸟圭介为首的幕府残余势力逃到东北虾夷（北海道），继续负隅顽抗。与此同时，东北诸藩组成"奥羽越列藩同盟"进行抵抗，被新政府军平定；12 月 15 日，榎本武扬等人成立"虾夷共和国"。新政府海军从西方购入新式铁甲舰后，实力大增，通过宫古湾海战、箱馆湾海战，摧毁虾夷共和国的全部军舰。1869 年 5 月 18 日，新政府军攻克五棱郭。至此，历时 1 年零 5 个月的"戊辰战争"结束。

　　思考：

　　1. 评析江户时代后期三大改革。

　　2. 评析幕末志士群体的历史地位和作用。

第四章　近现代日本（1868—1945）

第一讲　明治时代（1868—1912）

一、明治天皇

明治天皇（1852—1912）（如图4-1-1所示）为日本第 122 代天皇（1867—1912），讳睦仁，孝明天皇次子，母亲为中山庆子。1868 年（明治元年）8 月 27 日，睦仁亲王即位天皇，改元"明治"。1869 年 3 月 28 日明治天皇将皇室从京都迁至东京。按 1889 年颁布的《大日本帝国宪法》，明治天皇成为名义上的军队最高统帅。明治天皇在位期间，经历了明治维新、自由民权运动、西南战争、中日甲午战争、日俄战争等大事件。

1912 年（明治 45 年）7 月 30 日，明治天皇在东京皇宫去世，享年 59 岁。其在位的 45 年期间，是日本近代化改革成效最为显著的时期，实现了社会、经

图4-1-1　明治天皇像

（图片来源：百度百科 https：//baike.baidu.com）

济、军事等多方面的发展，建立了亚洲第一个资本主义国家，并完成了日本向帝国主义的转变，走上军国主义、争霸世界的道路。

二、《五条誓文》与《维新与政体书》

1868年3月，明治政府颁布了《五条誓文》，确立了施政纲领。其内容为："广兴会议，万机决于公论；上下一心，盛行经纶；公武同心，以至于庶民，勿使各遂其志，人心不倦；破旧来之陋习，立基于天地之公道；求知识于世界，大振皇基"（如图4-1-2所示）。

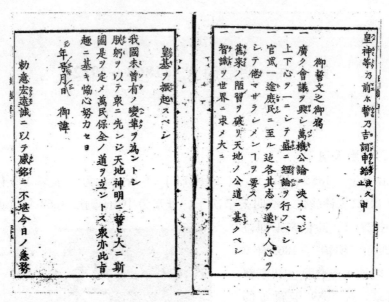

图4-1-2 刊登在《太政官日志》1868年（庆应4年）第2卷上的《五条御誓文》

（图片来源：日本网 https：//www.nippon.com）

同年4月，明治政府颁布《维新政体书》，效仿奈良时代实施太政官制，在形式上复原古代律令制的政体，以"王政复古"为手段实现国家的统一。《维新政体书》规定：天下权力皆归太政官，以谋求统一政令，建立中央集权国家；太政官之下，设议政、行政、刑法三官。议政官掌管立法权，立法机关分上下两局。上局由议定、参与以及各藩选出的议员组成，负责制定法律，决定机密政务，考察三等官以上官吏，行赏罚，订立条约，宣布和战；下局的职责为承上局之命，讨论租税、货币、新约、宣战、讲和等问题。行政官统辖行政、神祇、会计、军务、外国、民部六官；刑法官掌管检察、裁判、警察等司法权。在形式上采取了资本主义政体的三权分立。

三、岩仓使节团

1871 年，明治政府派出 48 人的使节团，由岩仓具视率领，出访欧美（如图 4-1-3 所示）。随行成员包括大久保利通、伊藤博文、木户孝允等人（如图4-1-4 所示）。本次出访的初衷是宣告明治政府的成立，按国际法与各国平等交往，修改不平等条约，同时考察各国的政治体制、物产风物、社会习俗、工业科技等。虽然改约目标没有达成，但使节团对欧美先进工业国的经济社会做了全方位考察。

岩仓使节团对美、英、德、法等二十多个国家进行了访问、考察，近距离考察了欧美列强产业革命的实情。他们尤其遍访英国各地，对铁路、通信设施、煤矿、制铁所及各种工厂进行了全面考察。通过考察，岩仓使节团一致认为，由于技术进步、产业贸易昌盛以及国民刻苦勤奋为国家带来了这种繁荣，富国应以英国为标本。岩仓使节团不仅看到了西方文明的光明面，也看到了黑暗面。例如，在当时繁荣鼎盛的伦敦，岩仓使节团也发现了贫民窟，目睹耳闻发生在那里的欺诈和抢劫。在巴黎，他们了解到法国刚败给德国，又爆发巴黎公社起义。

图 4-1-3　《岩仓大使欧美派遣》（山口蓬春绘，圣德纪念绘画馆所藏）
（图片来源：日本网 https：//www.nippon.com）

图 4-1-4　岩仓使节团核心成员，左起：木户孝允、山口尚芳、岩仓具视、伊藤博文、大久保利通（图片来源：中文维基百科 https://zh.wikipedia.org）

　　岩仓使节团结合日本国情对各国的政治制度进行了研究。结果发现，美国和日本的国情相差甚远，实行绝对君主制的俄罗斯发展缓慢。因此，结论认为日本新政体应以英国为模式，以德国为榜样。此外，他们还分析了日本在世界文明发展中所处的阶段位置，认为"文明开化并非一朝一夕之事"，只能采取渐进主义。

　　在柏林，他们受到俾斯麦的接见，听取了关于铁血政策和国际关系中的丛林法则的说教，并对普鲁士的强兵政策措施大为赞赏，认为强兵应以德国为楷模。

　　他们发现，基督教给人们伦理支撑，成为大家勤勉工作的基础，更是西方文明的精神支柱。故此，在日本需要找到可替代基督教的东西。

　　回国后，使节团主要成员制止了留守政府"征韩论"的政策倾向，并将政策方向调整为以充实内政为先，明确了分阶段推进文明开化的渐进方针。后来，由伊藤博文主导制定的《明治宪法》将天皇置于中心位置，来代替基督教在西方文明中的作用。

四、废藩置县

　　明治政府成立后，通过王政复古建立起中央集权，幕藩体制下双重二元政治体系中的将军已被废除，但在地方，各藩国依然存在，构筑归属中央的地方行政体系成为当务之急。而很多藩国经过戊辰战争元气大伤，财政吃紧。木户孝允等人借机开展了废藩置县运动。

1869 年 3 月 5 日，萨摩、长州、土佐、肥前四强藩的藩主在实力人物大久保利通、板垣退助、大隈重信的劝说下，上版籍奉还表文。到 1869 年夏，有 239 个藩"奉还版籍"。明治政府接受奉还，并令其他 14 藩，任命藩主为"藩知事"，命其到东京上任，脱离其土地人民，迈出废藩第一步。

1871 年，木户孝允以天皇名义召集在东京的 76 藩知事，颁布《废藩置县诏》，宣布废 261 藩国，免去世袭藩主知事职务，命其迁居东京，食国家俸禄。随后打破藩界，建 3 府 302 县 1 使，后改为 3 府 72 县，1888 年进一步合并为 3 府 42 县。由此，日本政治体制从松散的诸侯联盟转变为统一的中央集权国家，从形式上完成了近代统一的民族国家建设。

五、改革身份等级制

在德川时代，整个社会的主要阶层被分为士、农、工、商四个等级。其中，武士为统治阶级，有享受俸禄、骑马、带刀、称姓等特权。其余为被统治阶级，且阶级之间不能流动。

明治维新后，新政府连续颁布法令，废除身份等级制度。大名（诸侯）与公卿贵族一起改称"华族"，地位次于皇族。幕府直属家臣、宫廷下层、各藩藩士及一般武士皆为"士族"。农民、手工业工人、商人和僧侣为平民。规定：平民可称姓、骑马、自由选择职业、自由迁徙；废除武士带刀、格杀勿论特权；允许各阶层自由通婚；许可不做官的华族、士族自由经营；废除"秽多""非人"称呼，将其改称平民，取消贱民制；各阶层民众可担任文武官职。政府称此为"四民平等"。

1873 年，明治政府颁布《征兵令》，规定年满 20 周岁的男子有服兵役的义务。1876 年，明治政府颁布《金禄公债条例》，废除封建俸禄，改由政府一次性发给士族公债，从经济上取消了武士阶层的特权。这一系列措施，对武士阶层影响很大，因此引发了不满士族的叛乱。

六、地税改革

废藩置县后，明治政府废除领主土地所有制。1872 年，明治政府允许土地买卖，同时向土地所有者颁发地券，开始土地私有化进程。

明治政府为保障国库财源稳定，1873 年 7 月 28 日，明治政府颁布《地税改革条例》。其中规定：核定地价，按照地价的3%向土地所有者征收货币地租。后因农民强烈反对改为2.5%。地税改革不仅针对农耕地，之前免税的市区街道也开始发布编号，征收地税，最后扩大到全国山林原野。1881年，明治政治改革土地所有制基本完成。

地税改革消灭了封建领主土地所有制，建立了私有土地制度，促进了土地、劳动力等要素的自由流动，为发展资本主义奠定了经济基础。以货币地租为基础的近代税收体系保证了新政府的稳定财源。然而，地税改革并不彻底，保留了大量的封建残余，农村商品化进程加快，其结果是寄生地主制确立起来，农村阶级分化，农村经济凋敝，成为严重的社会问题。

七、富国强兵

富国强兵是明治政府在维新过程中推行的三大国策之一，其他两项分别为殖产兴业和文明开化。在维新元老心目中，"富国强兵"是最高目的，"殖产兴业""文明开化"只不过是手段而已。所谓"富国强兵"，顾名思义就是一方面通过殖产兴业等经济改革措施，大力发展资本主义工商业，使国家财富增值；另一方面，通过引进西方先进的武器、军事技术及军制变革，建立强大的军事力量。富国是强兵的重要前提，强兵是富国的保障。富国强兵既是改革的政策措施，也是明治维新的最终目标。

在"强兵"政策中，具有重要意义的是建立新军制。军制改革的主要内容模仿西方，实行征兵制，建立新式常备军。明治政府于1872年颁布的《征兵诏书》和1873年颁布的《征兵令》，标志着建设新军的开始。实行征兵制的前提是要取消封建武士军队，剥夺武士垄断军队的特权，以东京、仙台、名古屋、大阪、广岛、熊本六个镇台为六大征募区，从民众中征兵，建立资产阶级常备军。在建立新式军队的同时，明治政府解散了在维新初期由诸藩军队改编的旧式军队。但是，征兵制中也包含了不平等的因素：官吏、专门学校的学生可免除兵役，而且富人只要通过缴纳代役费270元，也可免除兵役。

新式军队被称为"皇军"，这是在向军人灌输忠于天皇的封建思想。1878年颁布的"军人训诫"要求军人把天皇当作"神"来崇拜，并且以所谓"武士道"精神作为军人的行为准则。

"富国强兵"政策的贯彻，使日本在明治维新后不久，就走上军国主义扩张的道路。

八、殖产兴业

殖产兴业政策是明治维新时期日本三大国策之一，是在西方列强的强大经济、军事压力下被迫推行的移植和创立资本主义生产方式的一系列政策的总称。

岩仓使节团出访欧美各国，着重考察了各国资本主义发展的经验。但是，日本不同于欧美，其没有原发的资产阶级和市场经济。虽然幕末商品经济发达，豪农和豪商阶层实力壮大，但仍然未能完成资本原始积累。故此，专门负责考察欧美各国经济发展方针的大久保利通在《殖产兴业建议书》指出"大凡国家之强弱系于人民之贫富，而人民之贫富系于物产之多寡。物产之多寡，虽有待于人民致力于工业与否，但寻其根源，又无不依赖政府官员诱导奖励之力""为国家与人民负其责任者，如能深思熟虑，举凡工业物产之利，水陆交通之便，凡属保护人民极为重要之事，均宜按各地风土习俗、人民之勤惰制定办法……其既已建成者保护之，尚未就绪者诱导之"。

正是基于上述方针，明治政府在废除封建经济制度的同时，以国家为主导推行工业化。早在1870年12月就成立工部省作为殖产兴业的领导机关，下设工学、劝工、矿山、铁路、制铁、制造等寮。1873年11月10日设置内务省，以大久保为长官，在大藏卿大隈重信和工部卿伊藤博文的协助下，大力推进殖产兴业政策。

殖产兴业政策的实施大致可概括为示范和诱导两类。示范就是设立官办企业，作为学习西方先进工业及企业经营的试验田，并在社会产生群起效仿效应；诱导则是制定相关产业政策，降低行业准入门槛，鼓励私人资本投资，以民富促国强。

官办企业并非现代意义上的企业，而是在过渡时期的特殊产物，是为了解决原始积累过程中私人资本不足和降低学习成本而设立的。1880年，明治政府颁布《工厂下放概则》，除铁路、电讯及军工企业外，其他的官办企业一律下放给民间。与此同时，明治政府还以多种形式给民间企业和个人优惠贷款和补助。在此过程中，受益者主要为政商资本或士族新贵，促进了日本近代财阀、大资本家的形成。

至1885年，殖产兴业政策基本实施完毕，使日本完成了从封建生产方式向资本主义生产方式的过渡，推动了日本产业革命的兴起，大大改变了工业落后面貌，逐步实现了资本主义工业化，棉纺、军工、化工、造船等产业部门出现了一批大型机器生产工厂。

九、文明开化

文明开化也是明治维新时期日本三大国策之一，是明治政府在 19 世纪 70 至 80 年代推行的一系列政策，旨在学习西方资本主义国家的教育、文化科学、生活方式等，借以改造日本封建文化，建立资本主义精神文明的文化运动。

教育改革在文明开化运动中占有非常重要的地位。为培养建设资本主义新国家所需要的政治家、科技人才、产业工人和军人，明治政府于 1871 年 7 月设立文部省。1872 年颁布教育改革法令，即《学制》，1879 年又公布《教育令》。此外，还制订了从小学到高等院校的系列《学校令》。按照普及义务教育和科学精神的基本原则，效仿西方国家建立了包括小学教育、中学教育、实业教育和高等教育的近代学校体系，并努力在全民范围内普及初等教育。

在政府的文明开化政策的影响下，一些洋学家和思想教育界名流于 1873 年成立研究和传播西方民主思想的学术团体——"明六社"，创办机关刊物《明六杂志》，积极宣传改革思想，提倡自由主义、欧化主义，对国民进行启蒙教育。

明治政府还采取一系列具体措施，如"改历""易服""剪发"等，以改变日本中世纪的风俗习惯，倡导西方人的生活方式，使日本社会文化出现了新气象。例如穿西服、住洋房、点煤油灯、吃西餐的市民增多。而铁路、电报、电话、报纸、杂志的出现改变了传统的交通方式和通信方式。

但在推行文明开化政策的同时，明治政府又有目的、有选择地维护一些封建传统文化因素。例如将神道教作为国民教育的基础，使神道国教化。

十、鹿鸣馆外交

维新伊始，明治政府就将文明开化定为三大基本国策之一，并加以推行，这种文明开化风潮在鹿鸣馆时代（1883—1887）达到顶峰。

当时日本盛行欧化主义，其目的是要以欧洲为范本，把日本转变成近代文明国家。有些明治维新的领导者认为这将有利于不平等条约的改约谈判，因此大力推动建筑西洋式建筑。鹿鸣馆（如图 4-1-5 所示）由英国建筑师乔赛亚·康德（Josiah Conder）设计，耗费了 3 年时间和 18 万日元，于 1883 年建成。

鹿鸣馆经常举行西洋式舞会。以伊藤博文为首的达官显贵，经常西装革履，挈妇将雏，和欧美人跳舞。其目的就是想使西方人相信日本已经不是未开化国家，而是和欧美相同的文明国家，以达到改约的目的。因此，以鹿鸣馆为活动中心的亲欧美外交政策被称为鹿鸣馆外交。

图 4-1-5　鹿鸣馆画像
（图片来源：jaa2100 网 https：//jaa2100.org）

不过，在明治时代后半期，日本国内保守派反对过分欧化，鹿鸣馆外交也因井上馨卑躬屈节被逼辞职和改约谈判的不断碰壁而宣告失败，而鹿鸣馆的重要性日渐降低。鹿鸣馆于 1890 年被出售给私人贵族，1894 年因东京地震受损严重，1897 年后成为华族会馆，退出政治舞台。而不平等条约也在 1899 年最终被取消。

十一、精英分裂

明治维新是一个复杂的历史过程。在受到西方压制后，以西南强藩的中下级武士为代表的统治阶级内部成员开始寻求救国图强的道路，在王政复古的旗号下推翻了德川幕府。

然而，在建设近代国家的过程中，因为围绕建设什么样的政权，为谁建设政权等问题，维新志士内部发生分歧，分化为革新派和保守派两大阵营。同为萨摩藩出身，"维新三杰"中的西乡隆盛和大久保利通的决裂最能代表这一时代特征。西乡隆盛希望建立以士族为主体的国家，而大久保利通则主张建立以官僚为主体的近代国家。最终，政治路线之争让过去并肩作战的战友形同水火，走向分裂。

十二、征韩论与明治六年政变

明治维新前，日本和朝鲜保持"通信关系"。明治政权成立后，遂遣使朝鲜，希望建立新的邦交关系。然而，朝鲜固守事大主义和锁国政策，不满日本国书中的"天皇"等词汇，再三拒绝日本要求。此外，由于日本一些武士不满，纷起叛乱，明治政府领导层想通过征韩，转嫁国内矛盾。国际政治方面，俄国势力南下，企图殖民朝鲜，而英国对琉球感兴趣。日本则想将朝鲜半岛作为侵略中国的跳板。上述种种因素，促使征韩论应运而生。

在岩仓使节团出访期间，留守政府以西乡隆盛、板垣退助为中心，主张以武力逼迫朝鲜开国。提前回国的使节团成员岩仓具视、大久保利通坚决反对，认为日本当务之急为发展国力。围绕征韩论形成"内治优先派"和"征韩派"两大政治集团。为解决上述纷争，天皇下达"整顿国政，富国文明之进步，乃燃眉之课题"的上谕。由于未能得到天皇支持，西乡隆盛等留守政府要员相继辞职，"内治优先派"大获全胜，史称"明治六年政变"。

需要指出的是，此次政争的核心在于争夺政府内部主导权，而非对侵略本身的争论，双方都未讨论出兵的对错。事实上，以大久保利通为首的"内治优先派"掌权后便迫不及待地以武力逼迫朝鲜开国。

十三、不平士族叛乱

如上所述，明治维新身份制度改革剥夺了武士的特权，有些武士因此陷入贫困，再加关于政体之争的矛盾，导致不少士族的不满，甚至起而叛乱。明治政府成立伊始，不平士族往往以个人或者小团体行动，以刺杀维新领导人或集团暴动为主要手段。

不久，不平士族为政争中失意的官僚所用，形成有组织的大规模叛乱，严重危害到明治政府的统治。征韩派官员下野后走上了不同的道路。江藤新平、西乡隆盛等人领导了不平士族的武装叛乱。1874年2月，江藤新平率领万余名佐贺县士族发动叛乱，兵败后被处以死刑。1878年，西乡隆盛领导了鹿儿岛县的士族叛乱，亦即西南战争。

除了上述两大叛乱外，前熊本藩不平士族发动了"神风连之乱"，福冈县士族发动"秋月之乱"，山口县士族发动"萩之乱"。征韩派的其他成员则采取了合法斗争，在板垣退助的领导下掀起了自由民权运动。这表明明治维新的改革措施损害了原武士阶层的利益，对武士进行进一步改造成为明治政府面临的重要课题。

十四、西南战争

西南战争是不平士族叛乱的巅峰。西乡隆盛（如图4-1-6所示）在征韩论失败下野后返回故乡鹿儿岛，于1874年6月自费建立"私学校"，招集士族子弟入学。私学校成为不平士族的乐土，规模不断扩大，一年后学生人数达3万人。在西乡隆盛的影响下，鹿儿岛县坚守藩本位体制，拒不执行秩禄处分、地税改革及四民平等中央各项改革政策，成为幕藩体制的最后堡垒。

1877年1月，明治政府命令移走鹿儿岛弹药库。"私学校"学员闻讯袭击了弹药库。2月15日，西乡隆盛结集2.5万人，自封"新征大总督征伐大元帅西乡吉之助"，打着新政厚德的旗帜，开始攻打鹿儿岛以北的军事重镇熊本城。西乡隆盛的军队人数最多时达到4.2万人。因此，内战爆发，史称"西南战争"。大久保利通闻讯后指示："是非曲直分明，堂堂正正宣布罪状，击鼓而讨之，无可非议。"明治政府动员6万人的军队，从海陆两路赶赴九州地区。最初，战事呈胶着状态，但政府军很快占据上风。同年9月，西乡隆盛由于兵败自杀，西南战争结束。

图4-1-6　西乡隆盛像

（图片来源：中文维基百科 https：//zh.wikipedia.org）

明治政府通过西南战争的胜利，结束旧士族割据局面，使国家权力进一步集中。而从某种意义上讲，西南战争还有自由民权运动先驱的性质。

十五、自由民权运动

在日本近代国家改造过程中，被剥夺了特权的武士阶层的失意者，特别是政治家、社会活动家和启蒙思想家，吸收资产阶级天赋人权等思想，提出自由、平等的政治诉求，批评政府，并兴起政党和结社运动，被称为自由民权运动。

自由民权运动从 1874 年持续到 1889 年，以明治十四年（1881）政变为分界线，分为前后两段时期。运动的参与主体不仅包括士族出身的前维新领导人和知识分子，后期还加入了城市和农村居民，甚至包括激进分子和贫苦农民在内的各色人物，致使这一场运动旷日持久且复杂化，对明治维新的走势产生深远影响。

前期的自由民权运动又分为两个阶段，1874 年至 1877 年 6 月为第一阶段。1874 年，下野的板垣退助（如图 4-1-7 所示）与江藤新平、副岛种臣等人结成爱国公党，起草《民选议院设立建白书》，批判有司专政，标志自由民权运动兴起。同年，板垣退助在高知县组成立志社，提倡天赋人权等思想，呼吁开设议会。受其影响，各地出现许多类似团体。1875 年，在立志社的倡议下，各地民权组织在大阪合并，成立了爱国社。为瓦解自由民权运动，大久保劝诱板垣退助重新加入政府。天皇发布逐渐立宪诏书，爱国社于 4 月解散。但由于大久保等人坚持集权政治，自由民权运动再度活跃；10 月，板垣退助又退出政府，继续设立民选议院活动。与此同时，农民暴动继续扩大，并与士族叛乱相结合，迫使政府降低了地税率。1877 年 6 月至 1881 年为第二阶段。1877 年 6 月，立志社代表片冈键吉提交了设立民选议院建议书，指出专制政治内政外交的弊害，较为完整地阐述了民权派的基本纲领，这标志着民权运动进入新阶段。但是，建议书被政府拒绝，这激起了民权运动的蓬勃发展。运动扩大到全国范围，参加者扩展为广大民众。爱国社得以重建，并新结成国会期成同盟，而政府则于1880 年颁布《集会条例》以压制。

明治十四年政变后，自由民权运动进入到后期阶段。1881 年 10 月，天皇发布《召开国会敕谕》，规定以 10 年为限召开国会。为争夺将来的国会议席，民权派纷纷组建正式的政党，通过分化整合，形成以板垣退助为党首的自由党和以大隈重信为党首的立宪改进党，两党之间展开竞争，政党内部也充满斗争、投机与背叛。部分民权运动转向暴力斗争，代表性的有 1882 年的福岛事件、

1883年的高田事件、1884年的群马事件和秩父事件。暴力行动冲破了民权派上层领导人设定的合法轨道。此时恰逢中日关系因朝鲜半岛的"壬午兵变"和"甲申政变"而日趋紧张，民权派上层领导人开始支持政府的扩张国权论，以转移和淡化下层成员争取民权的暴力行动，自由民权运动由高潮迅速走向沉寂。1884年，板垣宣布解散自由党，大隈则脱离立宪改进党，使之名存实亡。1887年，受到英国货轮沉船事件的刺激，在后藤象二郎、片冈健吉的带领下，民权派发起了大同团结运动，但很快遭到镇压。1889年，后藤象二郎被拉入内阁，运动遂告瓦解，自由民权运动基本上消亡。

图4-1-7　板垣退助像

（图片来源：日文维基百科 https：//ja. wikipedia. org）

十六、明治十四年政变

西乡隆盛下野后，大久保利通掌握实权，以其独特的政治手腕推行各项政令改革，被称为"东洋俾斯麦"。伊藤博文和大隈重信（如图4-1-8所示）为两翼，分别担任工部卿和大藏卿。

1878年大久保利通遇刺，政府内部派系矛盾凸显，长州阀和萨摩阀逐渐占上风，成为后来藩阀政治的雏形。大久保利通遇刺后，日本政坛出现权力真空。

按照递补原则，伊藤博文和大隈重信最有资格接班。但是，两人出身、代表的利益集团及政治理念不同，尤其在开设国会、制定宪法等方面有冲突。伊藤博文认为日本应实行德国立宪政体，是渐进派代表；而大隈重信倾向于英国的立宪政体，代表激进派主张。

图 4-1-8 大隈重信像
（图片来源：日文维基百科 https：//ja.wikipedia.org）

伴随自由民权运动的发展，明治政府意识到政治改革不可避免。1880 年，伊藤博文提出建议书，主张制宪原则应该是天皇总揽政权、宪法钦定。1881 年，大隈重信应岩仓的要求提出立宪主张，要求在宪法钦定原则下采取英式君主立宪政体和政党内阁制，太政大臣和军人不得干政，1882 年举行大选，1883 年开国会等。

伊藤博文得知大隈重信的主张后大为震惊，遂联合岩仓等官员实施驱逐大隈重信的计划。大隈重信则和福泽谕吉及三菱公司的创始人岩崎弥太郎合作，策应民权派，围攻北海道腐败事件的主角黑田清隆及其同伙伊藤博文、井上馨等萨长官僚。萨长官僚则与岩仓等元老、高官协调立场，认为北海道贪腐案为"枝节"问题，制定宪法和开设国会才是"根本"问题。1881 年 10 月 2 日，元老院决定罢免大隈重信；11 日召开御前会议，确立渐进立宪方针，停止出售北海道国有财产，修改太政官及元老院议事章程；12 日发布《召开国会诏敕》，大隈重信被逐出政府，其追随者河野敏镰、犬养毅等也辞职，此即"明治十四年政变"。

通过政变，驱逐大隈重信，树立了伊藤博文的核心地位，填补了大久保利通遇刺后的权力真空。伊藤联合山县有朋、松方正义等萨长官僚，推行渐进改革，使得明治维新得以开花结果，最终形成了明治宪法体制。政变还清除了民权派在政府内部的影响，对自由民权运动的发展起到分水岭的作用。

十七、立宪准备

明治十四年政变后，伊藤博文成为政界头号实权人物。为缓和舆论，加强天皇制，并在法制健全名义下与欧美列强谈判改约，争取民族独立，建立立宪政治成为首要问题。

1882 年 3 月，伊藤率政府代表团赴欧洲考察宪法。在柏林和维也纳，伊藤等人学到了使天皇专制披上立宪外衣的方法，决定以德意志宪法为蓝本，制定确保天皇拥有绝对权力的帝国宪法。1883 年考察团回国。伊藤博文、井上毅、伊东巳代治、金子坚太郎等人开始起草宪法草案。1885 年 12 月 22 日，宣布废除太政官制，实行内阁制度，伊藤为首任内阁总理大臣（首相）。同时颁布的《内阁职权》规定全体阁僚只对天皇负责；军机事务由参谋本部长直接上奏，同时陆军大臣报告首相，由此军部获得帷幄上奏权。1887 年制定的《文官考试补试及见习规则》和后来制定的《文官任用令》，确立了日本的公务员制度。1888年，宪法草案几经审议、修改，最终命名为《大日本帝国宪法》。

十八、明治宪法

1889 年 2 月 11 日，明治天皇亲自颁布《大日本帝国宪法》（如图 4-1-9 所示），亦称《明治宪法》。

图 4-1-9　明治宪法颁布仪式图（东京都立图书馆藏）

（图片来源：日本网 https：//www. nippon. com）

《明治宪法》由 7 章 76 条组成。第一章规定了天皇及其权限的绝对性、神圣性。规定大日本帝国由万世一系的天皇统治，天皇神圣不可侵犯。天皇为国家元首，总揽统治权；天皇依帝国议会之协赞，行使立法权；天皇有批准法律的权力；议会开会、闭会、停会及众议院之解散，皆依天皇之命；天皇可依紧急之需，在议会休会期，发布代法律之敕令；天皇规定行政部门官制及官员俸禄，任免文武官员；天皇统率陆海军，规定陆海军编制及常备兵额；天皇可宣战媾和及缔结各项条约；天皇可宣告戒严；天皇授予爵位、勋章及其他荣典；天皇可命令大赦、特赦、减刑及复权。

第二章规定"臣民"的权利与义务。帝国臣民负有服兵役、纳税义务，同时有担任公职的权利，居住和迁徙的自由，言论、著作、出版、集会、结社自由，以及宗教信仰的自由。此外，还有法律规定的各种权利。但在战时或国家发生事变情况下，上述各项规定不得妨碍天皇行使大权。

第三章规定了帝国的构成及权限。帝国采取两院制，贵族院由皇族、华族和"敕选议员"组成，众议院由具有一定财产资格的选民选举产生。议会协助天皇行使立法权。

第四章规定了国务大臣及枢密顾问的权限。国务大臣由天皇任命，仅对天皇负责，职责为辅弼天皇。枢密顾问应天皇之咨询，审议重要国务。

第五章规定了司法权限和程序。第六章规定了有关国家财政的法律。第七章为补则。

这部宪法以国家的根本大法形式将新政府的各项新制度规定下来，标志着明治维新最终完成，日本的国家体制从德川幕府的幕藩体制转变为明治政府的近代天皇制。虽然为立宪君主制，但具有较大局限性。不但政府和议会的权力被削弱，而且军部的权力高于政府，为对外扩张提供了法律依据。需要注意的是，天皇以"现人神"的神格而存在。因此，其政治体制为军阀、官僚、贵族借天皇之名，行寡头政治之实的体制。但仍不可否认，该宪法是近代亚洲第一部宪法，部分采纳了自由民权运动的主张，一定程度上建立了法制体制，有一定进步性。

在明治宪法制定颁布的同时，法制建设也在进行当中。除 1880 年颁布的《刑法·知罪法》外，1890 年前后，明治政府陆续颁布了《民法》《商法》《民事诉讼法》《刑事诉讼法》等法律。

十九、地方自治制度

废藩置县后，明治政府的中央集权深入府县一级，但府县以下的地方行政制度还未完善。1871 年，户籍法实施后，开始在地方实施行政区划的大区小区制，作为地方行政制度的过渡。1878 年，颁布郡区町村编制法、府县会规则及地方税规则，统称为"三新法"，开始了地方自治的初步实验。"三新法"允许地方设立议会，承认町村的地方公共团体性质，初步实现府县财政的公共财政化，形成较为统一的地方制度。然而，受自由民权运动的影响，1884 年政府加强了对府县会的控制和对地方官僚的统治。

另外，明治十四年政变后，明治政府加快立宪准备，对地方制度也较为重视。1883 年，山县有朋出任内务卿，其认为町村等为地方基础，只有基础牢固国家方能稳固。于是，他开始着手地方自治立法。1888 年颁布《市制·町村制》，确立市町村作为基层公共团体的自治地位。1890 年颁布《府县制·郡制》，标志着地方自治立法的基本形成。

明治政府建立地方自治的出发点是为了对抗自由民权运动，使之成为天皇制国家的基础，因此，其对地方自治有诸多限制。例如，地方首脑由内务省任命，设置选举资格限定等，可以说是一种官治下的自治。地方自治的承担者大多拥有中等财力、声望和威信，即所谓"名望家"统治体制。

二十、《军人训诫》

1878 年 10 月，担任参谋本部部长的山县有朋为了整顿军纪，公布了《军人训诫》。在《军人训诫》中，首次将日本军队定位为"皇军"，强调建军宗旨是"张扬皇军威武""使军队成为国家之干城"，明令禁止军人介入政治，并将《读法》《征兵告谕》中的"公权""平等""人权"等新观念勾销，转而为武士道正名。

该训诫把"忠实""勇敢""服从"等军人精神的三大元素解释成源自"自古以来的武士忠勇"，乃"我等血脉中固有之遗物""今日之军人纵非世袭，但与武士并无二致"。其中，作为军人精神的第一大元素的"忠实"，其真谛就是"拥奉我大元帅皇上，报效国家"和"为部下者，其长官所命，纵有不合情理之处，亦不可有失恭敬奉戴之节"。

二十一、《军人敕谕》

《军人敕谕》是1882年由明治天皇颁布的对军人的训令。其开篇便开宗明义，"我国军队世世代代为天皇所统率"，此乃日本的"国体"。在强调天皇对军队的绝对统率权、宣布"朕是尔等军人的大元帅"的同时，也指出天皇与军人一心相连，荣（誉）辱（忧）与共，"朕赖尔等为股肱，尔等仰朕为头首，其亲特深"。之后对军人精神提出五条标准：即"忠节"（军人以尽忠报国为本分，义重于山岳，死轻于鸿毛）"礼仪"（须知下级奉上级之命，实为直接奉朕命之义）"武勇""信义""质朴"。结尾处将这五条标准归为一点，就是"心诚""心诚则无不成"。并说这五条标准是"天地之公道、人伦之常经"。这样，军人精神便具有了普遍的、永恒的意义。

《军人敕谕》的颁布标志着以儒学理念为核心的传统武士道精神的新发展，为日本军国主义的发展奠定了广泛而坚实的思想基础。

二十二、《教育敕语》

明治维新初期，曾一度将西方资本主义教育理念作为教育指导思想，偏重于物质文明方面的科技文化教育及个人主义、自由主义教育。进入1980年代后期，森有礼等人认为为适应当时日本国情，必须恢复国家主义教育，强调培养人民国家观念和忠君爱国的道德品质，确立国家主义教育体制。而山县有朋等人则主张，为灌输军国主义思想，发扬尚武精神，需要建立军国主义教育体系。因此，明治政府于1890年颁布《教育敕语》。其首先明确基于天皇制的君臣关系是日本国体之精华，把忠孝道德为中心的儒家伦理与近代法律、爱国献身理念结合起来，强调"忠君爱国""忠孝一致"等观念，建立作为近代日本思想基础的天皇国家观，从意识形态方面维护天皇专制制度。政府规定学校奉读《教育敕语》，加强对民众的洗脑教育。

二十三、福泽谕吉

福泽谕吉（1835—1901）（如图4-1-10所示）是日本近代著名的启蒙思想家、日本著名私立大学庆应义塾大学的创立者、缔造日本近代文明的先驱者，其有"日本的伏尔泰""日本近代教育之父"之誉。日本一万日元纸币上印有他的头像，所以有人开玩笑说他是"日本的国脸"。

图 4-1-10　福泽谕吉像

（图片来源：中文维基百科 https：//zh. wikipedia. org）

　　福泽谕吉著述很多，共有六十余种，代表作有《劝学篇》《文明论概略》《脱亚论》等。《劝学篇》第一篇就从天赋人权思想出发，抨击封建制度和旧道德伦理观念，倡导自由平等，开篇第一句就是"天不造人上人，也不造人下人"。《劝学篇》还提倡男女平等，婚姻自由，强调"一人之自由独立关系到国家之自由独立"，而要达到个人的自由独立，就必须具备现代科学知识。《文明论概略》论述了文明的含义及智德在文明中的地位和作用；阐明了东西方在文明方面的主要差异及其形成的历史原因；确认了西洋文明高于日本文明，主张日本必须以西洋文明为目标，努力学习，急起直追，指出了学习西洋文明的正确态度和方法。其中心思想是学习西方先进的文明，改变日本的落后状态，争取国家的独立，使日本立于世界文明民族之林；《脱亚论》提倡明治维新后的日本应放弃中华思想和儒教精神，吸收学习西洋文明。基于优胜劣汰的思想，他认定东方文明必定失败，因此呼吁与东亚邻国绝交，避免日本被西方视为与邻国同样的"野蛮"之地。他对当时的东亚其他国家报以蔑视的态度，比如将中日甲午战争描述为一场"文野（文明与野蛮）之战"；认为朝鲜王朝、清朝是"恶友"。

　　总而言之，福泽谕吉是近代日本最重要的启蒙思想家，他主张自由、民主，后来却成为民族主义者、国家主义者，主张侵略朝鲜、中国，为日本的对外侵略提供了理论依据和思想资源。其思想对明治一代人及后来日本的近现代发展之路产生了深远的影响。

二十四、官营示范主义与官办企业下放

官营示范主义是指由国家资本带头实行资本主义工业化，国家创办示范工厂带动私人资本主义发展，政府大力扶植和保护私人资本主义发展。基于上述方针政策，明治政府在日本资本主义经济发展的初期，创办了一些官营示范工厂和企业。

1881 年前后，由于内外因素的影响，政府掀起了拍卖官办企业的高潮。由此，政府不再越俎代庖，而是把企业交给市场。处置官办企业有以下几方面考虑：首先，经过十余年的精心培育，一批有实力的政商和一批资产阶级成长起来，它们大致完成了资本的原始积累，要求进一步发展，此时出售官办企业的时机已成熟；其次，官办企业违背市场规律，阻碍资本主义发展。官办企业产生于特殊的经济社会中，随着时代的进步终将成为历史范畴。官办企业在制度上是落后的，在管理上是不科学的，在收益上也是不经济的；最后，明治政府遇到严重的财政负担，迫切要求解除包袱。出售亏损的官办企业，可以免去财政补贴，政府也可以借此进行财政改革。

二十五、松方财政

作为后发的资本主义国家，日本若要进行工业革命必须先解决原始资本积累的问题。因此，明治政府面临构建近代财政和金融体系的课题。明治维新后，新政府面临严峻的财政困境，对策是整顿货币市场，大量发行纸币和公债。但是这些财政政策不固定，多为应急的临时措施，这影响到产业政策的推进。尤其是滥发纸币，造成通货膨胀、物价上涨、公债券贬值、利率膨胀以及银币、纸币的比例失调，直接影响工业的进一步发展。

1881 年，松方正义（如图 4-1-11 所示）就任大藏卿，他通过缩减开支和增税等手段扩大财政收入。同时，他也扩大出口，多赚取外汇，增加现金储备。

松方正义开始了以建立近代银行制度、整顿纸币为主要内容的财政改革。1882 年，松方提出创立日本银行作为中央银行的建议。1883 年，政府颁布《日本银行条例》，随后修改了《国立银行条例》，对国立银行整顿，改善了货币流通混乱的局面。

图 4-1-11 松方正义像

（图片来源：中文维基百科 https：//zh. wikipedia. org）

与此同时，日本建立纸币兑换制度，确立近代货币发行体系。到 1885 年，明治以来紊乱的货币体系和日趋严重的通货膨胀得到遏制，新的可兑换纸币"日本银行券"顺利发行，纸币整顿取得成功。1885 年，日本建立银本位货币金融制度。

财政和金融制度的完善为近代产业发展提供了必要的资金，促成产业革命的形成和发展。

二十六、产业革命

大久保利通推行的殖产兴业政策为日本发展近代产业打下基础，官办企业下放到民间培育出一批政商和企业家，松方财政为日本产业革命创造了适宜的制度环境，由此日本开始了产业革命的历史进程。

日本产业革命首先是在西方资本主义列强坚船利炮的冲击下开始的，也就是说，其具有外压性特征。日本产业革命的最大特点是由国家主导，直接模仿和吸收欧美两次工业革命的成果，具有后发优势。

日本的产业革命同样受到经济周期的影响，出现高峰和低谷。1886 年，日本掀起了兴办近代企业的热潮，尤以纺织工业和铁路建设为最。1890 年，日本爆发了首次经济危机。

中日甲午战争后，日本兴起了兴办企业、扩大投资的热潮。这表明日本的产业革命具有依靠对外扩张和掠夺的特性。日本从明治维新之初，就选择以德国为榜样的军国主义殖民扩张的道路。故此，日本产业革命以军事工业的发展为起点。在整个产业革命进程中，军事工业在产业结构中始终占据主要地位。

1900 年，日本受到世界经济危机的影响。这表明日本经济融入世界资本主义经济体系中，通过移植欧美的技术和经验，依附于强者而生存。1904 年爆发的日俄战争刺激日本的产业发展出现第三次高潮，也推动日本资本主义发展到国家垄断帝国主义阶段。到 1910 年前后，日本的产业革命基本完成。

二十七、大陆政策

大陆政策也称"大陆经略政策"，作为岛国的日本，向中国和朝鲜等大陆国家进行武力扩张，梦想称霸亚洲；征服全世界的侵略总方针，是日本近代军国主义的主要特征和表现之一。尤其自明治维新后，日本"不甘处岛国之境"，立足于用战争手段，实现侵略和吞并中国、朝鲜等周边大陆国家的对外扩张目标。

日本"大陆政策"并非是从近代开始的。早在丰臣秀吉初步统一日本后，其就曾于 1592 年、1597 年两度发动侵朝战争。德川时代末期则出现了"海外雄飞论"。相关儒学家、国学家和洋学家从不同角度集中论述对外扩张主义，矛头指向朝鲜和中国，奠定了"大陆政策"的思想基础。其主要代表人物为本多利明、佐藤信渊和吉田松阴等。

一种侵略政策的形成，必有其历史的必然性。日本"大陆政策"形成的历史条件，则源于明治维新前后已奠定的经济、政治、军事，尤其是思想基础。早在 1868 年日本明治维新一开始，日本军国主义势力就确定了用武力征服世界的方针。1868 年 3 月，明治天皇颁布"继承列祖列宗伟业……布国威于四方"的御笔信，成为日本军国主义和大陆政策的又一思想理论基础。日本大陆政策于 19 世纪 80 年代趋于成熟，并在甲午战争中得以实施。

二十八、《中日修好条约》

1871 年 7 月，明治政府遣使出访中国，欲与清政府建立正式国交。日方以《日美修好条约》为蓝本，援引近代国际政治的主权概念和国际关系理念，要求按照国家法体系建立具有多边性和普遍性的中日外交关系。清政府则坚持条约的双边性和传统信义，体现出清政府对近代条约体系的半推半就。清政府与日本缔约，意在推行"以夷制夷"的外交方针；日本则由于国力尚弱，欲借与中国的对等条约而对朝鲜半岛展开行动，兼获对华贸易利益，由此可以提升日本的国际地位，乃至颠覆东亚地区的宗藩体系，建立与周边国家的新型关系。

1871 年 7 月 29 日，中日双方签订了《中日修好条规》和《中日通商章程》。其主要内容包括：①中日互不侵犯，永久修好；②如别国对中日两国之一有侵略行为，另一国必须支援；③两国互不干涉内政；④互派驻外使节；⑤在通商港口进行贸易，派驻领事官员，互相承认领事裁判权；⑥两国国民在通商口岸互相友爱，禁止携带刀械。

这是近代中日两国签订的第一个对等条约。据此，日本取得和中国清王朝对等的外交地位，为其侵略朝鲜、吞并琉球铺平了道路。

二十九、江华岛事件

1873 年，朝鲜发生癸酉之变。1875 年 2 月，日本遣使朝鲜，递交带有"大日本""皇上"等字样的书契，蓄意制造事端。结果果然由于礼制不合，日本再次遭到朝鲜拒绝。日本遂以此为口实，派军舰至江华岛寻衅，在遭到炮击后实施武力报复，炮击江华岛。日本一方面派遣使者要求清廷答复，清政府总理衙门回复不干预朝鲜事务，日本据此强调朝鲜为独立国家；另一方面，在武力威胁下，日本迫使朝鲜建立外交关系。

1876 年 2 月，双方签订《日朝修好条规》。其中规定：朝鲜是自主国家，和日本国保有平等权利。这实际上意味着否定朝鲜与中国清王朝的宗属关系，日本取得与中国同等的针对朝鲜的国际地位；朝鲜对日本谢罪道歉；朝鲜将釜山、江华港作为贸易港开港；日本获得在朝鲜领海的航行自由权、自由贸易权；允许日本航海者自由测量朝鲜海岸；日本获得领事裁判权。通过"江华岛事件"，朝鲜方面称"云扬号事件"，朝鲜被迫打开国门。后来，日本又于 1882 年迫使朝鲜签订《济物浦条约》（也称《仁川条约》）《日朝友好条规续约》，获得在朝鲜的驻兵权，扩大元山、釜山、仁川三个开放口岸的范围，并增开杨华镇，获得准许日本公使、领事及其随员、眷属可自由到朝鲜各地游历的权利，进一步扩大了日本在朝鲜的殖民权益。

三十、吞并琉球

德川幕府时代，日本建立了自己的"小中华体系"，日本将自己视为中华，虾夷地和琉球为其朝贡国，朝鲜为通信国，中国和荷兰为通商国。其中，琉球名义上两属中国和日本，实际上琉球只认可与中国的臣属关系。

明治维新后，日本吞并琉球的国际国内条件逐渐成熟，日本政府遂加紧侵吞琉球的速度。日本于1872年下诏以琉球为藩，次年以琉球与日本府县同列。1874年以台湾土人杀害琉球漂流民为借口进攻台湾，取得法理上的归属。大久保利通提出"今者中国承认我征蕃为义举，并抚恤难民，虽似足以表明琉球属于我国版图之实迹，但两国分界仍未判然"。表明日本政府对划分边界的紧迫感，也表明其对近代国家的认知，以确定国界为主要一步。在日本政府紧锣密鼓的外交、军事和内政压力下，清政府和琉球当局被迫让步。1879年，日本政府对琉球下达废藩置县令，正式将其吞并。

三十一、中日甲午战争

日本强迫朝鲜打开国门这一举动，引起清政府的警觉。1882年，朝鲜士兵哗变，史称"壬午兵变"。清廷应朝鲜政府要求出兵，日本也出兵干涉。兵变过后，中日双方均驻军朝鲜，形成直接军事对峙。清政府想要维护传统宗藩体系，订立《中朝商民水路贸易章程》。日本则以近代条约体系为武器，表面上帮助朝鲜成为独立国家，实行文明开化，实际上实施侵吞朝鲜的战略。

朝鲜国内形成以金玉均、朴永孝为首的革新派和以闵妃集团为首的守旧派，双方分别亲日和亲清。1884年，朝鲜革新派发动"甲申政变"，被中朝军队联合镇压。日本遭遇挫败，国内民权论急剧转向国权论。日本迫使朝鲜于1885年签订《汉城条约》，对朝鲜索赔和惩罚。同年4月，中日签订《中日天津条约》，确立中日在朝鲜半岛的同等地位，尤其是同等出兵权。此后，日本以中国为假想敌加紧扩军备战。

1894年，朝鲜东学党起义，朝鲜请求清廷出兵征讨，日本亦出兵。朝鲜局势稳定后，日本在撤兵问题上蓄意制造事端。7月26日，日军在丰岛海面袭击清朝运兵船。8月1日，中日同时宣战。日本准备充分，形成举国战争体制，清政府仅有北洋军队勉力支撑。8月中旬，日军占领平壤，清军退守中国境内。9月17日，中日双方展开黄海海战，互有胜负。此后，李鸿章命北洋舰队困守威海卫军港保存实力，失去制海权。10 月 25 日，日本军队兵分两路攻入中国境内，占领山东半岛及辽东半岛南部，实施了旅顺大屠杀。

1895 年 1 月，日军进攻威海卫，全歼北洋舰队。3 月，日军逼近山海关，扬言占领直隶，清廷大为惶恐，决意求和。4 月 17 日，清廷代表李鸿章和日方代表伊藤博文签订《马关条约》。

三十二、《马关条约》

《马关条约》为中国清政府与日本政府于 1895 年 4 月 17 日在日本山口县赤间关马关港（今山口县下关市下关港）签署的条约，原名《马关新约》，又称《中日讲和条约》，日本方面称为《下关条约》或《日清讲和条约》。

其主要内容包括：①中国承认朝鲜独立；②中国向日本赔偿军费白银 2 亿两；③中国割让台湾岛、澎湖群岛及附属岛屿，以及北纬 41 度线以南的辽东半岛给日本；④中国对日本开放沙市、白银重庆府、苏州、杭州；⑤日本客货轮航线可扩大至长江湖北宜昌至四川省重庆府段，从上海驶进吴淞口及运河，抵苏州府、杭州府等；⑥日本臣民可在中国开放商埠，自由从事经济活动；⑦日本驻军威海卫，清政府每年付占领费库平银五十万两。

通过《马关条约》的签订，日本使朝鲜脱离与清朝的藩属关系，朝鲜成为日本的附属国，也成为日本侵略中国东北、华北的跳板。台湾及澎湖群岛的割让，更增加了中国南方的军事威胁，也使其成为日本从南部侵略中国的前进基地。巨额赔款成为日本资本主义原始积累的重要来源之一，也为日本进一步侵略扩张提供了资本。

三十三、日俄战争

《马关条约》签订后，俄国认为日本割占辽东半岛，对其未来侵略中国、朝鲜的远东战略构成妨碍，便于 1895 年 4 月 23 日联合德国、法国"劝告"日本，放弃辽东半岛。5 月 5 日，日本政府接受"劝告"。6 月 4 日，日本又决定向中国索取赎金库平银一亿两。9 月 11 日，俄、德、法三国政府联合要求日本，所索赎金应不超过三千万两，并在赎金交付后立即撤兵。10 月 7 日，日本正式接受三国要求，并保证自赎金交付之日起三个月内撤兵。

俄国借"还辽有功"，攫取大量在华权益。例如，1896 年 6 月，俄国和清政府签订《中俄密约》，攫取了在中国东北修筑中东铁路的权利。1897 年 11 月，俄国强占旅顺、大连，这使得日本对俄国怀恨在心。在朝鲜半岛，虽然日本将朝鲜从中国的宗藩体制中剥离出来，但俄国却趁机在朝鲜发展其势力。1896 年，日俄签署协定，日本被迫承认俄国在朝鲜与其享有对等地位。日本与俄国在朝鲜半岛及中国东北存在尖锐的利益冲突。

基于上述背景，日本以俄国为假想敌进行进一步扩军备战，在经过近十年的精心准备之后。1904 年 2 月 6 日，日本向俄国发出最后通牒，并宣布断绝与俄国的外交关系；2 月 8 日，日本海军在未宣战的情况下，攻击停泊在旅顺港的俄罗斯舰队，发动了日俄战争；2 月 9 日俄国对日本宣战；2 月 10 日，日本政府正式对俄罗斯宣战，日俄战争爆发。经过旅顺包围战、辽阳会战、奉天会战、对马海战等一系列战役，日本最终获胜。1905 年 9 月 5 日，日俄双方签订《朴茨茅斯条约》。该条约规定：①俄国承认日本为朝鲜的保护国，日本有权任意处置朝鲜；②俄国将旅顺口、大连湾及其附近领土、领水租借地的租让权，享有的一切特权以及在该地域内的一切公共财产转让日本；③俄国承认将长春至旅顺间的铁路和一切支线及其所属的一切特权和财产，包括煤矿都转让日本；④将库页岛南部割让给日本。这样日本取得对南满的控制，稳固对朝鲜的统治，关东州租借地以及东清铁路长春以南段均由日本控制。

思考：

1. 岩仓使节团的欧美考察之行成效如何？

2. 评价明治维新三大国策之一的富国强兵政策。

3. 评析《明治宪法》。

第二讲　大正时代（1912—1926）

一、大正天皇

大正天皇（1879—1926）（如图 4-2-1 所示），讳嘉仁，日本第 123 代天皇（1912—1926）。其父亲是明治天皇，母亲是柳原爱子。其在位期间，经历了第一次世界大战、米骚动、护宪运动、大正民主运动、关东大地震、政党政治、法西斯势力兴起等大事件。

图 4-2-1　大正天皇像

（图片来源：中文维基百科 https：//zh. wikipedia. org）

大正天皇自幼多病，曾患脑膜炎并留下后遗症，40 岁又患脑血栓，转为精神病。政界元老决定在 1921 年让太子裕仁亲王（后来的昭和天皇）摄政，大正一派与裕仁的幕僚不和，形成两个不同派别。由于在位期间多次发生天灾人祸，大正天皇被世人称为"不幸的大正"。

1926 年 12 月 25 日，大正天皇因心脏麻痹于神奈川县叶山町叶山御所去世，享年 47 岁。死后安葬于多摩陵（位于今东京都八王子市长房町），为首位安葬于东京的天皇。

二、参加第一次世界大战与对华二十一条

1914 年 8 月，第一次世界大战爆发。日本借口为了维护"英日同盟"，于 8 月 23 日对德宣战。9 月 2 日，日军在山东龙口登陆，迫使中国政府将龙口、莱州一线到胶州湾地区为战区。10 月，日本大体占领山东。随后，日军借口寻找德国舰队主力南下太平洋。10 月中旬，日本占领德属马绍尔、马里亚纳、加罗林等岛屿。

1914 年 11 月 11 日，日本政府以特务组织"黑龙会"提出的秘密备忘录为

蓝本，制订了以灭亡中国为总目标的"二十一条"，并于1915年1月18日，正式向袁世凯的北洋政府提出"二十一条"。由于遭到中国人民的强烈反对，二十一条未能全都实现。

三、米骚动

1918年米骚动也称"米暴动"，是指1918年7月至9月间在日本发生的一系列骚动事件的总称。

日本参加第一次世界大战后，米价不断暴涨，继而引发通货膨胀，造成消费品和房租价格飙升。政府不但没有解决已存在的问题，反而因为出兵西伯利亚需要军粮，买尽了市场上的米，使米价继续上涨。由于政府在干预经济方面表现无能，对其不满的抗议由农村扩散至城市。

1918年7月23日，暴动首先在富山县下新川郡鱼津町开始。首先是渔民妇女集体阻止大米外运，要求降低粮价。事态很快升级为袭击米店、抢米、暴乱、罢工、袭击警局和政府机关，乃至武装冲突。到9月中旬，日本全国除东北三县（青森、岩手、秋田）和冲绳县外，都卷入骚动，暴动人数达1000万人以上，占当时全国人口的1/4。9月17日福冈县嘉穗郡明治煤矿的暴动失败，宣告"米骚动"失败。

对骚动爆发负有责任的首相寺内正毅及其内阁成员于9月29日辞职，之后，原敬组织了首届政党内阁。虽然米骚动以失败告终，但还是有力地打击了统治阶层，提高了人民的政治觉悟，促进了日本工农运动和其他社会运动的发展，也促进了十月革命的思想在日本的传播。

四、出兵西伯利亚

1917年11月，俄国十月革命胜利，俄国建立苏维埃政权，苏俄诞生。帝国主义列强妄图把这个新生的社会主义国家扼杀在摇篮中；12月上旬，巴黎的协约国最高军事会议希望日本和美国出兵西伯利亚，以便东西呼应，夹击苏俄。

而日本早就有霸占西伯利亚和远东的野心。日本陆军参谋本部早在11月中旬就草拟了《对俄领远东派兵计划》。1918年8月2日，日本发表出兵西伯利亚宣言，派大量军队到苏联远东地区，海军也派出军舰和海军陆战队。截至11月初，日军共派军队7.24万人，占领了贝加尔湖以东的西伯利亚，攫取了中东铁路和西伯利亚铁路，并到处对民众施加战争暴行。

但在苏联军民的打击下，日本军队陷入困境，不得不于 1922 年宣布撤兵。尽管出兵西伯利亚遭到失败，但其在我国东北的殖民地位得到了巩固。

五、成金风潮

按日本将棋规则，功能最弱、子力最低的棋子"步"一旦冲入敌阵，即可获得护卫在王将左右的金将的战斗力，将棋术语称之为"成金"。所以，国家通过投机或冒险转瞬间成为"强国"，公司或企业成为巨富，日语也称之为"成金"。

通过第一次世界大战，首先"成金"的国家是日本。据统计，由于在第一次世界大战中，向同盟国输出军需品和向美国扩大出口生丝，1917 年日本出口贸易总额为 16 亿日元，1918 年为 19.6 亿日元，为 1914 年 5.9 亿日元的 3 倍多。在超额利润刺激下，日本的社会生产全面攀升。化工、轻工、电业的产值普遍增加四五倍，甚至更多，钢产量 1917 年为 79.3 万吨（世界第 9 位），船舶保有吨位 1919 年达到 23 万吨（世界第 4 位）。1919 年，日本债权余额为 13.71 亿日元。新设企业大量涌现，股市也呈现出活泼态势。全国各大企业的资本总利润率，在 1914 年仅为 8.1%，而 1917 年和 1919 年则分别达到 20.9% 和 21.1%。

许多企业和个人投身于"成金"风潮中，按其所从事的职业不同，出现了"铁成金""船成金""株成金""丝成金"等大富小富。内田信也于 1915 年开设内田汽船公司时只有 1 条船，翌年发展为拥有 16 条汽船的大型企业，公司股票红利达到 60%。他于 1918 年创立内田造船，有资金 200 万日元，成为"船成金"的典型。

三井、三菱等大型财阀企业，不仅靠战争发财使其资金倍增，同时也完成了向垄断的过渡。例如，三井财阀 1920 年共拥有直系、旁系企业 60 多家，总资本金达到 5.6 亿日元。

从战争所带来的机遇中受益的，也有不少普通劳动者。暴富的人玩股票、逛妓院、上饭店、建私宅，使得许多人羡慕不已。内田信也在须磨建私宅，私宅的正厅是一个有数百榻榻米的大客间，人称"须磨御殿"。"船成金"山本唯三郎，因船票暴涨而聚敛了 7000 万日元资产，便想显富斗富。1917 年 11 月，他派 200 人组成打虎队去朝鲜猎虎，回到东京后，特意在帝国饭店举办"虎肉品尝会"，招待各界知名人士。出席宴会者有清浦奎吾等枢密官和陆军大将 1 人、内阁大臣 2 人。和田邦坊的漫画《成金荣华时代》（如图 4-2-2 所示）描绘一个手持百元大钞的小老头让妙龄女子为自己擦鞋的画面，尖锐地讽刺了

"成金"风潮所反映的世相。

图 4-2-2　和田邦坊漫画《成金荣华时代》
（图片来源：twitter 网 https：//twitter.com）

许多在"成金"中崛起的中小企业，因自身的技术力量和市场占有能力无法与大企业抗衡，便投机取巧，其粗制滥造的产品以低廉的价格充斥市场，甚至运输往海外。"太麻烦了，日本的"这句口头禅竟成了粗劣的日本产品的代名词。

六、金钱政治

获得了意外之财的暴发户，除了用金钱满足自己的各种欲望外，还用金钱为自己打开通往权力的捷径。金钱与权力结合，是"成金"风潮导致的又一个必然性结果。大大小小的"成金"者同政党之间联结起一条条看不见的"金脉"，导致贪污腐败事件层出不穷。1914 年山本权兵卫内阁因海军造船费贪污事件而辞职，成为钱权交易事件不断被揭露的开端。

将财阀"成金"者与政党联结起来的渠道有三种：其一，自中日甲午战争后，财界出于与其帮助的议会的势力增长，直接影响其政策决定的考虑，开始向议会直接渗透力量。1902 至 1917 年，实业者议员在帝国议会中的议席由 52 席增加到 131 席；其二，财界人物一旦进入议会，就与政党的首脑建立隐蔽而密切的关系，会将财界的意图透露给政党的领袖。作为交换，财阀向政党提供的资金也将通过他们之手交到政党领袖或总务手中；其三，执政后的政党，会推行有利于财界利益的政策，如原敬内阁的"产业合理化"政策，对八大财阀吞并中小企业起到了保护伞的作用。

七、大正民主运动

大正民主运动是日本在 20 世纪 10 至 20 年代，政治、社会、文化等各方面，民主主义蓬勃发展，引发的运动、思潮、风潮的总称，其主要内容是要求实现资产阶级立宪民主政治，反对专制主义和军国主义。

民主主义思潮以都市中间层的政治自觉为背景，包括吉野作造的民本主义、美浓部达吉的天皇机关说，以及自由主义、社会主义等思想。在其影响下，资产阶级和无产阶级展开反对明治以来的藩阀、官僚政治的护宪运动、普选运动。护宪运动包括第一次护宪运动（1912—1913）和第二次护宪运动（1924—1925）。

大正民主运动的骨干力量，主要是中小资产阶级等中间阶层及其知识分子，工农阶层也是大正民主运动的主要力量之一。

八、桂园体制

桂太郎出身长州藩，是山县有朋一手培植的军政头目，他在甲午战争中立下战功，成为第二代维新官僚的佼佼者。西园寺公望出身公卿贵族，参与明治维新有功，后来游学欧洲，接受了自由民主思想，完成了向贵族资产阶级身份的转变。归国后，他成为伊藤博文的得意门生。1903 年，成为政友会总裁。

1901 年 6 月，第四次伊藤博文内阁垮台，桂太郎经山县有朋力荐出任首相，这标志着近代内阁制成立以来元老政治的结束和第二代军政官僚人物登上最高的政治舞台。1904 年，为争取议会预算而发动日俄战争，桂太郎与政友会订下君子协定，在战争结束后由西园寺接替成为首相。从 1901 年至 1913 年，桂太郎和西园寺（如图 4-2-3 所示）轮流担任首相，前者三次组阁，后者两次组阁，被称为"桂园体制"。

图 4-2-3　桂太郎与西园寺公望像

（图片来源：日文维基百科 https：//ja. wikipedia. org）

九、第一次护宪运动

第二次西园寺内阁时期，军部和内阁围绕扩军的冲突加剧。1912 年，陆军大臣上原勇由于政府未能满足其增加两个师团的要求而单独辞职，军部拒绝推荐新的陆相人选，根据军部大臣现役武官制的规定，迫使西园寺内阁总辞职；同年 12 月，组成第三次桂内阁，准备强行通过扩军方案。时值明治天皇去世，大正天皇即位。政友会的尾崎行雄等人发起了打倒阀族、拥护宪政的"护宪运动"，政党在国会斗争，市民在国会外大力支持，要求制定普选法以削弱元老、贵族院、枢密院、军部等特权阶级的权限，确立政党政治，扩大民众的政治参与。1913 年 2 月，桂内阁倒台。继任的山本权兵卫内阁与多数党政友会合作，废除军部大臣现役武官制。史称"第一次护宪运动"或者"大正政变"。

十、第二次护宪运动

第一次护宪运动没有实现改革专制主义统治体制，争取资产阶级民主自由的预定目标。就连稍具政党内阁性质的原敬内阁，也由原敬被暗杀而夭折。其后的几届内阁，除高桥是清内阁外，其余都是军阀官僚控制的专制主义内阁。

1923 年关东大地震后，山本权兵卫奉命第二次组阁，但 12 月遭"虎之门事件"的影响总辞职。元老们推举枢密院议长清浦奎吾组阁，阁僚皆为贵族院成员，这被舆论斥责为"贵族专制政治"的时代错误。1924 年 1 月，政友会、宪政会和革新俱乐部等护宪三派组成第二宪政拥护会，联合发起倒阁运动，第二次护宪运动开始。

与第一次护宪运动不同，第二次护宪运动，政党成为绝对主导力量，政党之间和政党内部频繁交换权力。群众运动被限定在合法范围内。护宪三派以普选和减税为口号，在各地召开拥护宪政国民大会，提出"实行普选""建立政党内阁制""改革贵族院和枢密院"等口号。1924 年 5 月举行的第 15 届众议院总选举，护宪三派大获全胜；6 月，宪政会总裁加藤高明奉命组阁，阁僚大都来自政党。至 1932 年"五·一五事件"后政党内阁被颠覆，日本持续了 8 年的政党政治。

十一、民本主义与天皇机关说

在大正民主运动中，对明治维新以来的藩阀政治与军部势力不满的中小资产阶级要求政治改革。其中，美浓部达吉的"天皇机关说"和吉野作造的民本主义为代表性的思潮。

美浓部达吉为宪法学者，也是东京帝国大学教授。1912 年，其出版《宪法讲话》一书，提出"天皇机关说"，用"国家法人说"理论取代"天皇主权说"，对明治宪法做出新的解释。他主张一国的主权属于作为法人的国家，而天皇是其最高机关，并在以内阁为首的多个机关辅弼下行使其统治权。美浓部达吉以资产阶级君主立宪说解释专制主义宪法，旨在肯定、扩大议会的权能，提高立宪政治的地位。

天皇机关说一度风靡日本，但也遭到右翼势力的反对。1935 年，贵族院开始公然批评天皇机关说，随后美浓部达吉以不敬罪被警方调查，并被迫辞去贵族院议员职务，其著作《行政法撮要》《逐条宪法精义》《日本国宪法的基本主义》等被禁止出版。冈田启介内阁于同年 10 月 15 日发表国体明征声明，指出"所谓天皇机关说与我神圣之国体相悖，不符其本义，应当严肃排除"，正式排除天皇机关说在学术界的地位，并禁止师生在学校内传播、教学。

吉野作造当时是东京帝国大学副教授。他的《论宪政本意及其贯彻之途径》等论文为大正民主运动提供了理论依据。吉野作造提出具有独创性的民本主义，认为"国家活动的目标在于为人民谋福利，决策的依据是民众的意向""在不否定君主制的前提下，宪法应保障人民权利、三权分立、民选议院"，提倡建立在言论自由和普选基础上的政党政治。同时，他也批评了帝国主义侵略政策。具有他主张改革枢密院、贵族院、军部等特权机构，改善议会政治，由人民监督议员、由议会监督政府。吉野作造的民本主义反映了中、小资产阶级的民主要求，在一定程度上批判了专制统治，延续了护宪运动的传统。

十二、关东大地震

1923 年 9 月 1 日，日本关东地区发生了里氏 7.9 级的地震，影响到东京府、神奈川县、千叶县、静冈县等一府六县。以东京和横滨为代表的大城市受灾尤为严重。这场灾难造成 10 万余人丧生，其中，东京市的遇难者为 68660 人。地震引发了城市大火，东京市将近 3500 公顷的土地被烧为废墟，占城市街区面积的 44%，横滨市更达到 90% 以上。住宅的损毁也十分严重，东京市倒塌和烧毁的房屋为 16.9 万栋，占灾区损毁房屋数量的 45.3%。当时的报纸形容东京市和横滨市的惨状为"阿鼻叫唤的地狱"（如图 4-2-4 所示）。

日本是一个灾害大国，有着悠久的灾害应对传统。然而有别于前近代的农耕社会，近代以来城市地区防灾减灾的办法，这在关东大地震之前尚无先例。此次地震也暴露出明治以来城市建设的诸多问题。围绕灾后重建以何种标准、目标和政策进行的问题，日本有"复旧"和"复兴"的争论。最终日本政府采取了复兴派的意见，把灾害危机变成重新规划和改造城市的契机，历经 7 年时间实现了东京市城市的复兴。

图 4-2-4　遭到地震摧毁的横滨市区

（图片来源：中文维基百科 https://zh.wikipedia.org）

另一方面，日本统治阶层将震灾作为镇压革命者和进步人士的良机，除镇压朝鲜侨民和日本共产党外，还逮捕杀害了大杉荣等无政府主义者。

十三、《治安维持法》

虽然在大正时代，日本的民主政治不断发展，资产阶级政党也在发展壮大，但是历届内阁无一例外都敌视工人运动，对殖民地人民的反抗进行残酷镇压。1919 年，朝鲜总督府通过《政治犯罪处罚条例》，规定"以变革政治为目的的集体运动以及妨害社会安宁秩序者处以 10 年以下徒刑。"1922 年高桥内阁提出了《过激社会运动取缔法案》，虽然没有被国会通过，但却显示日本治安政策的日益反动化。

1923 年关东大地震后出现了"朝鲜人暴动"的谣言，日本政府借机颁布了《为维持治安的惩罚令》。这其实是在朝鲜"三一运动"后，由朝鲜总督府公布的，针对朝鲜民众的《关于政治犯罪的处罚条例》扩展于日本内地。1925 年众议院通过《治安维持法》，正式将大地震后的治安敕令变为法律条款。这部法律在日本实施了 20 年，成为日本政府镇压工人运动、取缔日本共产党、打击朝鲜劳动者同盟的得力手段。直到第二次世界大战结束后日本进行了民主改革，才将该法废除。

十四、女权运动

1911 年秋至 1916 年，平冢雷鸟等人组织"青踏社"，要求妇女拥有独立、自由和平等权利。1920 年，又组成新妇女协会，掀起以修改"治安警察法"第五条（禁止妇女加入政党及政治集会）为中心的运动，要求给予妇女参政、受教育等的民主权利。1921 年，在基督教妇女的矫风会中组织了日本妇女参政权协议会。1924 年 12 月，该协会发展为"妇女获得政权同盟会"。

十五、原敬内阁

1918 年 9 月 21 日，寺内正毅内阁在米骚动冲击下被迫下台；9 月 29 日，由政友会总裁原敬（如图 4-2-5 所示）组织新内阁。

原敬内阁的成员除陆军、海军、外交大臣外，全部由政友会成员担任。该内阁是比较正式的政党内阁。原敬本人也与以前的历届首相不同，他没有贵族的爵位，因此被称为"平民宰相"。新内阁推出政友会的四大纲领，即"改良教育""整顿交通""充实国防""奖励实业"。因此，原敬内阁又被称为"实业内阁"。

图 4-2-5　原敬像

（图片来源：日文维基百科 https://ja.wikipedia.org）

1919 年 3 月，原敬在第 41 届国会上提出的修改选举法的提案被通过。根据该提案，日本修改了选举法，改大选区制为小选区制，同时将选民的纳税额资格标准从纳税 10 日元降低到 3 日元，从而使选民人数从 150 万增加到 330 万左右。

此外，原敬还利用民众对财阀、官僚、军阀的不满，推行了一些旨在削弱财阀、官僚、军阀势力的改革措施。与此同时，为对付群众运动，原敬加强了警察的统治。因此，原敬内阁获得资产阶级的支持，但遭到右翼势力的反对。1921 年 11 月 4 日下午 7 时，原敬在东京车站被右翼分子刺杀。

十六、加藤高明内阁

原敬内阁之后的高桥是清内阁、加藤友三郎内阁、第二次山本权兵卫内阁都是短命内阁。1924 年 1 月，政友会分裂，以床次竹二郎为总裁的政友本党支持清浦奎组成特权内阁。而以高桥是清为首的政友会同加藤高明的宪政党、犬养毅的革新俱乐部组成三党联盟，自称"护宪三派"，掀起了打倒特权内阁，要求实行普选、改革贵族院和枢密院的第二次护宪运动。清浦内阁不得不解散国会，举行大选。结果，护宪三派在 1924 年 5 月的大选中获胜，6 月 11 日组成了以加藤高明为首相的三派联合内阁。

1925 年 2 月，加藤高明在第 50 次议会上提出的普选法案被通过。日本政府制定了新选举法，其包括取消选民纳税资格限制，规定年满 25 岁的男子均有选举权，年满 30 岁的男子均有被选举权，使选民人数由 300 万扩大到 1200 万。但妇女仍没有选举权。此后，直到 1932 年的"五一五事件"，日本的内阁都由议会多数党组成。故此，这一时期被称为政党内阁时代。

政党内阁虽没有改变天皇制专制政体，但对明治宪法体制是一个突破，也加强了众议院的地位和作用。政党政治是资产阶级政治，尽管其依然实行对内镇压劳动人民、对外军事扩张的政策。但与此前的藩阀政治及其后的法西斯政治相比，有着历史进步性，使日本由天皇制向资产阶级民主又前进了一步。

十七、民间法西斯

第一次世界大战后，在资本主义世界出现法西斯势力的大背景下，日本也出现以北一辉（如图 4-2-6 所示）和大川周明（如图 4-2-7 所示）为代表的民间法西斯势力。他们在思想上、政治上继承和发展了明治以来的天皇中心主义、国粹主义、军国主义、大亚洲主义传统，极力推进国家改造，妄图建立以天皇为核心的极权统治。20 世纪 20 至 30 年代，以神道教与天皇制结合的国体主义更成为右翼法西斯运动的重要精神支柱。特别是北一辉的《日本改造法案大纲》被奉为法西斯圣典。他宣称为了使日本摆脱困境，必须由天皇"维护国体"，停止实行宪法，解散议会，授予军人改造国家的权力。他还照搬希特勒民族社会主义的纲领，标榜反对资本主义，实行纯正的民族社会主义（实际为军事独裁）；对外，他主张"解放亚洲民族"（实际是要侵吞亚洲邻国），建立所谓"世界联邦"。因此，我国学界普遍认为北一辉是日本军国主义、法西斯主义思想的理论奠基人。北一辉、大川周明等人于 1919 年组织日本最早的法西斯团体"犹存社"，并且有完整的纲领及机关刊物《雄吼》。

从国粹主义的国家主义团体到国家社会主义系统的团体，都打着爱国主义、国家改造和日本主义的旗号。无论是主张国家主义的大川周明、主张绝对天皇主义的北一辉、农本主义的橘孝三郎（组建爱乡塾），还是主张"一人一杀"主义的日莲宗僧侣井上日召（组建血盟团），虽然他们改造国家的方法各异，但以天皇为中心对政府进行"革新"的宗旨是一致的。

图 4-2-6　北一辉像

（图片来源：中文维基百科 https：//zh. wikipedia. org）

图 4-2-7　1936 年 50 岁的大川周明像

（图片来源：中文维基百科 https：//zh. m. wikipedia. org）

十八、军部法西斯势力的兴起

与民间法西斯运动相比，日本军部法西斯运动的产生稍晚一些。1921 年 10 月 27 日，驻瑞士武官永田铁山、赴欧调查的冈村宁次、驻俄的小畑敏四郎在德国的巴登巴登温泉聚会，约定回国后将致力于"消除派阀、刷新人事、改革军制，建立总动员态势"，此即所谓"巴登巴登密约"。次日，东条英机和鸭脚光弘也从柏林与他们相聚，继续商讨密约，形成了巴登巴登小集团，这是军部法西斯兴起的标志。翌年，永田铁山等人相继回国，任职于陆军中央机关。1923年，成立二叶会（又称"双叶会"或"同人会"），其成员包括河本大作、土肥原贤二、板垣征四郎、矶谷廉介、山冈重厚、山下奉文等，这些人后来都在军部担任要职，是发动军部法西斯运动和对外侵略的中坚力量。

思考：

1. 大正时代前期，日本为什么会出现成金风潮？
2. 评析二十世纪二三十年代日本的政党政治。

第三讲　昭和时代前期（1926—1945）

一、昭和天皇

昭和天皇（1901—1989）（如图4-3-1所示）是日本第124代天皇（1926—1989），名裕仁。1916年11月3日被立为皇太子，1921年因父亲大正天皇患病而任摄政，1926年继位，以《尚书》中一句"百姓昭明，协和万邦"改元昭和。其在位前期经历1927年金融危机、1929年世界性经济危机、1931年"九一八事变"、1937年"七七事变"（日本全面侵华）、太平洋战争（第二次世界大战）等大事件。

1945年8月14日，裕仁天皇发表《终战诏书》，宣布无条件投降，这在日本史上尚属首次。此后，依据新日本宪法，他失去政治实权，但仍是国家与国民的象征，并转向科学研究与倡导和平。他不仅是日本神话中的天皇，还是历代天皇中在位时间最长及享年最高者。1989年1月7日，

图4-3-1　1935年时的昭和天皇像

（图片来源：中文维基百科
https://zh.wikipedia.org）

裕仁于东京吹上御所去世，享年87岁。当天，皇太子明仁即天皇位，于1989年1月8日改年号"平成"，昭和时代结束。

二、1927年金融危机

1927年3月，日本爆发大规模金融危机（昭和金融危机），致使日本从1924年开始的相对稳定的发展期结束，开始了经济动荡时期。

1923年关东大地震后，日本一直陷入慢性经济危机。若槻礼次郎内阁着手整顿成为经济危机最大原因之一的震灾票据。但是，1927年1月，专门贷款给铃木商店的台湾银行，由于铃木商店经营困难而产生巨额不良债券，濒临破产。这一消息由于藏相片冈直温在贵族院的失言传开。三天后，东京地区引发挤兑风潮，渡边、赤地储蓄、中井等银行停业。接着，又有37家银行相继倒闭或歇业。随后，银行挤兑、歇业、倒闭浪潮席卷全国，又导致相关的企业停产倒闭。

日本政府决定一律将各银行停兑三周，进行整顿，先由政府给日本银行拨款5亿日元，再由日本银行向三井、三菱等大银行发放特别贷款1亿日元。尽管如此，危机势头仍有增无减。若槻内阁提出由日银拨款2亿日元救济台湾银行的法案在枢密院审议时被否定。4月20日，若槻内阁垮台，由退役陆军大将、政友会总裁田中义一（如图4-3-2所示）组阁。

图4-3-2　田中义一像

（图片来源：360百科 https://baike.so.com）

除发放特别贷款外，政府还发行大量纸币，并修改《银行法》，规定银行资本不得少于 100 万日元，五年内资本不能将资产增加的银行关闭，从而促进了银行的合并。从 1926 年至 1929 年 4 年间，参加合并的银行达 939 家，而被合并掉的银行达 585 家。一些大银行，特别是三井、三菱、住友、安田、第一银行这五大银行的实力进一步增强，在金融界占据垄断地位。同时，其在产业部门的垄断地位也进一步增强，使日本的垄断资本主义进一步发展。

三、东方会议

在整顿银行的同时，田中内阁推行侵华政策。1927 年 6 月 27 日至 7 月 7 日，田中内阁在东京召开了"东方会议"，发表《对华政策纲领》，鼓吹将东北、内蒙古从中国领土中分离，由日本占领。

据说，东方会议后，首相田中义一还向天皇递交了题为《帝国关于满蒙的积极根本政策》的奏折，并在《时事月报》上首次公布，这就是所谓"田中奏折"（如图 4-3-3 所示）。"田中奏折"中重申了大陆政策的主要内容，并进一步明确了侵华的决定，尤其是针对侵占满洲和内蒙古的具体计划和步骤，其中声称欲征服中国，必先征服满蒙；欲征服世界，必先征服中国。虽然，长期以来，中日学界一直对该奏折的存在与否争论不休。但后来证实，日本对外侵略扩张的步骤，与田中奏折如出一辙。

图 4-3-3 田中奏折

（图片来源：趣历史网 http://m.qulishi.com）

东方会议前后，日本加快对中国侵略的步伐。4 月 16 日，日本决定将华北驻屯军扩大一倍；6 月 1 日，日军第一次出兵山东；7 月，日军占领济南。1928 年 4 月 17 日，日本第二次出兵山东，并在 5 月 3 日制造"济南惨案"；6 月 4 日，关东军制造了"皇姑屯事件"，炸死张作霖。

田中内阁的侵略行为遭到了中国人民和部分日本人民的反对，不得不于 1929 年 7 月 2 日垮台。

四、军部法西斯的进一步发展

1928 年，铃木贞一与土桥永逸、石原莞尔、武藤章等更为年轻的军部中央佐、尉级军官组织了木曜会。1929 年 5 月 19 日，二叶会与木曜会合并，建立一夕会。以陆军省主要课长为中心的军事法西斯团体正式形成。整体而言，20 世纪 20 年代，日军内部先后出现 100 多个法西斯团体。除一夕会外，还有天剑党、王师会等。

20 世纪 30 年代，日本法西斯势力更加猖獗，军部成为其中心。他们企图以武力为手段，在国内实现军部法西斯独裁统治，在国外发动侵略战争，以称霸世界。1930 年 9 月，以参谋本部少壮派军官桥本欣五郎（如图 4-3-4 所示）、坂田义郎、长勇等人为中心组成樱会。20 世纪 30 年代日本发生的一系列法西斯政变，都与樱会有密切关系。

图 4-3-4 桥本欣五郎像

（图片来源：日文维基百科 https：//ja. wikipedia. org）

　　而随着日本国内阶级矛盾激化和对外侵略扩张步伐加快，统治阶级内部的矛盾也尖锐起来，在军部尤为突出。这就导致在 20 世纪 30 年代初期，军部内部以不同财阀为后盾的势力分裂为皇道派和统制派（如图 4-3-5 所示）。

图 4-3-5　统制派、皇道派两派核心人物像
（图片来源：东京历史俱乐部 https：//rekishiclub.jp）

　　两派都主张实行法西斯军事独裁统治和侵略中国。但以荒木贞夫、真崎甚三郎为代表的皇道派主张取消政党政治，实行赤裸裸的军事独裁，发动大规模对外侵略战争。他们对盘踞中央、实际控制政府的统制派的"缓进"政策十分不满，企图一举排除统治派，以控制日本政府，从而制造了一系列法西斯政变和暗杀行动。

五、1929 年世界危机的冲击

　　1929 年 7 月，民政党总裁滨口雄幸（如图 4-3-6 所示）组阁，将紧缩财政和协调外交作为两大施政方针。经济方面，把恢复经济作为首要任务。1930 年 1 月 11 日，日本政府宣布解除黄金出口禁令，恢复金本位制。与此同时，加强产业合理化，以增强日本的出口竞争能力。同年 1 月设置临时产业审议会，6 月商工省设立临时产业合理局；外交方面，日本政府派代表团出席了 1930 年 1 月的伦敦海军会议。在此次会议上，日本海军强硬派坚决主张美、日海军舰艇数量比例为 10：7，但滨口内阁接受了美国提出的方案，将该比例定为 10：6.97。

就在滨口内阁推行上述政策的同时，1929年秋，美国爆发的世界性经济危机并波及日本。财政紧缩本就使日本经济出现不景气，世界性危机的冲击使日本经济雪上加霜，外贸急剧缩减，国内物价、股市行情纷纷下跌，解雇工人和企业倒闭的事件不断发生，工人失业率猛增。处于半封建状态的、落后的日本农村受打击更严重。经济危机使日本社会矛盾加剧。

图4-3-6 滨口雄幸像
（图片来源：日文维基百科 https：//ja. wikipedia. org）

为应对危机，金融界向大企业、中小工商业、农业提供贷款，但贷款数量受到紧缩财政限制。而解除黄金出口禁令就好似"在大风暴来临时却打开了窗户"，造成黄金的大量外流和外汇储备减少，使经济危机进一步加剧。日本政府进一步加强了生产合理化，使各产业部门的垄断程度进一步提高。银行也乘机加强了对企业的控制。外交方面，滨口内阁不得不放弃协调外交。而各种反动势力对滨口内阁极为不满，积极寻找新出路。

六、三月事件

1930年11月，首相滨口雄幸遇刺，民政党若槻礼次郎内阁上台，法西斯势力更加猖獗。甚至在执政的民政党内部，也出现了以内相安达谦藏与众议员中野正刚等为首的法西斯一派。他们同政友会的法西斯派勾结，策划建立"举国一致内阁"。

1931 年 3 月，军部少壮派军人以樱会的骨干为中心，与大川周明等民间法西斯分子勾结，策划发动政变，建立以陆相宇垣一成为首的法西斯军事独裁政权，但因宇垣中途变卦没有实现，此即"三月事件"。

七、"九一八事变"

由于滨口内阁于 1930 年 4 月签订伦敦海军裁军条约，日本法西斯势力大肆攻击滨口内阁"干犯统帅权"。与此同时，日本法西斯势力内部出现分歧。以桥本欣五郎为首的樱会成员与民间法西斯代表大川周明等人，主张先改造国家，然后再对外扩张。而掌握陆军实权的永田铁山等人主张"先外后内"。石原莞尔构想先要迅速驱使国家向外发展（发动侵略战争），然后借助战争，逐步实现国家法西斯化。

从 1931 年初开始，日本法西斯势力加快了入侵中国东北的备战步伐。在日本国内，1 月，政友会议员、原满铁总裁松冈洋右在议会大肆宣传"满蒙是日本的生命线"。6 月，由参谋本部作战部长建川美次主持，参谋本部和陆军省永田铁山等五个课长拟订了《解决满蒙问题方案大纲》，决定在必要时采取军事行动，并要求日军在一年内做好准备。7 月至 8 月间，日本制造万保山事件，并利用中村事件进一步煽动日本对中国的敌对情绪。

与此同时，一批关东军军官也在秘密策划，以挑起侵华战争。其中，一夕会成员、关东军高级参谋板垣征四郎和作战主任参谋石原莞尔（如图 4-3-7 所示）是主谋。1931 年春，他们制订了侵华计划，尽管没有报告军部和关东军首脑，但依旧得到了军部中央一些人的支持。

1931 年 9 月 18 日夜，关东军炸毁沈阳北郊南满铁路的一段路轨，诬称是中国军队所为。随后，盘踞在沈阳附近的关东军向驻扎在北大营等地的中国军队和沈阳城发起攻击。19 日，关东军占领沈阳及满铁沿线要地。关东军司令部从旅顺转移到沈阳。日本军部中央得到消息后，要求日本向东北增兵。21 日，关东军进攻满铁沿线以外地区，日本朝鲜驻屯军司令林铣十郎派兵渡过鸭绿江。22 日，日本内阁认可并批准了所需要的军费。"九一八事变"标志着日本法西斯军国主义势力迈出了十四年（有的学者称十五年）侵华战争的第一步。

图 4-3-7　石原莞尔像

（图片来源：中文维基百科 https：//zh. wikipedia. org）

八、准战争状态时期

传统的国际法认为战争应以宣战的形式开始。但是，从"九一八事变"爆发，中间经过日本全面侵华，中国国民党政府一直没有对日本宣战，一直到1941 年 12 月才对日宣战。故此，有的学者将这一时期称为"准战争状态"时期。

但是，有的学者认为准战时状态可以有两种解释，一种是上述的按照宣战与否的状态，另一种就是战争的准备阶段也可叫"准战时状态"。因此，可将从"九一八事变"爆发到 1937 年日本全面侵华的这一个阶段叫作"准战时状态"。

九、十月事件

1931 年 9 月 18 日，日本法西斯势力发动"九·一八事变"，拉开了十四年侵华战争的序幕。"三月事件"的主谋者决定于 10 月 24 日发动政变，大川周明、北一辉派、井上日召派、橘孝三郎派等民间法西斯势力，以及青年军官派都加入桥本欣五郎的政变阴谋中，形成了各派法西斯势力的空前大集结。他们计划刺杀首相等人，然后建立以法西斯军人头目荒木贞夫为首的军事独裁政权。

该政变计划虽因内讧而流产，但若槻礼次郎内阁因此于 12 月辞职，由政友会的犬养毅内阁取代。此即所谓"十月事件"（或称"锦旗事件"）。

十、"一·二八"事变

"一·二八"事变（日本称"上海事变""淞沪战争"）是 1931 年"九一八事变"后，日本为支援和配合其对中国东北的侵略、掩护其在东北建立伪满洲国的丑剧，自导自演在上海挑起的冲突事件。

1932 年 1 月 3 日，日军占领锦州，25 日占领哈尔滨，使东北全面沦陷。日本海军陆战队在 1932 年 1 月 28 日夜对驻守上海的国民革命军第十九路军发起攻击，第十九路军起而应战。战争期间，国民政府一面组织军队进行抵抗，一面与日本进行谈判。

在中国军民抗击和美英等国压力下。5 月 5 日，南京政府代表郭泰祺与日本陆军中将植田谦吉分别代表本国政府签订了《淞沪停战协定》。协定规定：双方自签字之日起停战；取缔一切抗日活动，第十九路军留驻停战线，划上海为非武装区；中国不得在上海周边一带驻军（但中国保留行政权和警察权）；日本军队撤回到 1932 年"一·二八"事变前的驻扎区域。

"一·二八"淞沪抗战是十四年抗日战争的重要组成部分和起点之一。其中所体现出中国人民团结一致、不畏强暴、敢于牺牲、追求正义的精神，这不仅激发了中华民族实现复兴的意志和决心，也是十四年抗战中中国军队第一次与日军的全面对抗和较量，既遏制了日军的嚣张气焰，又为全面抗战争取了宝贵的备战时间。

十一、血盟团事件

血盟团事件指的是 1932 年日本民间右翼激进组织血盟团所策划实施的一系列暗杀事件。

血盟团属于日本民间右派团体，由以茨城县大洗町立正护国堂为据点进行右翼运动的日莲宗僧侣井上日召（大陆浪人出身）（如图 4-3-8 所示）创立。

鉴于军部法西斯分子策划的几次政变的破产，井上日召的血盟团制定实施了"一人一杀"暗杀计划。1932 年 2 月 9 日，前藏相井上准之助被血盟团成员小沼正枪杀。3 月 5 日，三井财阀首脑团琢磨被血盟团成员菱沼五郎枪杀。

日本警视厅迅速逮捕了血盟团全部成员，经审判，最终判处井上日召、小沼正、菱沼五郎无期徒刑，其余分别判处 3 至 15 年有期徒刑，但在 1940 年 11 月将他们全部释放。

血盟团事件反映当时日本一些年轻人狂热的极端民族主义和军国主义情绪。

图 4-3-8　井上日召像

（图片来源：JAPANSEARCH 网 https：//jpsearch.go.jp）

十二、五一五事件与法西斯军国主义体制初成

1932 年 5 月 15 日，以三上卓、古贺清志等为首的一部分少壮派海军军官、陆军士官学校的学生，同大川周明及橘孝三郎的"爱乡塾"等民间法西斯势力勾结，在东京发动武装政变，计划推翻政府，建立以荒木真夫为核心的法西斯政权。

他们分路袭击首相官邸、内大臣官邸、警视厅、日本银行等重要场所，打死首相犬养毅。虽然最后政变失败，但随着犬养毅的被刺身亡，日本式的政党内阁时期正式宣告终结。取而代之的是以海军大将斋藤实为首，由军部指导的"举国一致内阁"，实质上就是法西斯亲军内阁。可以说，这标志着法西斯军国主义政治体制的初步形成。

十三、"二二六事件"与军部法西斯独裁体制确立

1936 年 2 月 26 日早晨，在北一辉、西田税一派的民间法西斯的支持下，野中四郎、安藤辉三等皇道派法西斯青年军官 20 余人，率近卫步兵 1400 多人发动

军事政变。叛乱者兵分多路袭击了首相官邸、警视厅、参谋本部、国会等政府重要机构和政府要员住宅，取得相当成果（例如杀死内大臣、前首相斋藤实和藏相、前首相高桥是清），一度占领了首相官邸和陆军省所在的永田町一带，并向陆军大臣提出实行昭和维新、任命荒木贞夫为关东军司令、罢免和逮捕反对派的军官、提高本派阀的政治地位等八条要求。但叛军并未成功杀死时任首相的冈田启介并占领皇居，也未争取到高级将领的支持，加上天皇反对等因素，叛军最终于 2 月 29 日投降。历经一系列的非公开审判后，军法会议判处青年将校 17 名死刑、5 名无期徒刑、6 名有期徒刑十五年。北一辉和西田税也于 1937 年 8 月 14 日被判处死刑。

"皇道派"势力就此衰落，日本国内曾一度流行的以刺杀方式达到政治诉求的活动就此终止。军部独裁、国家政权法西斯化在政变失败后得以实现，不仅是由于同属法西斯派别的统制派牢牢掌握了军部大权，而且内阁也被以新首相广田弘毅为首的文官法西斯集团控制。

十四、《日德防共协定》

日德签署《日德防共协定》的背景其一是共产主义活动在日本远东地区开始普及；其二，"九一八事变"后，苏联在其远东地区的兵力和军事设施激增，而日本在人员和飞机的质量方面都无法和远东苏军抗衡，不得不寻求同盟。

而在德国，希特勒于 1932 年 1 月 30 日成为总理，建立纳粹政权；10 月 14 日宣布退出日内瓦裁军会议和国际联盟。1934 年 8 月 19 日，希特勒兼任总统。1936 年宣布实行征兵制，重整军备。日本驻德武官大岛浩少将注意到这种情况，于 1935 年向纳粹党政权外交部长约阿希姆·冯·里宾特洛甫提出签署日德双边协定的意向。1936 年 11 月 25 日，日德两国在柏林签署《日德防共协定》。

协定包括 3 条正文、附属议定书和附属秘档。《日德防共协定》的主要内容包括：①缔约国互通关于共产国际活动的情报，并紧密合作，协定和采取必要的防止措施；②对"受共产国际威胁的第三国"采取防止措施，或共同邀请其加入协定；③设立常设委员会，协定反共事宜。附属秘档规定：当缔约国一方遭到苏联进攻或进攻威胁时，另一方不得采取任何有利于苏联的行动并立即商讨"保护共同利益"的措施；未经双方同意，不得与苏联缔结违背协定精神的任何政治条约。该协定的签署标志着"东京—柏林轴心国"体系建立。

十五、《塘沽协定》

1933 年 1 月，日军占领山海关。2 月 21 日，日军兵分三路进攻热河。3 月 4 日，日军占领承德，进而侵占热河全省。接着，日军向长城全线和华北地区大举进犯。4 月日军进攻河北滦东地区。5 月下旬，日军已侵占秦皇岛、北戴河、昌黎、密云、遵化、唐山等冀东 22 县。

5 月 31 日，蒋介石政权与日军签订《塘沽协定》，承认北京至天津连接线和长城线之间的三角地带为非武装区。其具体内容包括：①中国军队立即撤至延庆、昌平、高丽营、顺义、通州、香河、宝坻、林亭口、宁河、芦台所连之线以西以南地区，不再前进，再不做一切挑战扰乱举动；②日本为确悉第一项实行之情形，可用飞机或其他方法进行视察，中国方面应给予其保护，并予以便利；③日本军确认中国军已撤至第一项协议之线时，不超越该线继续追击，且自动归还至长城之线；④长城线以南，第一项协议之线以北及以东地区区域内之治安维持，由中国警察机关任之。这等于在事实上承认了日本帝国主义对东北地区的占领。也就在同年 3 月 27 日，由于国际联盟通过了不承认伪满洲国的决议，日本宣布退出国际联盟。

十六、天羽声明

1934 年 4 月 17 日，日本外务省情报部长天羽英二发表声明，表明日本独霸中国的意图。其主要内容包括：①日本与中国有特殊关系，日本应完成其在东亚的特殊责任；②维护东亚和平及秩序是日本单独之责任，无须他国干涉；③如果中国用以夷制夷的政策，日本只能加以排击；④西方各国如果想对中国采取共同行动，即使在名义上是财政的或技术的援助，日本亦不得不反对。

由于上述声明被欧美各国认定为"亚洲门罗主义"而遭到批评，天羽英二于 4 月 20 日又发表第二次声明，强调日本并不妨碍第三国利益，并且希望欧美各国多与中国通商并促进中国繁荣，而中国的繁荣是日本所欢迎的，日本的中国政策仍然以门户开放政策为准则。

对于天羽声明，中华民国政府发表声明，不承认某一国家在任何地方独负维持和平责任。中国有提倡国际合作的义务，无中伤他国及扰乱东亚和平意念。他国对中国苟无野心，对于中国与他国合作、力谋建设及安全之政策，不必过虑。中日间之真正永久和平须建立于善意与互相谅解的基础之上，并应纠正现有之不平事态。数日后，天羽英二第二次发表声明，表明中国主权与独立国格不容任何国家稍加损害，中国与他国关系不容任何国家干涉。毛泽东也指出天羽声明是日本帝国主义企图强占全中国的最明显的表示。英美各国也对其表示相当程度的关切。美国声明中美关系有条约规定，非经合法手续不得修正或废止，任何一国未经关系国同意，不得独断专行，涉及他国的正当权利义务，盼日本尊重美国权益。

十七、《何梅协定》

《塘沽协定》签订后，华北地区逐步处于日军控制之下。为完全占领中国华北地区，日军又制造了一系列事件。1935 年 5 月 29 日，驻天津日军借口中国义勇军进入滦东非武装区，以及天津两家汉奸报社社长被暗杀，向国民党北平军分会代理委员长何应钦提出国民党党部和军队撤退河北省，以及取缔一切抗日团体与活动等无理要求。

1935 年 6 月，国民党政府代表何应钦与日本华北驻屯军司令梅津美次郎签订《何梅协定》，内容包括：①罢免于学忠及张廷谔一派；②罢免蒋孝先、丁昌、曾扩情、何一飞等人；③撤走宪兵第三团；④解散军事委员会北平分会政治训练处及北平军事杂志社；⑤取缔蓝衣社、复兴社等有害于中日两国邦交的秘密机关，并不容许其存在；⑥撤退河北省省内一切党部，撤废励志社北平支部；⑦将第五十一军撤出河北省省外；⑧将第二师、第二十五师撤出河北省省外，解散第二十五师学生训练班；⑨全面禁止中国境内的排外、排日活动。

与此同时，日本帝国主义势力还策划了华北五省自治运动，企图将华北从中国分离出去，但最终失败。其后，1936 年，日本开始向华北增兵，做好了全面侵华的准备。

十八、统制经济体制的构建

在革新官僚的主导下，日本法西斯势力开始构建适应战争需要的统制经济体制。1930 年 1 月，设立临时产业审议会，开始研究应对哪些产业部门和企业实行统制，以及如何进行统制等问题。而具体负责审议会日常事务的是商工省的临时产业合理局。商工省于 1931 年制定《重要产业统制法》，为实行统制经济提供了制度前提。随后，商工省又制定了《石油业法》《制铁事业法》《飞机制造事业法》等针对主要产业部门的立法。为加强对中小企业的统制，商工省临时产业合理局还制定了《工业组合法》《出口组合法》。

1935 年 5 月，为了实施进行总体战必需的战争总动员计划，在军部的强烈要求下，冈田启介内阁设立了内阁审议会和内阁调查局。其目的就是为了加强推行统制经济的调查研究。1937 年 6 月 4 日组成的第一次近卫内阁提出扩充生产、平衡国际收支、调整物资供应这加强战时经济三原则。同年，内阁调查局中的资源局和调查局合并，成立企划院，同时吸收各省的具有革新思想的官僚加入。与此同时，实行"外汇许可制"，垄断黄金出口；9 月，又施行《进出口临时措施法》《临时资金调整法》。1938 年，颁布《军需工业动员法》，其内容涉及劳动、物资、资金、物价、出版、技术工人培养和物资保存等所有经济层面。这样，日本初步建立了战时经济统制体制。与此同时，岸信介等一批统制派官僚进入伪满洲国，开始进行统制经济试验。

十九、卢沟桥事件

卢沟桥事变，又称"七七事变"，是日本华北驻屯军于 1937 年 7 月 7 日蓄意制造的、在卢沟桥发生的、与中国驻军第二十九军的冲突事件。

1937 年 6 月 4 日，近卫文麿组阁（第一次近卫内阁）。他为实现侵占全中国的既定方针，把中国变成日本的殖民地，决定发动全面侵华战争。

卢沟桥距北平仅 15 公里，是通往北平的重要途径。可以说，占领该地就可控制北平，进而控制整个华北。7 月 7 日晚，日本驻屯军在北平西南方向的卢沟桥附近演习。当晚 10 时 40 分，结束演习的日军称演习地点传来枪声，并有一名士兵（志村菊次郎）"失踪"，要求进入宛平城搜查，遭拒绝后，随即攻击城西卢沟桥。中国驻军第二十九军奋起抵抗。翌日清晨 5 时许，日军炮轰宛平城，进而发动了全面侵华战争。

二十、"八一三"事变

"八一三"事变是日本帝国主义为实施全面侵华计划，而继"卢沟桥事变"后的另一场阴谋事件。

1937 年 8 月 9 日，日本海军陆战队西部派遣队中尉大山勇夫和一等兵斋藤要藏驾车至上海虹桥军用机场寻衅，被中国保安队击毙，即"虹桥机场事件"。8 月 11 日，日本驻上海总领事向上海市市长提出要求中国方面的事件责任者谢罪并将其判刑，限制停战协定地域内的保安队员人数、装备及驻军地点，拆除上海的所有防御工事，设立监视以上措施实行的日支兵团委员会。同日，27 艘日舰驶抵上海。国民政府拒绝日本的苛刻要求，并开始备战。

8 月 13 日下午 5 时，日军以日租界和黄浦江中的军舰为基地，向上海发起进攻。日本海军派遣军舰 16 艘，其陆战队在淞沪登陆。日本居留民团总部也于同一时间向上海日侨发出全面备战的命令。日本陆海军沿上海北四川路、军工路一线发动全面进攻。

日军对上海的进攻直接威胁蒋介石的统治中心南京，也威胁到英、美两国的在华利益，这就使国民党政府不得不增调军队，实行抗战政策，中国军民遂奋勇抵抗。日军在付出沉重代价后，于 11 月 12 日占领上海，史称"八一三"事变。

二十一、南京大屠杀

南京大屠杀是日本侵略军在 1937 年 12 月 13 日占领当时中国首都南京后，对中国军民实施的有组织、有计划、有预谋的大规模屠杀、强奸以及纵火、抢劫等战争罪行与反人类罪行。

日军暴行的高潮从 1937 年 12 月 13 日攻占南京开始持续 6 周以上，直到 1938 年 2 月才开始有所收敛。据第二次世界大战结束后远东国际军事法庭和南京军事法庭的有关判决和调查，在大屠杀中 30 万以上中国平民和战俘被日军杀害，在大屠杀的第一个月内，约有 2 万中国妇女遭日军奸淫，南京城的三分之一被日军纵火烧毁。

二十二、"东亚新秩序"声明

1938 年 11 月 3 日，近卫文麿（如图 4-3-9 所示）内阁发表第二次近卫声明，声称改变"不以国民政府为对手"的态度，要求"日、满、华三国合作"，建立日、满、华经济联合体（以日华平等的原则，实现善邻友好，共同防共，经济提携），建设确保东亚永久和平的新秩序。要求国民党放弃抗日容共政策，更换人事组织，甚至要求蒋介石下台。这既引诱国民党政府中的投降派对日妥协，也再次表明日本征服中国的意图。

图 4-3-9　近卫文麿像

（图片来源：中文维基百科 https://zh.wikipedia.org）

二十三、诺门罕事件

"诺门罕战役"（苏联与蒙古方面称"哈拉哈河战役""哈拉欣河战役"，日本方面称"诺门罕事件"）是日本帝国主义为发动法西斯战争，而在远东地区对苏联进行的一次试探性军事行动。日本方面称 1939 年 5 月 11 日至 6 月上旬的事件为第一次诺门罕事件，其后至 1939 年 9 月 16 日停火为止，称为第二次诺门罕事件。苏军主将为朱可夫，日军主将则为小松原道太郎。

1939 年 5 月 11 日，日军在伪满洲国西北部与蒙古人民共和国交界边境地区挑起诺门罕事件。苏、日双方的军队交战，但苏、日双方并没有向对方正式宣战。战事结局是日本关东军战败。由于在张鼓峰地区和诺门罕地区两次对苏联挑衅的失败，以及其他原因，日本最终将以苏联为主要目标的"北进政策"，改为集中向南洋扩张的"南进政策"。

苏、日双方此后在第二次世界大战中一直维持和平状态，直至苏联在 1945 年 8 月 8 日对日本宣战并发动"八月风暴"行动。

二十四、日、德、意轴心国同盟

"轴心国同盟"指在第二次世界大战中，以德国、日本、意大利三国为轴心结成的法西斯战争同盟。

英、法的绥靖政策为轴心国同盟的成立铺平了道路。1938年的《慕尼黑协定》更以东欧版图，尤其是出卖捷克斯洛伐克为诱饵，怂恿德国进攻苏联。苏联则于1939年以《苏德互不侵犯条约》应对，以瓜分波兰为条件而缓和苏德关系。

1940年7月，希特勒发出第16号元首指令，准备执行登陆英国的"海狮行动计划"（后并未实施），8月不列颠空战展开。9月27日，日、德、意结成轴心国同盟。11月，苏联希望通过加入轴心国而避免在东欧和西亚的战事。但德国早有"新秩序"计划（后来轴心国签订协议瓜分世界的前身），主张将犹太人和斯拉夫人视为低等种族，对其财物与国土予以掠夺，并通过快速扩张的战争来实现新世界秩序。尤其是希特勒认为英国受犹太人掌控，苏联中斯拉夫民族众多，轴心国必须对两者发动进攻。所以，希特勒对苏联在谈判中所提出的要求不予回复。

轴心国同盟最终在1945年8月15日，日本战败投降后瓦解。

二十五、"关特演"

"关特演"即关东军特种演习的简称，是日本帝国主义于第二次世界大战期间实施的一次为对苏联发动战争，而对驻扎于中国东北的"关东军"的大规模战争动员，为掩饰其战争目的而冠名为"演习"。

1941年6月22日，纳粹德国进攻苏联，开始德苏战争。日本作为《三国公约》和《苏日中立条约》的签署国，对是否加入德国与其联合攻苏犹豫不决。7月2日，日本"御前会议"通过《适应形势发展的帝国国策要纲》，决定通过苏德战争的后续发展，再决定是否以武力解决"北方问题"。7月7日，裕仁天皇批准"关特演"部分执行，将实施三个准备行动以及三个攻势行动，以不超过六个月的时间孤立并摧毁远东的苏军，参谋本部两次下达动员令，共动员战列部队307支、兵站部队322支，另有大量武器、弹药、马匹和其他军用物资等。

但7月中旬，德军对苏速战速决计划受挫。而由于日军入侵法属印度支那南部，美国、英国、荷兰对日本实施石油禁运等措施，南方局势日趋紧张，陆军实力消耗过大，"北进"已不可行，东条英机等人希望通过海军南进打开局面。故此，8月9日，陆军通过《帝国陆军作战要纲》，正式宣布放弃于年内对苏用兵，16个师团转作对俄戒备状态。

二十六、《赫尔备忘录》

《赫尔备忘录》是太平洋战争开战之前，美国在1941年11月26日对日本提出的，由国务卿科德尔·赫尔率领国务院起草的一个交涉文书，名为《美日协定基础概略》。

在珍珠港事件发生前，美日关系就已经因美国支援中国抗日和日本进驻法属印度支那等问题而紧张。1941年，美日两国进行了持续的外交交涉，11月26日赫尔提出了该备忘录。其主要内容包括：要求日本全面从中国和法属印度支那撤出其一切陆海空兵力和警察，承认重庆国民政府，不给中华民国政府以外的中国任何政府或政权以军事、政治和经济支持，美日互相解除资产冻结等。

已经决心发动太平洋战争的日本法西斯当局将该备忘录视为美国对日本的最后通牒并拒绝接受。但为了掩护偷袭，日本没有中断谈判，等到日军对珍珠港发动袭击前半小时才由驻美大使野村吉三郎向美国递交宣布谈判破裂的最后通牒。

二十七、珍珠港事件

珍珠港事件（日本称"珍珠湾攻击"或"夏威夷作战"）是日本海军于1941年12月8日对夏威夷珍珠港美国海军基地的一次偷袭作战，其导致太平洋战争的爆发。

1941年12月1日，日本御前会议通过《关于促进结束对美、英、荷、蒋战争的草案》。日本联合舰队策划利用美国太平洋舰队周末集中返回珍珠港和有下弦月便于飞机飞行的时机，于12月8日凌晨3时20分（夏威夷时间12月7日7时50分）偷袭珍珠港。日本海军派出6艘航空母舰、300多架战机，对珍珠港进行了两波攻击。由于美军猝不及防，日军取得重大成果：击沉及重创美军8艘战列舰、3艘巡洋舰、3艘驱逐舰，摧毁188架战机，造成2402人死亡和1282人受伤。同日，日军还袭击了马来半岛、中南半岛、菲律宾、香港、新加坡和关岛等地。美国一时失去了在太平洋上的制海和制空权。

由于日本这次先战后宣的行动，美国舆论愤怒不已，全国从孤立主义转向支持参战。而欧洲的德国和意大利，以及其他欧洲法西斯轴心国，如匈牙利也对美国宣战。美国因此也加入欧洲战场。由于美国强大的工业能力，给予各个反轴心国阵营大量的支援，导致轴心国最终灭亡。

二十八、中途岛海战

中途岛海战（Battle of Midway）是第二次世界大战中美国海军和日本海军在中途岛附近海域进行的一场大规模海战，是太平洋战争的转折点。

1942 年 5 月 5 日，日军大本营海军部发出袭击美属中途岛的命令，企图引诱美军太平洋舰队，聚而歼之。日本联合舰队出动 8 艘航空母舰、11 艘战列舰、14 艘巡洋舰在内的 350 艘舰艇和 1000 架飞机，舰队司令山本五十六乘坐大和号指挥。但是，日本海军密电码被美军破译。美国海军尼米兹大将下令出动航空母舰 3 艘、重巡洋舰 7 艘、轻巡洋舰 1 艘、飞机 300 架。

主要战斗在 1942 年 6 月 4 日于中途岛西北海域爆发。6 月 5 日，日军战机轰炸中途岛，后续战事一直持续至 6 月 7 日。战役的结果是日军损失航空母舰 4 艘、重巡洋舰 1 艘、全部舰载机约 285 架、人员 3500 名；美军损失航空母舰 1 艘、驱逐舰 1 艘、飞机 150 架、人员 307 名。日本海军失利有诸多原因，包括轻敌、舰队编制复杂、采取过时的大舰巨炮主义战术、无线电密码被美军破译、轻视搜索敌情和情报不准等。

美军凭借此场战役的胜利，扭转了开战以来的被动局面。日本海军则失去战略主导权，随后于西南太平洋与盟军陷入消耗战，逐渐走下坡路。

二十九、瓜岛战役

日军与同盟国军队于 1942 年 8 月 7 日至 1943 年 2 月 9 日期间在瓜达尔卡纳尔岛及其周围岛屿进行的战役，被称为瓜岛战役。盟军战略目标是保护美国、澳大利亚和新西兰之间的运输航线。

瓜达尔卡纳尔岛战役从美军对瓜岛的小型登陆作战开始，随后日军为夺回岛屿而逐次增兵，并在海、陆、空展开空前争夺，从而演化为日本与盟军的一次决战。其间发生三次所罗门海海战、萨保岛海战等系列海战，美军掌握了制空、制海权，经过半年多的争夺，双方均损耗了大量战舰与飞机，但由于日本的人员伤亡远超美军，日本无力再战，最终撤军。美军得以完全占据瓜岛，而后夺取所罗门群岛，最终控制整个南太平洋的制海权。

瓜岛战役是中途岛海战之后，日本在太平洋战场的又一次战略性重大失败，也是日本从战略优势走向劣势的转折点，与同期的斯大林格勒战役、第二次阿拉曼战役成为反法西斯同盟国进入战略反攻阶段的开始。

三十、莱特湾海战

莱特湾海战是在太平洋战争中发生在菲律宾莱特岛附近的一次海战，其彻底摧毁了日本的航母力量。

马里亚纳海战失利后，已丧失塞班岛、马里亚纳群岛等防线的日本处于劣势，若再失去菲律宾或中国台湾，其帝国"南线"资源输送将断绝，东南亚与中国、朝鲜、本土的联系将被切断。因此，日军决定孤注一掷，企图击退盟军在莱特岛的登陆部队，并打败协助进攻的海军舰队；而盟军也放弃原先攻打中国台湾的计划，而改从菲律宾登陆，并决心以优势军力一举击溃前来支援的日本海军。

莱特湾海战从1944年10月20日持续至10月26日，在6天内，盟军舰队投入的舰船总吨位达133万吨，日本海军则达73万吨。总计共有21艘航空母舰、21艘战列舰、170艘驱逐舰与近2，000架军机参与了此次战斗。结果，日本海军联合舰队战败，巡洋舰以上重型军舰有13艘被击沉。日本在菲律宾一带海上、陆基等航空力量全被消灭。从此，日本海军在太平洋战争中，不再是一个战略力量。此战役也为后来美军成功攻下菲律宾群岛、冲绳岛等地打下基础。

三十一、东京大轰炸

东京大轰炸是第二次世界大战期间，美军航空兵对东京的系列战略轰炸。自1944年11月24日起，东京总共经历过106次空袭，包括5次大规模空袭（1945年3月10日、4月13日、4月15日、5月24日、5月25日至26日）。大多数情况下，东京大轰炸主要指1945年3月10日、5月25日至26日这两次轰炸。其中1945年3月10日的空袭（下町空袭）摧毁了东京63%的商业区和20%的工业区，造成了10万人以上死亡以及100万人受灾。5月25日至26日的空袭造成约7000多人死伤，22万间房屋被烧毁（如图4-3-10所示）。

图 4-3-10　东京大轰炸地面密布的弹坑
（图片来源：百度百科 https://baike.baidu.com）

三十二、《波茨坦公告》

1945 年 7 月 26 日，中、美、英联合发表《中美英三国促令日本投降之波茨坦公告》，简称《波茨坦公告》（Potsdam Declaration），敦促日本无条件投降，规定了战后处理日本的根本方针。苏联于 1945 年 8 月对日宣战后加入该公告。

《波茨坦公告》共 13 条，其主要内容包括：①盟国将予日本以最后打击，直至其停止抵抗；②日本政府应立即宣布所有武装部队无条件投降；③重申《开罗宣言》的条件必须实施。日本投降后，其主权只限于本州、北海道、九州、四国及由盟国指定的岛屿；④军队完全解除武装，战犯交付审判；⑤日本政府必须尊重人权，保障宗教、言论和思想自由；⑥不得保有可供重新武装作战的工业，但容许其保持经济所需和能偿付货物赔款的工业，准其获得原料和资源，参加国际贸易；⑦在达成上述目的、成立和平责任政府后，盟国占领军立即撤退。

1945 年 8 月 15 日，日本天皇裕仁宣布接受《波茨坦公告》，向盟军无条件投降。9 月 2 日，在东京湾的密苏里号战列舰上，日本政府正式签署了投降书（如图 4-3-11 所示），这标志着第二次世界大战的结束。

图 4-3-11　日本代表重光葵在密苏里号上签署投降书

（图片来源：日文维基百科 https：//ja. wikipedia. org）

思考：

1. 1929 年世界性经济危机对日本造成何种影响？

2. 评析日、德、意轴心国同盟。

第五章　当代日本（1945—2019）

第一讲　昭和时代中期（1945—1960）

一、《投降后初期美国对日政策》

1945 年 8 月 15 日，日本接受《波茨坦公告》，宣布无条件投降。美军进入日本，拉开了战后改革的序幕。在占领期间，美国对日本实施了外科手术式的"民主化""非军事化"改革，以及经济、社会等方面的改革。8 月 30 日，设立盟军驻日总司令部（以下简称 GHQ，总司令为麦克阿瑟）（如图 5-1-1 所示），正式战领日本。

图 5-1-1　盟军总司令麦克阿瑟像

（图片来源：百度百科 https://baike.baidu.com）

9月22日，美国政府发表《投降后初期美国对日政策》这一纲领性文件。该文件由"最终目的""盟军权利""政治"和"经济"四个部分组成。其中，在"最终目的"中提出"使日本不再成为美国的威胁和世界和平安全的威胁，最终建立和平的、负责任的政府（尊重他国权利、支持联合国宪章的理想和原则所显示之美国目的的政府）"。简言之，美国占领日本的目的是建立一个听命于美国的、不再发动战争的日本政府。

GHQ在日本拥有最高权力，保留日本政府，但天皇与日本政府的权力须受盟军最高统帅的支配。盟军最高司令官以指令、一般命令、备忘录等形式，向日本政府及其有关部门下达命令，从而确定了"间接统治"方式。

"政治"方面，规定"在改变日本政府的封建主义和极权主义倾向方面，允许和支持日本人民和日本政府主动进行的政府形式的改革"。美国试图通过"民主化""非军事化"改革，使日本变成一个所谓的和平、民主、自由的国家。

"经济"方面，规定"日本军事力量现存的经济基础必须予以摧毁并不允许重新复活"，要"消除那些主要用来准备战争的工业或生产部门"，大力开展经济民主化和经济非军事化改革。

《投降后初期美国对日占领政策》是美国政府的"宣言书"，也是GHQ的行动纲领。

二、"非军事化"改革

"非军事化"改革有六项措施。

第一，解散日本军队。GHQ发布的第一号命令是解散日本陆、海、空军所有部队的武装。日本投降时，在本土的军队尚有336万人，海外375万人。解散日本军队是非军事化改革中最关键的一步。

第二，解散军事指挥机构。1945年9月13日，GHQ发出第二号命令，宣布立即解散日本军部大本营；10月15日，命令解散元帅府、陆军参谋本部、海军军令部、教育总监部等军部核心指挥机构；11月30日，宣布解散军事参议院、陆军省、海军省。

第三，废除军事法令。自1945年9月起，GHQ先后指令日本政府废除《兵役法》《国防保安法》《军机保护法》等军事法令，继而宣布废除《国家动员法》《战时紧急措施法》等军国主义法令。

第四，逮捕战犯、设立远东军事法庭。1945年9月至12月，GHQ分三批逮捕东条英机等108名主要战犯，并将其移送远东军事法庭。

第五，禁止军工生产和军事研究。1945 年 9 月 2 日，在宣布解散军队的同时，GHQ 命令日本政府禁止生产武器、弹药、飞机、军舰、坦克、大炮和其他军事物资，禁止日本研究原子能和发展航空技术，解散东京大学航空研究所等与军事工业相关的研究机构。

第六，解散军国主义团体。为铲除军国主义赖以生存的社会基础，1946 年 1 月 4 日，GHQ 宣布解散大政翼赞会、在乡军人会、大日本政治会等军国主义团体。至 1946 年 10 月，先后解散的法西斯右翼团体达 147 个。

三、"民主化"改革

1945 年 9 月 29 日，麦克阿瑟向日本政府发出指令，要求其撤销对新闻及通信自由的一切限制，开启了"民主化"改革的序幕。10 月 4 日，GHQ 发布《关于废除对政治、公民、宗教信仰自由限制的备忘录》，要求立即释放政治犯，废除特高课等法西斯机构；11 月 2 日，GHQ 发布《解散财阀》指令，标志着经济"民主化"改革的开始；11 月 20 日，GHQ 发布《关于冻结皇室财产》的指令；12 月 9 日，GHQ 向日本政府发布《进行农地改革》的备忘录；12 月 15 日，GHQ 发布《政教分离指令》，废除国家神道；1946 年 1 月 4 日，GHQ 下达了《关于解除不受欢迎的人物公职的备忘录》。规定"不受欢迎的人物"为战犯、职业军官、谍报机关及宪兵队相关人士，军国主义团体及右翼组织骨干成员，大政翼赞会、翼赞政治会、大日本政治会及其外围组织核心人员，殖民地开发机构、财阀企业干部，殖民地行政官员等。

在"民主化"改革措施中，具有决定性意义的是五项改革指令。1945 年 10 月 11 日，麦克阿瑟在接见时任首相币原喜重郎时，下达《关于民主化的五项指令》：①解放妇女，赋予妇女选举权和参政权；②鼓励成立工会组织，确保工人合法权利；③实行教育民主化和自由化，废除军国主义教育体系；④废除专制机构和秘密司法制度；⑤实行经济机构民主化。

应该说，上述"非军事化"和"民主化"的具体改革措施，奠定了战后日本政治的基本格局。

四、《人间宣言》

《人间宣言》（日语"人间"为人类，普通人）是日本昭和天皇于日本战败后的 1946 年 1 月 1 日发表的诏书《关于新日本建设的诏书》（如图 5-1-2 所示）的通称。

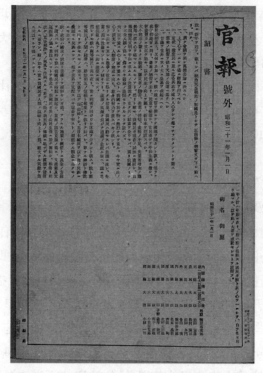

图 5-1-2 官报号外昭和天皇《人间宣言》诏书

（图片来源：日本国立国会图书馆 https：//www.ndl.go.jp）

该诏书总字数为 1000 字，其中，有 100 余字提到了否认了天皇作为"现代人世间的神"（简称"现人神"），宣告天皇也是仅具有人性的普通人，从某种意义上削弱了长久以来存在日本国民心中的忠君思想。因此，该诏书又称"人间宣言"。

但该诏书在字面上并没有否定"天皇和日本国民的祖先是日本神话中的神"，也没有否定过去历代天皇的神格或废止相应的神圣仪式。

五、《日本国宪法》的制定

日本法西斯军国主义是战前日本政治制度的产物，而要改革旧的政治制度，一项主要内容就是废除《大日本帝国宪法》（《明治宪法》）。为此，自 1945 年 10 月起，GHQ 便多次要求日本政府制定新宪法。

币原喜重郎内阁上台后，于 1945 年 11 月成立以国务大臣松本蒸治为首的"宪法调查委员会"，经多次商讨，在 1946 年 2 月 1 日发表以"保持天皇总揽统治权"为主要特征的《宪法改正案》（也称《松本草案》）。该草案遭到日本共产党、社会党及其他进步团体的强烈批评，也受到 GHQ 的反对。GHQ 民政局按照麦克阿瑟将天皇制改成象征性天皇制的指示精神起草《日本国宪法》草案并于 2 月 13 日交给日本政府。7 月 2 日，盟总（GHQ）向币原内阁送达"关于日本新宪法的原则"（通称"麦克阿瑟草案"）。日本政府按上述草案和原则重新草拟宪法草案，并于 11 月 3 日公布了《日本国宪法》，翌年 5 月 3 日生效。

《日本国宪法》的主要特征包括：

①保留天皇，废除天皇制。新宪法宣布"主权属于国民"，第 1 条明确规定"天皇是日本国的象征，是日本国民的整体象征。其地位以国民意志为转移"。第 4 条规定"天皇只能行使本宪法规定的国事行为，并无国政权能"，剥夺了天皇的行政统治权和军队统帅权，突出了"主权在民"的原则。

②突出"非军事化"原则。新宪法第 9 条明文规定："日本国民衷心谋求基于正义与秩序的国际和平，永远放弃作为国家主权发动的战争、武力威胁或使用武力作为解决国际争端的手段。为达到前项之目的，日本将不会保持陆、海、空军及其他战争力量，不承认国家的交战权。"这一条款以法律形式确保"日本确实不再成为美国的威胁和世界和平安全的威胁"，因此被许多日本人称为"和平宪法"。

③坚持"民主化"原则。新宪法把人民称为"国民"，而旧宪法则将人民称为"臣民"。新宪法从第 10 条到第 40 条阐释国民的民主权利。其中，第 12 条规定："国民基本人权作为不可侵犯的永久权利，现在及将来均赋予国民。"其他条款规定了国民享受"公共福祉"的权利、法律面前平等的权利、选举与参政的权利、提出赔偿的权利、思想与宗教信仰自由的权利、受教育的权利、私人财产不受侵犯的权利，以及集会、结社、言论、出版自由的权利，等等。

④坚持"三权分立"的原则。其中，第 41 条规定"国会是最高权力机关，是国家唯一的立法机关"；第 65 条规定"行政权属于内阁"；第 76 条规定"一切司法权属于最高法院及下级法院"。

总之，新宪法从法律上根本铲除了专制、集权的近代天皇制，保障了之前"民主化""非军事化"改革的成果。

六、农地改革

农地改革是日本战后改革的重要组成部分，消灭了寄生地主制，创造出自耕农阶层，对日本农村的发展产生了重要影响。

为了消除日本农村的军国主义、法西斯主义，GHQ 向日本政府发出了农地改革的指令。依据该指令，日本政府于 1945 年 12 月颁布《农地调整法修改案》，主要内容包括：①在村地主保有土地的面积限定在 5 町步（北海道为 12 町步），其超过部分以及不在乡地主的全部土地由政府强制收买，并有偿分配给农民；②土地的买卖和转让等事务由农会负责办理。③地租用货币支付；④都道府县及市町村都设立农地委员会。

1946 年 11 月 21 日，日本公布第二次农地改革法案（包括《自耕农创设特别措施法》和《农地调整法改正法案》）。较之第一次改革案，第二次农地改革案有以下不同：①国家征购不在村地主的全部出租地，在村地主 1 町步（北海道 4 町步）以上的出租地，虽属于自耕地但被农地委员会认为不宜经营的 3 町步（北海道 12 町步）以上的市町村居住者的土地，虽不是耕地但经营上所需的房地、草地、未开垦地。改革涉及的土地面积占佃耕地总面积的 80%；②土地买卖必须由政府进行，个人不得擅自买卖土地；③保有土地的单位由家庭同一辈分中的几个人变为同一辈分中的一个人；④限制了最高地租额，即水田最高租额为其产量的 25%，旱地最高租额为其产量的 15%。佃农拥有请求减少地租的权利。可见，第二次农地改革案在扶植自耕农、保护佃农、抑制地主权利等方面的用意比较明确。

通过上述农地改革，日本全国耕地面积中自耕地和佃耕地的比例发生了重大变化，在 1945 年是 54：46，而到了 1950 年该比例是 90：10。自耕农户数由 1945 年的 172.9 万户上升到 1950 年的 382.2 万户。无论是从农地的面积还是从农户数量上看，都展示了"耕者有其田"和以自耕形态为主的取向。日本的农业机械化和农民消费水平提高，也为工业产品提供了广阔的市场。此外，促进了农村的城镇化，实现了城乡协调发展。

七、解散财阀

解散财阀是 1945 年到 1951 年美国对日占领时期，GHQ 实施的对日本占领政策之一，也是"经济民主化"政策之一。其主要目的是解散被视为侵略战争经济基础的财阀。

1945 年 10 月 16 日，GHQ 经济科学局局长雷蒙·C·科雷姆（Raymond C. Kramer）发表声明，期望日本政府自发解散财阀。11 月 4 日，日本政府向盟总提交解散财阀计划。11 月 2 日，盟总下令冻结日本"十五大财阀"——三井、住友、安田、鲇川（日产）、浅野、古河、大仓、中岛、野村、涩泽、神户川崎、理研、日窒、日曹的资产。11 月 4 日，币原内阁发表《关于解散控股公司的备忘录》。11 月 6 日，GHQ 发表声明，认可相关公司提交的解体计划，并保留监督、检查财阀解体实施情形的权力。

1946 年 4 月 20 日，《控股公司整理委员会令》公布。6 月 3 日，下令限制日本十大财阀家族的个人金融活动。8 月 8 日，控股公司整理委员会开始运作，盟总命令被整肃的控股公司和财阀家族必须将持有的股票交由控股公司整理委员会处理。

1947 年 1 月 22 日拟定《关于日本经济力量过渡集中的政策》，远东委员会也制定《FEC 230》文件，计划分割日本 1200 家大企业和大银行，切断银行和财阀的关系。4 月 14 日，日本政府公布《关于禁止垄断和保证公平交易的法律》（即《禁止垄断法》）。7 月 1 日，公平交易委员会开始运作。7 月 20 日，《禁止垄断法》全面施行。11 月，日本政府公布《排除财阀同族支配力法》，解除与财阀有关的董事与监事的职务。12 月 18 日，日本政府公布《排除经济力量过度集中法》，拆分具有垄断性的公司，325 家公司被指定为经济力量过渡集中的企业。

但是，由于冷战的开始，美国对日占领政策发生逆转。1948 年 2 月，GHQ 的态度由积极改革日本战前的政经模式变为促进日本经济复兴。美国认为一个经济繁荣的日本有利于使其成为美国在亚洲的可靠的反共同盟，因而大幅减弱了解散财阀政策措施的强度。最后，实际被拆分的只有日本制铁、三菱重工业、王子制纸、大日本麦酒、帝国纤维、东洋制罐、大建产业、三菱矿业、三井矿山、井华矿业、北海道酪农协同组合 11 家公司。1951 年 7 月 10 日，日本政府宣布财阀解体完成，控股公司整理委员会解散。

解散财阀虽然不彻底，但家族的、保守的势力退出经营领域，具有实际经营能力的管理人员走上领导岗位，对改善经营管理起了良好的作用，这就是所谓的"经营者革命"。此外，也促进了资本与经营相对分离体制的形成。由于控股关系被切断，之前的众多子公司成为独立公司，拥有独立性和灵活性，都对日本经济的复兴和发展起了良好作用。

八、战后日本劳动三法

所谓战后日本劳动三法是指在战后日本改革过程中，作为劳动改革的主要内容，先后颁布的《工会法》《劳动关系调整法》和《劳动基准法》三部法律。

1945 年 10 月 10 日，美国占领当局基于其占领政策的需要，向日本政府发出《废除日本劳动统制法规》的指令。次日又发出"五项改革指令",其中之一即劳动改革。在占领当局的推动下,日本政府于12月22日公布《工会法》(次年3月实施)。其主要内容为:①保证工人的团结权和争议权;②禁止不适当的劳动行为;③正当争议行为不负刑事和民事责任;④设置劳动争议的斡旋、调停、仲裁机关——劳动委员会。《工会法》的实施使日本工人开始获得合法的团结权、团体交涉权和争议权这"劳动三权",这在日本工运史上具有划时代意义。

《工会法》实施后,工会组织和会员迅猛增长,劳资争议骤然增多,日本政府于1946年9月27日公布《劳动关系调整法》。其主要内容为:当劳资双方出现争议时,不能使用国家权力自上而下加以镇压,而要由争议双方自主解决。劳动委员会作为国家机关运用斡旋、调停、仲裁三种形式,从侧面帮助调解。该法的实施对调节紧张的劳资冲突起了相当大的作用。

随着工人的觉醒,要求用法律保护工人劳动权利的呼声日高。在此背景下,日本政府于1947年4月7日公布《劳动基准法》。其主要内容为规定工资标准和劳动时间、劳动契约、安全卫生、女工和童工的劳动限制、灾难补助、就业规则等。在该法律的保护下,同战前比较,日本工人群众的劳动条件有大幅改善。

总之,"劳动三法"的制定与实施,使日本得以废除战前半封建主义的劳动体制,现代资本主义的劳动体制基本形成。但随着国际形势的变化和占领政策的更改,日本劳动体制出现向右转的趋势。1948年,麦克阿瑟给当时的首相芦田均下达命令(即麦克阿瑟书简),剥夺公务员的争议权;1949年,修改《工会法》,严禁企业主向工会提供经费,并建立由劳动委员会负责的资格审查制度,加强对工会的干涉。民主化改革运动停止后,工会运动受到很大限制。

九、东京审判

东京审判是第二次世界大战结束后,由设在东京的远东军事法庭对第二次世界大战期间日本的首要战犯进行的国际审判。这些人中包括东条英机、松井石根、土肥原贤二等对中国和亚洲乃至全世界犯下累累罪行的战犯。

远东国际军事法庭由美国、中国、英国、法国、苏联、加拿大、澳大利亚、新西兰、荷兰、印度、菲律宾11国指派的11名法官组成。中国法官梅汝璈代表中国方面参加东京审判。从1946年5月到1948年11月,历时两年半,开庭818次、庭审记录48412页、出庭证人419人、法庭证据4336件,最后的判决

书 1212 页。1948 年 11 月 12 日，法庭宣布判处东条英机、广田弘毅、土肥原贤
二、板垣征四郎、松井石根、武藤章、木村兵太郎绞刑，木户幸一等 16 人被判
处无期徒刑，东乡茂德被判处 20 年有期徒刑，重光葵被判处 7 年有期徒刑（如
图 5-1-3 所示）。绞刑于 1948 年 12 月 23 日在东京巢鸭监狱执行。自 1950 年起
美国不顾世界舆论的反对，将仍在押的首要战犯陆续释放出狱。

图 5-1-3　东京审判现场
（图片来源：百度百科 https：//baike.baidu.com）

　　东京审判超过了纽伦堡审判，是目前人类历史上规模最大的审判。它通过
提交证据和法庭控辩，将日本法西斯的战争罪行大白于天下，确认侵略战争为
国际法上的犯罪，将策划、准备、发动或进行侵略战争者列为甲级战犯，是对
国际法战犯概念的重大发展。因此，东京审判不仅具有重要的政治、法律意义，
还具有重大的历史研究价值。

　　十、实施"六三三四"学制

　　所谓"六三三四"学制是指小学六年、初中三年、高中三年及大学四年的
教育制度，为全球多数国家所采用。

　　日本在战后初期进行了教育改革。1947 年 3 月公布的《教育基本法》规定
要培养具有独立人格、热爱科学、追求真理与正义的人才，尊重学术自由，建
立以个人主义为中心的资本主义教育体系。《教育基本法》还规定了"六三三

四"的学制新学校教育体制。

新学制贯彻了教育机会均等的原则，使高等学府的大门向国民敞开，与此同时，将义务教育延长为九年（小学六年、初中三年），大力普及九年义务教育制。《教育基本法》第四条规定："国民有让子女接受九年普通教育的义务。国家或地方公共团体所设的学校实施义务教育时，免收学费。"这为后来日本的经济第二次腾飞和科技发展培养了人才。

十一、特需景气

1950 年 6 月，朝鲜战争爆发。美国方面组建以驻日美军为核心的联合国军援助韩国，将战火烧至鸭绿江。故此，中国派遣志愿军进行抗美援朝作战。一直到 1953 年 8 月，中美双方签订停战条约，朝鲜战争结束。

朝鲜战争从多方面对日本造成很大影响，最主要是在经济方面。日本成为联合国军的基地，大量的军需物资的调集和运输，使得许多日本工厂及运输机构被动员。由此造成的"特需景气"给处于战后复兴阶段的日本经济打了一针强心剂。朝鲜战争的特需订货使日本价值 1500 亿日元的滞销货一扫而光，获得 24 亿美元的外汇收入，进而促进生产规模的扩大；工矿业全面恢复，1951 年已恢复到战前水平以上，迎来战后第一次消费热潮，进入不需要美国援助的自立阶段。

十二、《儿童宪章》

日本《儿童宪章》是日本为保障儿童权利，将家长及社会应负的义务和责任加以制度化，于 1951 年 5 月 5 日制定的一项纲领性文件，参考了《美国儿童宪章》（1930）、《世界儿童宪章》（1922）及《有关儿童权利的日内瓦宣言》（1924）等文件。

日本《儿童宪章》的前言和总则部分都提到三个基本理念："儿童人格必须受到尊重""儿童是社会的一个成员，应受到重视""儿童应在良好环境中成长"，主要强调为保障儿童的基本人权，社会应该负担的义务与责任。

总则的正文包括十二条，主要是保障及照顾儿童的具体权利内容，包括儿童生命、健康、生活权的规定（第一条），家庭环境（第二、三条），教育环境（第四条至第八条），文化、社会环境（第九条），保护人权不受侵害（第十条），身心障碍儿的权利（第十一条），人类和平及对文化的贡献（第十二条）。

《儿童宪章》虽不具有法律效力，但却使日本全体国民承认儿童是权利主体，为实现儿童的幸福的具体呈现，在保障儿童权益方面具有很大的正面象征意义。该宪章后来成为有关儿童立法和政策制定的基本原则，同时也成为儿童教育和福祉有关法令及政策解释的依据。

十三、《旧金山对日和平条约》

1951 年 9 月 4 日，由美国、苏联、英国、法国等 55 个国家（中国被排除在外）参加在美国旧金山举行的对日媾和会议。美国不顾苏联和东欧国家的反对，联合 49 个国家强行通过和签署了《旧金山对日和平条约》（如图 5-1-4 所示）。

图 5-1-4　《旧金山和约》签约仪式
（图片来源：日文维基百科 https：//ja. wikipedia. org）

该条约规定：①日本结束与每一个盟国的战争状态；②承认日本作为主权国家的国际地位；③外国军队依照一个或一个以上的盟国与日本已缔结或即将缔结的双边或多边协定，可在日本领土上驻扎或留驻；④日本方面认可将北纬 29 度以南的西南诸岛（包括琉球群岛与大东群岛）、孀妇岩岛以南之南方诸岛（包括小笠原群岛、西之岛与硫磺列岛）及冲之鸟礁与南鸟岛置于联合国托管制度之下，并同意美国为唯一管理者；⑤日本放弃对南千岛群岛和库页岛、中国台湾及澎湖列岛、南威岛及西沙群岛的权利、权利依据与要求。

该和约于 1952 年 4 月生效，美国对日本七年的军事占领宣告结束。该合约允许日本重新进行军事武装，而且从 1952 年 3 月 8 日起，允许日本制造一些武器。

十四、《日美安全保障条约》

在签订《旧金山和约》的同时，美国和日本于 1951 年 9 月 8 日签署了《日本国和美利坚合众国之间的安全保障条约》（简称《日美安全保障条约》）。该条约不仅构成规定日本从属美国的法律依据，而且使美国可以在日本几乎无限制地设立、扩大和使用军事基地。

该条约由前言和五条正文组成。其要点包括：①美国有权在日本国内及其周围驻扎陆海空军；②根据日本政府的请求，美军可以镇压由于一国或几个国家的煽动或干涉而在日本发生的大规模暴动和骚乱；未经美国事先同意，日本不得将任何基地给予任何第三国，亦不得将基地上或与基地有关的任何权利、权力或权限，或陆、海、空军驻扎、演习或过境之权利给予任何第三国；美军驻扎条件由两国间的行政协定另行规定。

该条约最大的特点是只规定美国在日本的权利，而没有规定美国对日本应负的义务，只保障美国把日本变成军事基地的权利，未保障日本的安全。

十五、《日美行政协定》

1952 年 2 月 28 日，美国和日本根据《日美安全保障条约》第 3 条规定，在东京签订了《日美行政协定》。

该协定正文有 29 条规定，详细规定了驻日美军的地位及特权，如美国可在日本任何地方无限制地建立陆海军军事基地；日本向美军提供基地和设施，承认美国使用、管理和保卫这些基地及设施的权利；驻日美军、文职人员及其家属享有优先使用日本的铁路、船舶、通信、电力、公共设施的权利；美国军人及其家属犯罪，日本无审判权；日本每年向美国支付 1.55 亿美元的防卫经费等。

《日美行政协定》保证了《日美安全保障条约》的实行以及驻日美军的"治外法权"的待遇。1952 年 4 月 28 日《日美安全保障条约》和《日美行政协定》同时生效，再加《旧金山对日和平条约》，构成了所谓的"旧金山体制"。

十六、NHK（日本广播协会）

1950 年 6 月，《广播法》颁布，依据该法成立了具有公共广播电视机构性质的特殊法人日本广播协会（以下简称 NHK），继承 1926 年成立的社团法人日本广播协会的全部业务。其总部位于东京涩谷区，由负责通信传播业务的中央省厅主管（原为邮政省，2001 年后为总务省）。

根据《广播法》，日本广播协会成立的目的是"基于公共福祉，为日本全国民众提供内容丰富且优质的节目；促进日本国内广播与接收所必需的技术之进步；开展国际广播及协会国际卫星广播业务"。

根据《广播法》的规定，日本广播协会在编排制作旗下频道节目时，不得违背公序良俗；恪守政治上的中立公平；新闻报道不得歪曲事实；对于有争议的观点，尽可能多角度报道；报道观点必须明确等。

1953 年 2 月在 NHK 东京演播室首次播出电视节目（综合电视频道开播）。

十七、造船丑闻事件

造船丑闻事件与昭和电工事件、洛克希德事件、里库路特事件并称日本战后四大丑闻事件。为了扶植海运、造船业，实现日本的经济复兴，有议员提案减免造船业银行融资利息。为通过该法案，造船业界游说团向首相吉田茂的亲信、自由党干事长佐藤荣作等人行贿 2000 万日元（按当时币值来说算巨款）。1954 年初，造船丑闻事件曝光，自由党吉田茂派的多名议员被捕。4 月，吉田茂通过法务大臣犬养健向检察总长发出"不得逮捕佐藤荣作"的指示，使佐藤荣作免遭逮捕。自由党政调会长池田勇人、改进党总裁重光葵也受到东京地方检察机关的质询。吉田茂内阁因此名誉扫地，法务大臣犬养健被迫辞职。11 月 24 日，自由党的鸠山派、岸派和改进党联合组成民主党，共同攻击吉田政权。左、右两派社会党也进行倒阁活动。12 月 7 日，吉田内阁被迫总辞职，吉田茂自此退出政界。

十八、55 年体制

1955 年 11 月 15 日，以吉田茂派为主流的自由党与以鸠山一郎（如图 5-1-5 所示）为总裁的民主党联合，成立了自由民主党（简称自民党），拉开了"55 年体制"的序幕。

所谓"55 年体制"，实际上是在议会民主制框架内，自民党一党执政的政治体制。自民党自 1955 年成立以后直到 1993 年，长期在日本国会中占据三分之二左右的议席，使日本的政坛长期保守化。

战后新经济体制也大体在 1955 年形成。故此，也可以说"55 年体制"包括政治、经济两个层面。经济上积极推行政府积极干预市场主导的经济体系，是自民党长期执政的最大成就。"55 年体制"确立之后，日本进入了长达 20 年的经济"高速增长"时期，并于 1960 年代末成为仅次于美国的第二个经济大国。

图 5-1-5　吉田茂（左）与鸠山一郎（右）像

（图片来源：百度百科 https://baike.baidu.com）

十九、日中文化交流协会

日中文化交流协会成立于 1956 年 3 月 23 日，是日中友好七团体之一。其主要宗旨是促进当时还没有恢复邦交的日本和中国之间的文化交流代表团往来，并召开各种展览会和学术会议。

日中文化交流协会在极其困难的环境下，始终贯彻协会成立的宗旨，为中日两国关系的改善和发展、为促进两国国民的相互理解和两国文化交流发挥了重要作用。

鉴于日中文化交流协会为中日文化交流与合作所做出的突出贡献，中华人民共和国文化部于 2007 年 12 月授予该协会"文化交流贡献奖"。

二十、《日苏共同宣言》

《日苏共同宣言》全称为《日本国和苏维埃社会主义共和国联邦共同宣言》，是日本与苏联为结束两国自第二次世界大战以后持续的战争状态、恢复正常邦交，在 1956 年 10 月 19 日于莫斯科签署的外交文书。

该宣言宣告：日苏两国结束战争状态，互派外交使节，重新确立和平善邻友好关系；两国确认遵循《联合国宪章》的原则，以和平方式解决国际纠纷，互不干涉内政；苏联承诺支持日本加入联合国，遣返西伯利亚战俘和调查下落不明者，放弃赔偿要求权；尽快缔结条约，发展贸易航海通商关系。《北太平洋地区的捕鱼协定》和《海上遇险营救协定》同时生效。

《日苏共同宣言》为日本重返国际社会扫清了障碍。同年 12 月 18 日，日本正式加入联合国，成为第 80 个成员国，翌年成为联合国安理会非常任理事国。重返国际社会又为日本发展对外贸易并实现经济飞跃奠定了基础。

二十一、《日美相互协力及安全保障条约》

1951 年签订的《日美安全保障条约》到 1960 年 1 月到期后，日本和美国又重新签订了《日美相互协力及安全保障条约》，简称《新日美安全保障条约》。该条约强化了美日关系，其主要内容包括：①按照联合国宪章的规定，用和平方式解决国际争端；②进一步发展两国和平友好关系，促进日美经济协作；③缔约国将单独地和互相合作，通过继续不断的和有效的自助和互助，在遵循各自宪法规定的条件下，维持并发展抵抗武装进攻的能力；④关于日本和远东地区的和平与安全的一般协议；⑤为了对日本的安全以及对维持远东的国际和平和安全作出贡献，美国的陆军、空军和海军被允许使用在日本的设施和地区。

《新日美安全保障条约》的签订宣告日美从主从关系变成伙伴关系，大大提升了日本的国际地位。

二十二、反安保斗争（1959—1960）

如上所述，1951 年签订的《日美安全保障条约》到 1960 年 1 月到期。其后，日本与美国又签订新安全保障条约。对此，一大批反对日本军事国家化和卷入美军军事行动的日本民众发动了游行示威、罢工等反安保斗争运动。1959 年 3 月，成立阻止改订安保条约国民会议。4 月 15 日，国民会议组织了阻止安保条约改订的第一次统一行动。5 月 16 日，全学联在东京日比谷公园召开阻止改约集会。随后，阻止改约的国民会议又组织领导了多次统一行动，而学生也开展阻止新安保统一行动。11 月 27 日，反安保游行队伍甚至闯入国会。

但是，自民党占优势的众议院在未经充分审议的情况下，强行通过了新安全保障条约。因此，反新安全保障条约的运动与守护议会政治和民主主义的运动相结合，使反政府的运动更加激烈，并扩展到全国。

1960 年 5 月至 6 月间，游行队伍连日包围国会（如图 5-1-6 所示）。特别是 6 月 15 日，国民会议组织了第十八次统一行动，日本多达 580 万人加入了罢工和游行队伍。当天，日本政府为驱赶国会区域的游行队伍，出动了警察第四机动部队，导致东京大学的女学生桦美智子被压死，负伤者有 589 名，被逮捕者有 182 名。6 月 18 日，30 多万工人、学生和士兵到国会示威，又遭 1.5 万名警察镇压。岸信介于 6 月 19 日宣布新安全保障条约"自然成立"。6 月 22 日，国民会议组织了最后一次统一行动。6 月 23 日，日美交换《新安全保障条约》批准书，岸信介内阁总辞职。

图 5-1-6 包围国会的游行队伍

（图片来源：中文维基百科 https://zh.wikipedia.org）

二十三、神武景气

神武景气是指日本 1954 年 12 月至 1957 年 6 月出现的战后第一次经济景气，

是战后经济高度增长的开端。

随着 55 年体制（包括政治、经济两方面）的建立和战后经济复兴期的结束，日本经济进入新的发展阶段。基于上述背景，1955 年 12 月组成的鸠山一郎内阁制定了《经济自立五年计划》。1956 年，日本又制定《电力产业发展五年计划》，进行以电力工业为中心的建设，并以石油取代煤炭发电。因此，日本大量进口原油，大大促进了炼油工业的发展。结果从 1956 年到 1957 年，出现以增加设备投资为中心的新的经济增长局面。1955 年，出口贸易额达到 5 亿美元黑字，从 1955 年开始的数量繁荣到 1956 年秋转变成价格繁荣。1955 年 1 月到 1957 年 2 月，东京证券市场的股价平均上涨了 62%。这使得毕业生就业形势大好，银行信贷也急剧增加。经济繁荣还带动耐久性消费品的购销热潮，出现了日常生活用具中的"三种神器"（即电视机、洗衣机、冰箱）。

二十四、东京铁塔

东京铁塔也被称为东京塔（如图 5-1-7 所示）是位于日本东京港区芝公园的电波发射塔，由建筑师内藤多仲与"日建设计株式会社"以巴黎埃菲尔铁塔为摹本共同设计的。

图 5-1-7　东京塔全景

（图片来源：360 百科 https：//baike.so.com）

东京塔开工于 1957 年 6 月 29 日，1958 年 10 月 14 日竣工，高 332.6 米，比埃菲尔铁塔高出 8.6 米，其所用钢铁的三分之一来自朝鲜战争时美军的坦克废铁。

东京铁塔在 150 米处设有大瞭望台，249.9 米处设有特别瞭望台，可一览东京景色，在晴天还可远眺富士山。铁塔正下方建有四层的塔楼，除设置了通往展望台的出入口外，还设有水族馆和各种纪念品小卖铺。

东京铁塔红白相间，是按照航空交通管制规定以利识别，但随着近年来大众对景观的要求提升，不再有颜色限制。灯光照明则由世界著名照明设计师石井干子设计，照明时间为日落到午夜。灯光颜色随季节变化，夏季为白色，春、秋、冬季为橙色。

该塔除主要用于发送电视、电台等各种广播信号外、还在大地震发生时发送 JR 列车停运信号，兼具航标、测量风向风速、测量温度等功能。

该塔从完工至今一直都是东京的著名地标与观光景点。

二十五、岩户景气

岩户景气是指 1958 年 7 月至 1961 年 12 月间，战后日本的第二次经济景气。

1956 年至 1957 年的神武景气，遇到运输、电力、钢铁资源不足的阻碍，与此同时出现了外汇危机，上述问题在 1958 年 6 月达到顶点，形成所谓"锅底萧条"。但早在 1957 年 12 月，岸信介内阁就制定实施了《新长期经济计划》。由于该经济计划的实施、民间企业家的设备投资热，以及美国经济好转的影响，日本经济发展再度步入高速增长轨道，从 1958 年至 1961 年间，出现比"神武景气"持续时间更长、更加繁荣的局面。日本经济年均增长率超过预期的 6.5%，达到 10.1%。

岩户景气使战后日本经济真正进入高速增长阶段，日本大量生产汽车、电视及半导体收音机等家用电器，钢铁取代纺织品成为主要出口物资。此外，还使充分就业成为现实。

二十六、新农村建设事业

1950 年代后期是战后日本经济的起飞阶段，也是战后日本农业政策第二次转变的过渡时期，"新农村建设事业"就是其重要标志之一。

通过战后初期的农地改革，寄生地主制被消灭，作为战后日本农民阶层主体的自耕农劳动积极性高涨，农业生产力得到大幅提升。在上述背景下，1954年，日本政府公布《新农村建设计划》。其后，按照该计划，政府大规模发放农业贷款，发展农业合作社，推广农业机械化。1956 年 4 月，日本政府又通过《新农山渔村建设综合对策纲要》，正式大规模展开新农村建设事业，因地制宜，通过综合性补助，以求全面振兴农牧副渔业，改善生产设施、技术、经营、加工、销售及农村的生活条件，增加就业机会、研修农业技术等。

新农村建设事业到 1962 年大体结束。计划实施期间，日本政府将 4548 个地区作为重点补助区域进行扶持。总体而言，新农村建设计划目标并没有完全实现，收效比较明显的是畜产、园艺设施和改善生活条件方面。在普及农村有线广播方面最为突出。

二十七、三井三池争议

"三井三池争议"指的是 1953 年、1959 年到 1960 年间在九州岛福冈三井集团的三池煤矿爆发的系列劳资纠纷。

20 世纪 50 年代，石油逐渐取代煤炭，成为工业的主要使用能源，煤炭销量日趋低落。为了解决煤炭收益不佳问题，岸信介内阁和煤矿企业施行"合理化"措施，强行裁员。三井集团不仅劝说员工"自愿离职"，还借机解雇工会活动积极分子，引起矿工们的普遍不满，他们展开了被称为"三池煤矿斗争"的反抗行动，展开无限期罢工。资方则下定决心，拒绝工会成员进矿坑，并受到金融界的支持。

日本劳动组合总评议会与日本煤矿劳动组合两大全国性工会没有对三池工会提供任何资金援助。因此，工会会员的生活费成了问题。而由于职员日后有可能成为管理阶层，职员组成的"三井矿山社员劳组联合会"（简称"三社联"）与由矿工组成的工会难以达成共识，未能一致行动。领导这场斗争的社会民主党人也未能形成一个坚强的领导核心。

在上述背景下，约有半数的工会成员在 1960 年 3 月脱离罢工队伍，组成所谓"三池新劳"的新工会。持续罢工者与脱离罢工者之间发生激烈冲突。同年，新安保条约自动生效，虽然安保斗争宣告失败，但岸信介内阁垮台。新组成的池田内阁决定整治成为左翼分子聚集温床的三池第一工会。而在此前，三池第一工会早已因拒绝各方提出的协调方案而被孤立。在这种绝望的气氛下，三池第一工会的抗争更加激进，但最终它的失败影响了其后日本工运很少走激烈抗争的道路，改而采用劳资协商模式。

思考：

1. 评价日本战后改革。

2. 评析反安保斗争。

第二讲　昭和时代后期（1960—1989）

一、国民收入倍增计划

国民收入倍增计划是1960年池田勇人（如图5-2-1所示）内阁规划并实施的一个长期经济计划。

图 5-2-1　池田勇人像

（图片来源：中文维基百科 https：//zh. m. wikipedia. org）

1960年7月，池田勇人成为首相。同年12月，池田内阁组成。由于之前的安保斗争对自民党政权造成很大打击，池田勇人内阁力图将民众的目光从政治方面引向经济方面，安定民心，以稳定自民党政权。12月27日，内阁会议通过了《国民收入倍增计划》。该计划是在下村治经济高速增长论的基础上制定的，核心内容是要使国民的收入在未来 10 年间翻倍，国民生产总值增加到 26 兆元。

为实现上述目标，《国民收入倍增计划》提出：重点要充实社会资本，改善公共设施，大力推进产业结构的高度化和合理化，扩大国际经济交往，促进贸易，特别是扩大对外贸易，重视人才培养。为实现该计划，池田内阁每年都制定庞大的财政预算，另外还通过减税、缩短设备折旧年限等促使增加资本积累，以确保不断扩大再生产。

该计划的实施总体是成功的，在十年计划期间，日本经济增长远超预期。仅六年时间，国民收入就实现倍增。国民生产总值年均增长达 11.6%；就业问题得到解决，甚至出现劳动力供不应求的局面。但另一方面，物价上涨，十年后东京消费物价上涨了 76%，从而使得国民收入倍增效果大打折扣。

二、《贸易汇兑自由化计划大纲》

第二次世界大战前，为改变经济落后地位，日本政府采取了对本国产业的扶植、保护政策，尤其是进口限制政策。这种政策措施在战后长期延续。故此，1955 年 8 月，日本虽加入关税及贸易总协定，但其进口自由化率只有 16%，1959 年 8 月上升至 26%，到 1960 年不过 40%，也就在这一年，日本对美贸易收支第一次出现盈余。与此相对，美国在 20 世纪 50 年代后期外贸逆差扩大、美元大量外流，故而强烈要求欧共体国家和日本放宽进口限制，实行贸易自由化。欧共体对美国的要求积极回应，对美贸易自由化率在 1958 年达 89%；日本则行动迟缓，遭到美国责难。国际货币基金组织和关贸总协定也于 1959 年要求日本废除外汇及贸易限制。而日本人也认识到，如果不改变以往的政策，日本商品要进入欧共体市场和美国市场将会遭到严峻的抵制。

基于上述背景，1959 年 11 月，在东京召开关贸总会时，日本实行了第一次进口限制缓和；同年 12 月和 1960 年 1 月，又实行了第二、第三次进口限制缓和。1960 年 6 月，池田勇人内阁通过《贸易汇兑自由化计划大纲》，决定首先使原料进口自由化，产品则视其国际竞争力大小，分品种、分批次实行自由化，对于新兴产业部门产品，如电子计算机、重型机械则更是要视情况而定。

该大纲的出台还有另外一个主要原因，是日本为了满足加入经济合作与发展组织（以下简称 OECD），并达到国际货币基金组织（IMF）第 8 条成员国取消外汇管制的要求。1961 年 9 月 26 日，池田内阁制定《促进贸易汇兑自由化计划大纲》，并把指标提高、时间提前。到 1963 年 8 月，日本的进口自由化率达到 92%，到 1964 年进一步达到 94%。到 1964 年年底，日本的进口限制商品种类降至 136 种，其中工业 69 种，农业 67 种；同年 4 月，日本正式加入 OECD，跻身发达国家行列。

实行贸易自由化的同时，日本经济并没有出现之前产业界担心的赤字局面。相反，除煤炭工业因廉价的石油能源进口受到一定冲击外，由于进口大量廉价石油、日元汇率低（美元兑日元的汇率为 360 日元）及池田内阁卓有成效的经济外交政策，各行各业普遍受惠。外国资本和技术的涌入还增加了外汇资本、加快了设备更新、促进了合理化和技术革新、搞活了投资环境、使产业的整体素质得到优化和改善、促进了产业结构优化，从而进一步提升产业国际竞争力，使日本对美国继续保持贸易黑字，保障了国民所得倍增计划的实现。

三、《农业基本法》

《农业基本法》是日本在 1961 年 6 月 12 日颁布的农业综合性法律。日本农业界称它为"农业宪法"，其后日本农业发展进入"基本法农政时代"。

《农业基本法》主要内容包括：①扩大农业经营规模，加速土地和生产的集中，推进资本主义经营；②增加有国际市场竞争力的农产品的生产，实现生产合理化，以适应农产品贸易自由化的新形势；③有选择地扩大生产，优先扩大需求量大、劳动消耗少、收益高的产品的生产；④发展生产合作，实现农业集体化，扶持自立经营农户，促进地权流动；⑤改变农业生产结构，扩大畜牧业和经济作物的比重，增加生产设备，提高技术水平，实现农业生产机械化和管理现代化；⑥稳定农产品价格，发展农产品加工，调整农产品输入，促进流通合理化，补偿受灾农业经营者，增加农民收入，提高农民生活水平；⑦培养农业现代化需要的农业人才。相关具体政策措施，通过其他一些法律，如农地法、粮食管理法、农业协同组合法等来实施。

《农业基本法》推动了日本农业的资本主义经营和农业结构现代化。20 世纪 60 年代，日本农业得到较大发展，基本实现了整地、排灌、植保、脱粒、运输和加工机械化。但《农业基本法》的实施也为日本农业带来了一些难以解决的矛盾。

四、《新产业都市建设促进法》

《新产业都市建设促进法》是日本政府于 1962 年 5 月公布的一项针对城市发展问题和发展规划的政策性法案。

其主要目的和内容，一方面是为了防止大都市的人口及产业过度集中，缩小地域发展差距；另一方面是为了稳定就业、整顿产业的用地条件及都市设施。促进能成为该地开发发展核心的新产业城市的发展，以促进国土的均衡开发发展及国民经济的发达。该法案于 2001 年 4 月 1 日被废止。

五、LT 贸易

1962 年 11 月，中国代表廖承志和日本代表高碕达之助（如图 5-2-2 所示）签署《中日长期综合贸易备忘录》（也称《廖高备忘录》），其贸易名称取二人英文名的首字母组合，被称为"LT"贸易。

图 5-2-2　廖承志与高碕达之助握手

（图片来源：中国政府网商务部网站 http://jp.mofcom.gov.cn/article）

LT 贸易指的就是中日之间以备忘录为基础，在两国没有正式邦交的情况下，互建办事处，利用政府担保的资金进行的半官方、半民间的贸易。最鼎盛时期，该项贸易占中日贸易总额的一半。1968 年后，LT 贸易改称中日备忘录贸易（MT 贸易）。

LT 贸易期间，两国互设的"廖承志·高碕达之助办事处"起了"准大使馆"的作用，其作用远远超出了民间贸易的范围。松村谦三、高碕达之助等日本友人为增进中日友好和恢复邦交做出了不懈努力。池田勇人首相也对中日友好和贸易持积极态度。

六、资本自由化

20 世纪 60 年代中期，当贸易自由化告一段落后，日本的资本自由化成为新课题。一方面，随着经济实力的增强，日本已具备了一定的承受外资冲击的能力，并且其向海外输出资本的愿望也更加强烈。也就是说，即使从对外输出资本的角度考虑，也有必要相应地开放国内资本市场。另一方面，已经跨入发达国行列的日本继续限制外国资本准入的做法，这不仅损害了日本的国际形象，也越来越难以被其他发达国家所忍受。

正是基于国内外的要求和压力，日本政府才在加入 OECD 时做出了资本自由化的承诺。1966 年 6 月，通产省经反复研究，拟定了题为《关于资本自由化的思考》的文件，其中，提出资本自由化政策的基本方针：①尽量避免外资对业界的过度支配；②自由化要根据业界体质改善的实情渐进而有计划地进行；③今后要在自由化的前提下，根据业种的实际情况，制定目标年度，积极促进业界整顿体制，增强实力，推进自由化。

根据上述思路，日本政府在 1967 年实行了第一次资本自由化，宣布逐步减少限制业种，扩大非限制业种，并将非限制业种分为新设企业外资 50% 持股自动批准（第 1 类自由化业种）和 100% 持股自动批准（第 2 类自由化业种）两类，从而突破了外资持股不超过 50% 的限制。到 1973 年实行第五次资本自由化措施后，日本保留的限制业种为农林水产、采矿、石油、皮革与皮革制造、零售等五大行业，集成电路、电子计算机、信息处理等 17 个业种暂缓执行 100% 资本自由化政策。如此长时期、分阶段推进的资本自由化，减缓了资本开放为日本带来的压力，避免了外资对日本经济的突发性冲击。

七、东京奥林匹克大会

1964 年，日本举办了东京奥运会。这是日本首次举办奥运会，也是亚洲国家第一次举办奥运会。这次奥运会共有 94 个国家和地区派出代表团参赛（利比亚代表队在开幕式后退出）。

本届奥运会开幕式（如图 5-2-3 所示）入场进行曲由古关裕创作，主火炬点燃者为 1945 年 8 月 6 日广岛市原子弹爆炸当天出生于广岛县三次市的坂井义则。

由于东道主是日本，柔道和排球项目第一次成为奥运比赛项目。日本在柔道项目上夺取三金，只在无差别级柔道摘银；日本女排击败苏联女排夺金，男排也取得第三名，为其日后夺得世界冠军打下基础。此外，日本男子体操队卫冕的同时，赢得 4 个单项冠军，其中远藤幸雄赢得团体、个人全能及双杠 3 枚金牌。

图 5-2-3　1964 年东京奥运会开幕式

（图片来源：搜狗百科 https：//baike. sogou. com）

为举办奥运会，池田勇人政府积极进行公共事业投资（《国民收入倍增计划》重点内容），兴建了相关的体育竞技场馆和酒店等旅游接待设置，实施了修建首都高速路等工程。新大谷饭店、霞关大楼等高大建筑如雨后春笋般拔地而起，使东京面貌大为改观的同时，日本的大城市都跨入大建高层建筑的时代。同时，交通设施建设也取得较大进展。国内航线从 1950 年代中期的 6700 公里增加至 1963 年底的 3.2 万公里，基本形成了国内航空运输网。铁路方面，1964 年9 月，名神高速全线贯通；10 月，国铁东海道新干线开业。

1964 年东京奥运会的成功举办，在促使日本经济出现奥林匹克景气的同时，也成为日本经济高速增长期的重要国家记忆。

八、东海道新干线

东海道新干线（东海道是连接古都京都和现在首都东京之间主干道的古路名）是日本一条连接东京站与新大阪站之间的新干线铁道线路，是连接日本三大都会区（东京/横滨、名古屋、大阪/京都）及其他各地的新干线。

东海道新干线不但是日本第一条高速铁路路线，也是全球第一个投入商业运营的高速铁路路线。修建该铁路线的倡议者十河信二也因此被称作"新干线之父"和"世界高速铁路之父"。

因该线路多数列车班次与山阳新干线直通运行，故其常与山阳新干线合称"东海道·山阳新干线"。

该线路于 1964 年 10 月 1 日通车，列车时速 210 公里/小时（现在达 285 公里/小时）。东海道新干线早期由日本国铁经营，1987 年国铁分割民营化后，由 JR 东海（东海旅客铁道股份公司）接手。

东海道新干线启用后，成为日本东西部运输的大动脉（如图 5-2-4 所示）。同时是日本载客量最高的新干线，班车间隔仅有数分钟。到 2016 年时每日开行列车 336 次、每日运输人次约 45 万人、年间运输人次约 1.65 亿人次（2016 年），是世界铁路运输服务的典范之一。

图 5-2-4　JR 东海运营路线图

（图片来源：日本之窗网 http://www.jpwindow.com）

九、三矢计划

"三矢计划"是日本"防卫厅"在美国政府的指使下，于 1963 年 6 月举行了由八天秘密会议制定，以美军、日军和韩国伪军为三矢（三支箭），以中国和朝鲜民主主义人民共和国为假想敌，实行联合作战的侵略计划。

1965 年 2 月，日本社会党国会议员冈田春夫在国会上揭露了"三矢计划"。5 月 30 日，他进一步揭露该计划的新材料。这一计划赤裸裸地暴露出日本军国主义妄图依附美国帝国主义发动侵略战争、称霸亚洲的野心。

十、《日韩基本条约》

在世界多极化的大背景下，在美国的策划和推动下，日本和韩国为尽快恢复正常关系，加强团结和合作，于1965年2月20日签订《日韩基本条约》。

该条约以强化资本主义阵营的团结为目的，其主要内容是：①日本政府承认韩国是朝鲜半岛的唯一合法政府；②韩日两国建交，互设大使馆，互派大使级外交使节；③1910年8月22日以前由大日本帝国和大韩帝国签订的所有条约和协定无效；④日本向韩国提供5亿美元的政府贷款，其中3亿美元为无偿的现金赠予，2亿美元为有偿的长期贷款。

十一、伊奘诺景气

伊奘诺景气指从1965年11月到1970年7月间，日本长达57个月的经济繁荣时期。"伊奘诺景气"之名源自日本神话中的男神伊奘诺尊。

1964年日本举办东京奥运会后，日本曾一度陷入经济萧条，日本政府决定发行战后第一次建设国债。1966年后，经济景气持续畅旺。长达五年之久的景气与繁荣，使日本年均实际经济增长率11.6%（名义增长率17.3%），超过神武景气和岩户景气，呈现"超高速增长"，有不少大企业合并，而私家车和彩色电视也得到普及。一方面，日本国民收入水准快速提高，出现所谓的"新三种神器"（即汽车、空调、彩色电视机）的说法。另一方面，从1968年开始，若以美元汇率换算，日本国内生产总值超越联邦德国，成为世界第二大经济体，直至2010年被中国超越。

伊奘诺景气的成因包括诸多因素：①前两次景气为重化学工业发展方面打下基础，形成新的生产力；②资本主义世界经济的普遍繁荣；③设备投资继续保持较高水平；④商品结构发生变化，国际市场竞争能力提高，对外贸易急剧增加，出口总额从1967年的106亿美元上升至1971年的247亿美元。大量外贸盈余，使日本从"资本缺乏、劳动力过剩"阶段过渡到"资本过剩、劳动力缺乏"的新阶段；⑤国内出现消费热。1966年至1970年，日本年均个人消费支出增长率为9.2%，耐用消费品支出增长更快，达17.5%。

十二、"三种神器"至"3C"

与经济高速增长相伴，日本的国民所得增加。日本国民所憧憬的生活用品在 1950 年代下半期为黑白电视机、电冰箱、洗衣机（"三种神器"），到 20 世纪 60 年代后半期变为小轿车、彩色电视机和空调（"3C"）。其中，小汽车的普及率到 1970 年已占全国家庭的 22%；1971 年城市每户平均拥有 0.5 台彩电，农户则为 3 家拥有一台。此外，电冰箱、全自动洗衣机、电子炉、磁带录音机、不锈钢灶台、电热褥等电器，逐步普及化。这种转变意味着日本战后经济发展进入大量消费时代。

另外，随着电视机、收音机进入千家万户，大众传媒的发达也对人们的生活和意识造成很大影响。电视机成为日本大众文化生活和传播信息的最重要手段。发达的电视、广播网络使日本成为名副其实的信息社会。

十三、经济高速增长及成因

从 20 世纪 50 年代中期到 70 年代初期，日本先后经历了神武景气（1954 年底至 1957 年 3 月）、岩户景气（1958 年 7 月至 1961 年 12 月）和伊奘诺景气（1965 年 11 月至 1970 年 7 月）三次经济景气。日本工矿业生产于 1955 年左右恢复到战前水平，因此 1956 年的日本经济白皮书宣告"已不是战后"。继岸信介内阁之后组成的池田勇人内阁提出从 1960 年开始到 1970 年的十年间，日本的国民生产总值（GNP）与人均国民收入增长达两倍的《国民收入倍增计划》。结果，日本的 GNP 在 1968 年超越联邦德国，在资本主义世界跃居第二位（仅次于美国），特别是重化学工业的发展在约 20 年期间增长约 5 倍。故此，这一时段被称为战后日本经济高速增长阶段。

日本之所以能实现战后经济高速增长，究其原因，主要有以下几点：①战争虽使工厂和设备丧失，但技术人员等得以保留，且有利于从国外引进新技术和设备，进行技术革新；②由于中东的石油开发，日本可以从中东大量进口廉价的、重化学工业化必要的石油；③日元币值低，可以使日本产品廉价大量出口到美国等国家；④由于经济繁荣，国民收入增加导致内需增长，使得日本产品在国内也畅销。

除上述主要原因外，还有以下因素值得关注：①战后民主改革，使政治维持长期稳定；②日本举国上下进行经济建设，政府机构、企业和学界通过审议会形式，共同参与经济决策；③同明治维新时期一样，日本大力扶植私人企业，在生产和流通领域为企业发展提供有力的外部环境和条件；④继续实行积极的政府干预手段，大力采取减免税、优惠长短期贷款等积极措施；⑤科学而高效的经营体制的建立；⑥发展现代化教育，重视和培养大批优秀科技人才。

十四、物价上涨与薪资上涨

在高速增长期间，日本的物价也不断上涨。20 世纪 60 年代前半期，日本消费者物价指数年平均上升率为 6.2%，20 世纪 60 年代后半期为 5.5%。整个 20 世纪 60 年代，日本消费者物价指数为 5.86%，而美国为 2.75%、英国为 4.06%、联邦德国为 2.72%、法国为 4.03%、意大利为 3.94%。

而在另一方面，劳动者的薪资也大幅上涨。劳动者的实质薪资上涨率，20 世纪 60 年代前半期为年均 3.6%，20 世纪 60 年代后半期为年均 8.1%。薪资上涨推动了日本国内市场的进一步扩大。拥有彩电、冰箱、小汽车的国内消费市场显著扩大。薪资的上涨不只限于大企业的劳动者，也涉及中小企业的劳动者，从而使大企业与中小企业劳动者之间的薪资差距缩小。故此，工人运动逐渐减少，"中流意识"在日本国民中间扩展，工会的右倾化加强。

十五、公害问题及公害对策基本法

20 世纪 50 年代中期至 60 年代，日本经济高速增长其一导致以临海地区为中心的工业地带的形成，其二使想在以工业地带为中心的都市找到收入高的工作的农村人口向城市流动，农村过疏化问题不断加深。另外，在人口大量集中的城市引发住宅不足、垃圾问题、交通拥堵等都市问题。此外，在工业地带，由于在重化学工业化发展进程中，政府和企业以利益优先而未充分处理好废弃物，导致大气、河流、海洋土地被污染，形成公害问题这一重大问题，给自然和人类都造成很大影响。

当时日本的公害问题主要包括四方面：①工场、矿山的废水导致的公害。最具代表性的是熊本县水俣市的水俣病，实为该市化工厂的废水流入海洋引发的水银中毒事件。矿山废水引发的公害病最有名的是富山县的痛痛病，主要是由于该地的矿山废水中含有镉这种有害物质，其进入人体后，造成人体骨骼软化；②工厂废气引发的公害。例如，三重县四日市和川崎市的哮喘病；③食品公害。主要是食物中毒事件；④药品公害。例如，1960 年在日本首次发生的沙利度胺（thalidomide）药物造成的儿童上肢障碍畸形病症，还有斯蒙病（SMON：Subacute myelo-optico-neuropathy，亚急性脊髓视神经症）。

随着公害问题的深化，在急速膨胀和人口过密化的城市更发生了污水未处理问题、汽车尾气问题、噪声污染、垃圾问题之类的城市公害问题等环境污染问题。故此，日本政府于 1964 年在厚生省设公害课。1967 年 8 月颁布《公害对策基本法》。1970 年在内阁设置公害对策本部，修改了《公害对策基本法》，并制定和修订了有关公害的 14 个法律。1971 年，日本成立环境厅。

十六、成田斗争

1966 年 7 月 4 日，日本内阁会议决议新东京国际机场选址在东京东部千叶县的成田地区。由于在作出上述决议时，没有就国际机场的必要性、选址条件、规模等进行充分地、科学性地专门调查，也没有就购地等问题，履行事前征求当地居民同意的最基本步骤。故此，遭到成田地区农民的广泛反对，他们自发组织起来，拒绝卖地给政府，与作为国家暴力机器的警察机动队多次发生冲突，与行政官僚进行漫长的交涉谈判、法庭斗争。

斗争初期，大部分的抗争活动是由当地农民发起的，为了让机场用地的收购变得困难，他们发起了把土地所有权零碎化的"一坪运动"，将土地分割成一坪一坪的，尽可能登记在更多人名下，以瘫痪官方的收购作业。由于三里冢的居民中，大部分农民加入过日本在东北殖民时的"满蒙开拓团"，以这群农民为基础的部分居民采取较为激烈的抗争手段，约 1500 户人口，按年龄组成少年行动队、青年行动队、妇人行动队、老人行动队等组织，进行游行或占领等类型的抗争。抗议者使用的装备与武器如图 5-2-5 所示。

图 5-2-5　抗议者使用的装备与武器
（图片来源：中文维基百科 https：//zh. m. wikipedia. org）

后来，一些反对越战者及佐藤内阁的政党势力或派别也加入三里冢斗争。一部分学生也组成全学联（全国学生自治联合会），支持农民的斗争，展开阻止在成田地区建设飞机场的实际行动，与警官队发生反复的激烈冲突。还有民间学者介入，召开公开研讨会等，使斗争逐渐变得越来越激烈。"成田机场问题"长期延续，波及日本全国，远远超出了一般所理解的社会运动范围，成为日本第二次世界大战后规模最大的社会性问题。

十七、全共斗

"全共斗"是"全学共斗会议"的简称，是在 1968 年至 1969 年间的"大学"中，除革命的马克思主义派全共斗以外的八派（核心派、社学同、学生解放战线、反帝全学联、社会主义学生战线、第四共产国际日本委员会、无产阶级学生同盟、共学同）与各大学的全共斗组成的全国学生统一团体。

由于学费涨价和学生管理等问题而引发的"大学斗争"早在 1965 年初就爆发，后来一度平息，但到 1968 年又突然激烈起来。同年夏，东京大学医学部的学生占据安田讲堂进行攻防战；7 月东京大学的全共斗成立；10 月 21 日国际反战日，一部分学生占据新宿车站进行纵火。全国共有 115 所大学发生学生抗议活动。1969 年 1 月，组成全国性的"全共斗"。

由于全共斗是由各大学学生党派和团体组成，所以关于其发展阶段分期、目的、指导方针等都是有分歧的。其中，以日本大学全共斗和东京大学全共斗最有名。东京大学全共斗提出了"大学解体""自我否定"等主张，通过媒体广为传播。全共斗以"实力斗争"为前提，在示威中，与警察机动队发生冲突的时候，还使用了投石和武斗棒。

全共斗成立后，全共斗成员也参与了东京大学的斗争，其主导七个学院代表团，与校方签订确认书，中止入学考试后，文部省为解除罢课，新成立警察机动队行使武力。从 1969 年 9 月以后，日本的学生运动开始衰退。其最大原因是仅靠学生的力量是无法同强大的国家机器进行抗争。而且，被捕的学运活动家越来越多，保释金达数千万日元，大多靠街头募捐的学生组织在经济上也陷入困境。另外，日本学生运动的目标不确定和内部抗争也是促成其衰落的原因之一。例如，与全共斗对立的有民青系的全日本学生自治会总联合会；而在日本大学中，与全共斗对立的是体育会系、民族派系。

十八、日本万国博览会

1970 年世界博览会正式名称为日本万国博览会，简称"大阪万博""Expo'70"。这次博览会于 1970 年 3 月 15 日至 9 月 13 日在日本大阪府吹田市的千里丘陵举行，为期 183 日，是日本首次主办的世界博览会。

主办单位为日本万国博览会协会（今天的"独立行政法人日本万国博览会纪念机构"）。日本万国博览会的主题是"人类的进步和协调"，有 77 个国家、4 个国际组织参加，会场占地约 3.5 平方千米，入场者多达 6421 万 8770 人次。会场由日本建筑师丹下健三设计。其中，作为主题馆一部分的太阳塔（如图 5-2-6 所示），由冈本太郎设计，现在也被保存下来，作为万博纪念公园的标记。

图 5-2-6　太阳塔

（图片来源：太阳塔博物馆官网 https://taiyounotou-expo70.jp）

美国馆展出了阿波罗计划带回的月球石头，成为话题；松下馆展出的时间胶囊是将当时的代表性物品合在一起，分装在两个相同的容器内，埋在大阪城公园内。其中一个预定在 5000 年后的 6970 年开封，而另外一个为了确认内装物体的状态，预定在 2000 年以后每隔 100 年开封一次；澳洲馆闭幕后，移到三重县四日市重建，成为澳大利亚纪念馆。

十九、第一次石油危机

1973 年，爆发了以色列与埃及、叙利亚之间的第四次中东战争。支持埃及一方的中东石油输出国为给支持以色列的西方国家施加压力，进行石油出口限制，将石油价格从每桶 1.5 美元提高到了 11.65 美元，导致世界性的石油危机。

支撑战后日本经济高速增长的有利条件就是廉价的石油资源的大量进口。从 20 世纪 50 年代至 70 年代初，日本对石油资源的依赖程度不断提高。1953年，石油在日本能源结构中只占 18%；但到 1973 年则高达 77.6%，且其中 78.1%来自中东国家。

故此，这场世界性的石油危机也对日本经济造成极大冲击，导致日本物价急剧上涨，消费品价格上涨 20%，批发价上涨 30%，出现抢购、银行挤兑、排队加油等现象。

石油危机的冲击也波及日本的生产领域、股票市场。工矿业生产从 1973 年12 月开始下降，到 1974 年 11 月比上年同期下降 13.4%；汽车产业 1974 年 5、6月间比上年同期下降 12.6%和 19.3%；纤维工业从 1974 年 3 月开始自主减产，到 7 月份平均减产 30%；股票市场方面，东京证券交易所 1974 年 9 月成交额比上月减少 40.8%。受股票市场冲击，1974 年日本企业共倒闭 1.2 万家。

为应对第一次石油危机给日本带来的冲击，日本政府制定了《石油紧急对策纲要》《石油供求公正法》《国民生活安定紧急措施法》，但还是未能使日本经济恢复其之前高速增长期的繁荣。1974 年，日本的经济增长率在战后首次出现负增长，从而宣告了战后日本经济高速增长的终结。日本经济进入稳定增长阶段（长时段的结构萧条期）。

第一次石油危机也暴露了日本经济的诸多致命弱点，促使日本政府将经济结构转型问题作为政策重点。而企业也开始采取更彻底的合理化的措施，来降低生产成本、提高生产率，重新确定发展方向和投资方向。

二十、两次"尼克松冲击"

早在 1985 年签订《广场协议》之前，美国就有意无意地打击日本。美国前总统尼克松就制造了两次"尼克松冲击"。1969 年，尼克松针对亚太形势的"关岛主义"（尼克松主义）出台后，美国在亚太地区的对外政策上采取了新的姿态，特别是改善了其同中国的关系，以应对共同的苏联威胁。1971 年，美国国务卿基辛格秘密访华，为尼克松之后的"破冰之旅"创造条件。1972 年 2 月，尼克松访华，并签署《上海公报》。美国承认"一个中国"和"台湾是中国的一部分"。在美国与中国同时公布签署联合公报的前 3 分钟，日本方面才得知尼克松的访中计划。这一"越顶外交"举动给日本带来了极大不安。作为亚太地区的重要国家，又是美日韩军事同盟中的一员，日本人感到自己被美国抛弃和冷落。与此同时，日本国内要求早日恢复中日邦交的运动也达到高潮。

时任日本首相的佐藤荣作与前首相岸信介一样，对中国采取敌视态度，三番五次干扰台湾地区事务，并阻挠我国恢复在联合国的席位，使得中日关系陷入死胡同。《上海公报》发表后，佐藤荣作不知所措，支持率降低到最低点，最终垮台。这次事件被称为政治上的"尼克松冲击"。

在经济上，1971年8月15日，尼克松在戴维营通过电视和广播，宣布"新经济政策"，实施美元防卫政策。其主要内容包括暂停美元与黄金兑换交易；对进口商品暂定加征10%的进口税；在三个月内，冻结薪金、物价。

尼克松政府的上述决定对全球资本主义经济造成强烈冲击，而对日本的冲击最为严重，被日本金融界称为经济上的"尼克松冲击"。当黄金窗口被尼克松政府彻底关闭时，华尔街一片欢腾，纽约债券大幅上升，股票市场上涨了将4%，交易量创下了历史新高。但是，其他国家的证券市场骤然暴跌，尤其是东京证券市场陷入恐慌之中。为防止以美元计算的资产缩水，日本政府不得不放开日元汇率。日元汇率从1971年的1美元兑310多日元升至1973年的1美元兑280日元左右，使日本对外贸易受到一定影响。据统计资料显示，1971年度和1972年度，日本贸易顺差均为40亿美元左右。但日元升值后的1973年至1975年，进口额都超过出口额，使得外汇收入缩水。

从两次"尼克松冲击"可以看出：虽然美日是军事、政治盟友，但这种同盟毕竟是建立在美国打败日本基础上的不对等的同盟关系，美国对日本一直都是采取这种看上去有点"不负责"的态度。

二十一、《中日和平友好条约》

1949年中华人民共和国成立时，作为美国盟友的日本不承认由中国共产党领导的中华人民共和国，而是继续承认台湾地方政权为唯一的中国政府。

到了20世纪70年代初期，因世界多极化导致国际地位下降的美国改变与中国对立的立场，而与中国接近，而日本政府也追随美国，改善与中国的关系。1972年9月25日，在佐藤荣作之后继任首相的田中角荣，与外相大平正芳、官房长官二阶堂进等人访华，并于9月29日与中国共同发表《中日联合声明》。依据该声明，日中实现邦交正常化；中国放弃向日本索赔；日本承认中华人民共和国为中国唯一合法政府，同时与台湾断交；两国都不谋求亚洲霸权，并反对任何国家谋求霸权。

1978 年，在《中日联合声明》的基础上，缔结了《中日和平友好条约》（如图 5-2-7 所示）。该条约充分肯定中日两国政府联合声明，并明确规定：中日两国相互尊重主权和领土完整，互不侵犯，互不干涉内政，促进两国恒久的和平友好关系的发展；中日双方任何一方都不应在亚太或其他地区谋求霸权，并反对任何其他国家或国家集团建立这种霸权。

《中日和平友好条约》的签订是两国睦邻友好关系发展到一个新阶段的重要标志，使两国在政治、经济、文化、科技等领域的交流更广泛，对维护亚太地区的和平与安全产生了积极影响。

图 5-2-7 《人民中国》杂志中刊登的《中日和平友好条约》

（图片来源：千龙网 http://mil.qianlong.com）

二十二、日本列岛改造计划

日本列岛改造计划是田中角荣内阁推出的一项核心国策。早在担任佐藤荣作内阁的通产相期间，田中角荣就着手进行对日本列岛国土开发与改造的综合性调研。1972 年 5 月，时任首相的田中角荣出版《日本列岛改造论》一书，提出列岛改造计划，目的在于开发国土，进行工业重新布局，建设现代化交通网络，解决人口的过疏与过密问题、公害问题、都市的交通拥堵和住宅紧张问题。

该计划的具体内容包括：①改革建设事业的行政体系；②将城市，尤其是大城市的居民从住房困难、交通堵塞和公害中解放出来；③建设新的、完备的中心城市和工业基地，在全国建立一批 25 万人口规模的城市；④发展公益事业，制定相关土地利用计划和措施；⑤将集中于大都市的企业、资金、技术、人力，向新建城市和经济不发达地区转移。利用全体国民的资金和储蓄，确保国土改造所需资金。例如，将工业从太平洋沿岸及其周围地区，向北海道、东北等地区分散，建立新工业区。保障边远地区居民拥有更多就业机会和舒适的居住环境；⑥充实航空运输，修建 7000 千米铁路、1 万千米公路，形成遍及全国的高速铁路和公路网，打造全国范围"一日交通圈"，将各地城乡紧密联结起来；⑦消灭城市与乡村、"外日本"（太平洋沿岸地区）与"里日本"（日本海沿岸地区）的差别，建设家庭和睦、老人能安享晚年、青年有美好理想的社会。

为实现上述目标，田中内阁于 1973 年 1 月和 3 月，先后提出《土地对策纲要》和《国土综合开发法案》，并制订了大型财政预算，制订实施第七次道路整顿五年计划、第二次土地改革五年计划、国营铁路再建五年计划等系列计划。

日本列岛改造计划曾引起日本国民的极大关注，但由于需要大规模的财政预算，20 世纪 70 年代后支撑日本经济高速增长的有利条件逐步丧失，再加地价高涨、土地投机活动恶性蔓延、物价上涨、公害扩散、计划受到舆论的批评、工厂迁移和新建城市事业迟迟没有进展、世界市场石油危机等原因，日本列岛改造计划最终偃旗息鼓。

二十三、第二次石油危机

以 1979 年伊朗伊斯兰革命为背景，世界原油价格再次高涨，从 1978 年的 12.7 美元一桶上升为 1980 年的 34 美元一桶，引发第二次石油危机。由于第二次石油危机的冲击，资源贫乏的发展中国家遭受很大打击，其债务积累成为 20 世纪 80 年代深刻的世界性问题。

第二次石油危机也对日本造成影响。1979 年，日元急速贬值，批发价格明显上升。日本政府吸取了第一次石油危机时的教训，及时采取了金融紧缩政策，在当年五次提高再贴现率、两次提高存款准备金率，并且加强窗口指导，从而成功避免了第二次石油危机给日本国内物价和经济造成的严重的影响。除了批发价格指数在 1980 年大幅上涨为 17.8% 以外，消费者价格指数和 GNP（国民生产总值）的波动幅度都不大，价格上涨没有传导至消费环节。

但第二次石油危机还是促使日本采取了如下新经济对策：①正式确定科技立国的基本国策，由重化学工业化的产业机构转向知识集约型产业机构，重点发展研究开发型产业（如电子计算机、工业机器人、集成电路、海洋开发）、高度组装产业（如通讯机械、数控机床、高级成套设备）、时兴型产业（如高级时装、家具、装潢）、知识产业（如信息处理、软件、系统工程、咨询服务）；②向能源多样化、节能化发展，加快开发石油替代能源，如大力推进核能发电；③整体经济方面则彻底推动合理化和减量经营，而作为劳动者企业归属意识基础的终身雇佣制、年功序列制也开始动摇；④调整出口结构，扩大对外贸易；⑤增加石油储备量，使能源进口地区多元化。

二十四、科技立国政策的出台

科技立国政策是日本政府为了应对石油危机之后的新经济形势而提出的一项基本国策。1977年5月，在日本官方文件科学技术会议发表的第6号答询中（题为"基于长期展望的综合科学技术政策"），首次提出科技立国。1979年的《科学技术白皮书》再次重申将科技立国作为基本国策。通产省产业结构审议会1980年制定的《80年代通商产业政策构想》（简称《通产构想》）和科学技术厅1980年的《科学技术白皮书》则正式提出科技立国政策，指出日本要从模仿和追随的文明开化时代迈向独创和领先的文明开拓时代。

日本科技立国政策的具体内容为：①加强科学研究，制订独创性的技术开发规划；②建立促进研发投资的税收制度；③开发人的头脑资源，加强对创新型人才，尤其是技术突破型人才的培养；④参与国际间的技术开发合作；⑤开展实用技术贸易；⑥创建"技术城市"；⑦使产业结构向知识密集化发展，重点开发微电、光导、新材料、生物工程、能源、宇宙、海洋等领域。

此后，科技立国便成为日本的一项基本国策。通过科技立国政策的推动，在1980年代，日本数控机床、机器人、光导通讯、生物工程、精密陶瓷、碳纤维、耐磨耐热绝缘材料等方面取得突破性进展。

二十五、"中流意识"

随着经济的高速增长，日本"新中产阶层"人数的不断扩大，致使众多日本人产生了所谓"中流意识"。

1960年的调查结果显示，日本人选择"中流"的占全部调查者的56%，1972年这一比例达到73.2%。到泡沫经济时期的1984年这一比例达81.8%，1985年这一比例达88.5%。日本媒体中到处洋溢着"全体中流"之类的豪迈话语，甚至有"一亿总中流"的说法。

总体而言，自20世纪70—80年代的历次调查结果表明，具有中流意识的人一直占80%~90%之间。这反映了日本国民对大众消费生活的"满足度"和当时日本社会的相对安定。

二十六、优衣库

优衣库（UNIQLO）是日本家喻户晓的服装品牌，为日本迅销公司的核心品牌，创立于1984年。当年，迅销公司曾是一家销售西服的小服装店，而今天已经成为家喻户晓的大商家。

优衣库在日本首次引进了大卖场式的服装销售方式，通过独特的商品策划、开发和销售体系，通过超市自助购物的方式（如图5-2-8所示）来实现店铺运作的低成本化，以低价舒适的服装吸引了大批顾客，由此引发了优衣库的热卖潮，并使该品牌跻身世界品牌前500强。在当今的中国，优衣库也是热销品牌之一。

图5-2-8 优衣库店铺外观

（图片来源：良品志网站 https：//www.lpzine.com）

二十七、《广场协议》

《广场协议》（简称 Plaza Accord）是美国、日本、英国、法国及联邦德国5个工业发达国家的财政部长和央行行长在美国纽约的广场饭店会晤后，于1985年9月22日签署的协议。目的在于联合干预外汇市场，使美元对日元及德国马克等主要货币的汇率有秩序性地下调，以解决美国巨额贸易赤字问题。1965年至1983年，日本对美贸易顺差年均1000亿美元以上。

《广场协议》签订后，上述五国开始联合干预外汇市场，在国际外汇市场大量抛售美元，继而形成市场投资者的抛售狂潮，导致美元持续大幅贬值。1985年9月，美元兑日元在1美元兑250日元上下波动；而在协议签订后不到3个月的时间里，日元兑美元迅速升值到1美元兑200日元左右。1987年2月，七大主要工业国（美国、英国、法国、联邦德国、日本、加拿大、意大利）政府签订《卢浮宫协议》，《广场协议》被取代。

日元不断升值使日本经济逐渐演变为缓慢增长、停止增长乃至衰退，到1990年代随着泡沫经济崩溃，货币快速贬值（时称"抛售日本"），日本陷入经济萧条，其后经过二十余年仍未恢复元气。

二十八、国铁分割民营化

国铁分割民营化是日本中曾根康弘内阁为解决日本国有铁道（简称国铁）的巨额亏损问题而实行的改革计划。

日本国铁因东海道新干线（1964年开始运营）的巨额建设费及不断飙升的劳动成本而转为赤字经营，政府的补助金如杯水车薪。为扭亏为盈，国铁只能不断涨价，却又因此导致客流减少，负债规模大幅膨胀。所以，进入20世纪80年代，要求国铁分割民营化的呼声越来越高。

1987年4月1日，日本国铁正式拆分为7家"JR"铁路公司，包括6家地区性的客运铁路公司及1家全国性的货运铁路公司，分别为JR东日本、JR东海、JR西日本、JR北海道、JR四国、JR九州与JR货物。同时从国铁中分拆设置数个涉及所有JR公司事务的机构，成立日本国有铁道清算事业团专责处理国铁的大部分债务。

思考：

1. 20世纪50年代中期至70年代初期，日本的经济为什么会高速增长？
2. 评析两次石油危机对日本的影响。

第三讲　平成时代（1989—2019）

一、明仁天皇

明仁天皇（如图 5-3-1 所示）于 1989 年 1 月 7 日在昭和天皇驾崩后即位，成为日本第 125 代天皇，年号为"平成"，是昭和天皇与香淳皇后的长子，他迎娶正田美智子，正田美智子为第一个平民皇后。

图 5-3-1　明仁天皇像

（图片来源：日文维基百科 https：//ja. wikipedia. org）

依据战后日本的"象征天皇制"，天皇没有太多实权。但明仁天皇还是忠于职守，频繁参与公务和宫中祭祀活动，审阅大量的文件资料并署名盖章，出席大量活动。明仁天皇还是第一个屈膝跪在榻榻米上探访民众的天皇。

2019 年 4 月 30 日，依据《皇室典范特例法》，明仁天皇让位于德仁皇太子，在宣告平成时代结束的同时，拉开了令和时代的帷幕。

二、消费税法

20 世纪 70 年代，石油危机的爆发使日本经济增长率下滑。而以法人税、继承税和所得税为主的直接税过重，过多的租税特别措施和过高的边际税率导致税制的不合理、纳税人税负过重，从而也导致财政收入的增加滞后于岁出的增加。日本除发行国债弥补收支缺口外，需充添大量税收缺空。故此，日本必须改革税制，以增加税收收入来弥补亏空。

基于上述背景，1978 年大平正芳内阁引进以欧共体的附加税法为模本的一般消费税。1988 年，竹下登内阁制定了《彻底改革税制大纲》。1989 年 4 月，日本的消费税法开始实施。该法规定，消费税是以物品和服务销售额征收的税收，能够恢复税制的消费中立性质。纳税人为以资产的转让、租赁以及提供劳力为事业的个人与法人，以销项税额扣除进项税额的方式缴纳消费税。

消费税法实施初期，日本消费税的税率为 3%。自此，日本商品的价格分为"本体价格"与"含税价格"，让民众可以清楚知道自己买商品时，支付多少钱给政府，也导致零钱大热。到现在，日本的消费税已经提升到 8%。

日本消费税作为一种间接税，是对日本国内销售的商品和服务，按价格的一定比例普遍征收的一道附加税，实质上就是规范的消费型增值税。

三、《樱桃小丸子》

日本国民动画《樱桃小丸子》在 1990 年开播。该动画片根据作家樱桃子创作的漫画改编而成，其于 1986 年在少女漫画杂志 *Ribon* 上开始连载。

樱桃小丸子的故事以作者的童年生活为蓝本，围绕小丸子及其家人和同学展开，体现了普通人的亲情与友情。故事的主人公小丸子是一名小学二年级的女生，她活泼、好动、懒惰，学习不认真、成绩平平，经常和姐姐斗气、爱幻想、做事没恒心。在小丸子身上我们或多或少都可看到自己童年的影子。该动漫作品后来被改编成动画、游戏、电视剧等。

电视动画版《樱桃小丸子》（如图5-3-2所示）的唯一电视播放渠道是富士电视台，自 1990 年 1 月 7 日推出了第一季第一期作品后，其连续二十余年高居日本动画收

图 5-3-2 《樱桃小丸子》

（图片来源：中文维基百科 https：// zh. wikipedia. org）

视率前三位，成为日本最长寿的两大电视动画节目之一，也成为全球知名度最高及最具影响力的动漫作品之一，还成为日本男女老少心目中的"国民动画"。

四、日本泡沫经济

"泡沫经济"在日本被称为"泡沫景气"，是日本在 1986 年至 1991 年间出现的一种经济现象。根据不同的经济指标，这段时期的长度有所不同，但是一般指 1986 年 12 月到 1991 年 2 月之间，共 4 年 3 个月的时间。

"泡沫经济"受到了大量投机活动的支撑。1985 年到 1988 年期间，随着日元急速升值，日本企业的国际竞争力虽有所下降，但国内的投机气氛依然热烈。1987 年，投机活动波及所有产业，当时乐观的观点认为只要对土地的需求高涨，那么经济就不会衰退，而市场也鼓励人们不断购买股票。当时，为了取得大都市周边的土地，许多大的不动产公司利用黑社会力量，通过不正当手段夺取土地，从而导致了严重的社会问题；而毫无收益可能的偏远乡村的土地也被作为休闲旅游资源被高价炒作，从土地交易中获得的利润被用来购买股票、债券、高尔夫球场会员权、海外的不动产等。日本泡沫经济达到顶点的 1989 年的 10 月，三菱集团核心企业之一的三菱地所以 8.46 亿美元的价格购买了洛克菲勒集团 51% 的股权，成为日本当年海外投资的经典案例。当时这种资金被称为"日本钱"（Japan Money），受到世界经济界的关注和商家的追捧。此外，随着股票价格上涨，日本国内购买法拉利、劳斯莱斯、日产西玛（CIMA）等高档轿车的消费热潮也不断高涨。

但在另一方面，由于资产价格上升，投机活动无法得到实业的支撑，一旦投机者丧失投机欲望，土地和股票价格下降，将导致账面资本亏损。由于许多企业和投机者之前将上升的账面资本考虑在内并进行了过度投资，从而带来大量负债。随着中央政府金融缓和政策的结束，日本国内维持资产价格的可能性不再存在。股票市场方面，1989 年 12 月 29 日，日经平均指数达到最高的38957.44 点，此后开始下跌。到了 1992 年 3 月，日经平均指数跌破 2 万点，8月进一步跌至 14000 点左右，大量账面资产在短短的一两年间化为乌有；房地产市场方面，1990 年 3 月，日本大藏省发布《关于控制土地相关融资的规定》，对土地金融进行总量控制，这一人为的急刹车措施导致本已走向自然衰退的泡沫经济加速萎缩，并导致支撑日本经济核心的长期信用体系崩溃。此后，日本银行也采取金融紧缩政策，进一步导致了泡沫经济的破裂。由于土地价格也急速下跌，用土地作担保的贷款也出现了极大风险。当时日本各大银行的不良贷款纷纷暴露，对日本金融界造成了严重打击。日本经济出现大倒退，此后进入了平成大萧条时期。

五、经济问题中的"日本病"

战后日本经济在经历一段时间高速发展之后，从 20 世纪 90 年代开始面临一系列严峻的经济问题，诸如经济空洞化、经济泡沫崩溃、劳动力不足等。

经济学界将日本上述的一系列经济问题称之为"日本病"。其主要表现和特征包括：①产业空洞化。由于人力成本提高，新兴市场需求旺盛，日本许多工厂迁移到海外，导致产业空洞化；②产业发展不均衡。以制造业为代表的第二产业发展迅速，但以农业、金融业、房产、物流、建筑业为代表的第一产业和第三产业发展缓慢且落后。在日本政府的保护主义下，生产服务效率低下、成本巨大，国内消费者承受着远高于国际价格的费用；③金融问题。泡沫经济期间由于融资过剩而导致后续实际抵押品（房产和土地）价值剧减，由于投资不当，银行负担巨额不良债权。日本银行面临贷款需求低下、低透明度、财务信用低等问题，操作手段变得极度保守；④巨额国债。日本老年人口比例过高与日本的年金福利政策，导致 2013 年底日本国债达到 1017 万亿日元，约占日本GDP 的 250% 左右，人均负债约 800 万日元；⑤贫富差距与内需不足。在日本经济高速增长期，日本以中产阶层为社会主流。泡沫经济发生后，年功序列工资制崩坏，越是中下层的人受的冲击越大，而富人阶层却没有遭到冲击，甚至因此获利，导致阶差拉大。由于贫富差距加大，国民收入减少，导致日本国内需求不足，拉低国家经济发展；⑤首都与地方经济发展不均衡。东京一极集中（首都圈）总人口达 3700 万，约占日本总人口的四分之一，导致东京与其他地方经济发展失衡。

六、佐川急便事件

佐川急便事件是日本金权交易的代表性事件之一。大型运输公司佐川急便的核心企业向自民党副总裁金丸信等政治家提供巨额的政治献金，还于 1989 年至 1991 年间为经济拮据的暴力团稻川会的系列公司提供债务担保，并为其贷款约 400 亿日元，导致佐川急便公司蒙受巨大损失。

该事件被揭发后，东京地方检察厅于 1992 年 2 月逮捕了社长渡边广康等其他 4 人。据初步查实，在自民党要员中，有 10 人非法接受政治捐款 21.5 亿日元。同年 8 月，因受到该事件的牵连，自民党副总裁金丸信辞去自民党副总裁、竹下派会长及众议院议员职务。11 月至 12 月，日本法院围绕内阁成立时是否与暴力团有瓜葛，原首相竹下登被国会作为证人传唤。2003 年 7 月，日本最高法院对该案作出最终判决，维持一审判处渡边广康 7 年有期徒刑的决定。

该事件致使自民党内部形成小泽一郎集团和反小泽一郎集团两大对立集团。最终，羽田孜、小泽一郎等人从竹下登派中分离，并脱离自民党组建新的党团，催生了八党联合执政的细川护熙政权。

七、联立政权时代

由于泡沫经济崩溃造成的经济萧条及佐川急便事件等腐败问题，政治改革成为迫切的课题。

1993 年，围绕政治改革问题，自民党内部出现对立，在野党提出的内阁不信任案通过，众议院被解散。翌年 7 月选举的结果为，自民党席位未过半数，社会党、公明党、民社党、社民联、日本新党，以及从自民党内部脱离，新组建的新生党、先驱新党（新党魁党）非自民非共产的 7 党，再加上参议院民主改革联合会等八党派联合组阁。同年 8 月，成立以日本新党的细川护熙为首相的联合政权，为长达 38 年的自民党一党执政的政治体制（55 年体制）画上了休止符，日本进入联立政权时代。细川政权仅仅执政 8 个月就崩溃。随后的羽田孜政权，由于社会党退出联合执政，少数政党联合的政权仅维持了 64 天。1994 年 6 月，成立自民党、社会党、先驱新党联合执政的村山富市联合政权。1999 年 10 月，成立自民党、自由党、公明党三党联合执政的小渊惠三政权。2000 年 4 月 5 日，成立自民党、公明党、保守党三党支持的森喜朗内阁。2000 年 12 月 5 日，自民党、公明党和保守党完成了第二届森喜朗内阁的改造。2001 年 4 月 26 日，诞生自民党、公明党、保守党联合执政的小泉纯一郎政权。2002 年年底，脱离自民党的熊谷弘等人加入保守党，结成保守新党，小泉政权成为自民党、公明党、保守新党联合政权。保守新党在 2003 年大选后解散，小泉政权又变为自民党、公民党联合的政权。在 2005 年大选中，自民党在众议院压倒多数政党获得多数选票，但在参议院未获得过半席位，继续与公明党联合执政。2006 年 9 月 26 日，成立第一届安倍晋三内阁。2007 年自民党在参议院选举中失败，日本历史上首次出现两大政党（自民党、民主党）各把持一个立法机关的局面，这也是日本历史上的第二次非常国会；同年 9 月 25 日组建的福田康夫内阁也是由自民党和公明党联合执政。2009 年 9 月 16 日，成立了民主党、社民党和国民新党联合执政的鸠山一郎内阁。2010年6月8日，成立民主党、社民党、国民新党联合执政的菅直人内阁。2012年12月26日，成立由自民党、公明党两党联合执政的第二次安倍内阁。2014年12月24日，成立由自民党和公明党联合执政的第三届安倍晋三内阁，一直到2020年9月16日，安倍内阁集体辞职。

八、J联赛

1993年日本职业足球联赛成立，简称J联赛。J联赛是日本最高级别的职业足球联赛，由公益财团法人日本足球协会（JFA）与公益社团法人日本职业足球联盟主办。

1993年至1998年间以"*J. League*"为名举办以年度为单位的季赛，参与的球队数量介于10队至18队之间。1999年改制为两部制，将原本的*J. League*拆分为简称"J1"联赛的日本职业足球甲级联赛（J. League Division 1）与简称为"J2"联赛的日本职业足球乙级联赛（J. League Division 2）。目前在日本国内共有来自30个都道府县的40支球队加盟该联盟，其中包括18个隶属于J1联赛等级的球队，与22个J2联赛等级的球队。

九、河野谈话

河野谈话是指1993年8月4日，时任日本内阁官房长官河野洋平（如图5-3-3所示）宣布第二次世界大战期间日军慰安妇问题调查结果时，发表的谈话。

图5-3-3　河野洋平像

（图片来源：日文维基百科 https：//ja. wikipedia. org）

河野谈话承认第二次世界大战期间，日本在很长一段时期内，在很多地方设置了慰安所，并在里面安排很多慰安妇。慰安所应当时军事当局的要求所筹建，日军参与了慰安所的设置、管理以及慰安妇的运送。慰安妇的招募，主要是由军方委托进行的，但也有许多利用花言巧语和高压而违反本人意愿的事例，也有一些是官员直接支持的。慰安妇问题给很多女性的尊严和名誉造成严重伤害。对于慰安妇经历的痛苦与伤害，日本政府表示由衷道歉。

河野谈话未经内阁会议通过就发表，引发争议。特别是随着日本右倾化，日本极右势力围绕历史认识问题的谬论层出不穷，"河野谈话"成为众矢之的。

十、关西国际机场

关西国际机场坐落于大阪湾东南部的泉州近海离岸 5 千米的人工岛上，面积约 0.10677 平方千米，行政区划横跨大阪府的泉佐野市（北）、田尻町（中）以及泉南市（南）。关西国际机场为京阪神都会区乃至于近畿地方主要的联外国际机场，并与神户机场、大阪国际机场并列为关西地方三大机场。

图 5-3-4 关西国际机场全景
（图片来源：中文维基百科 https://zh.wikipedia.org）

关西国际机场于 1987 年动工兴建，1994 年 9 月 4 日完工启用，是世界第一座完全通过填海造陆建成的机场。同时，它也是一座海上机场（如图 5-3-4 所示），可不受宵禁限制，24 小时运作。该机场在规划初期曾被暂时称为"关西新机场"，也因其所在地地名而被一小部分地方人士称为泉州机场。该机场距大阪市中心约 38 千米，可通过高速公路或联外铁道来往，车程最快 32 分钟。

十一、广岛亚运会

第十二届亚洲运动会于 1994 年 10 月 2 日至 16 日在日本广岛举行，会期为 15 天。由于伊拉克在 1991 年入侵科威特，被剥夺了参赛资格，柬埔寨以亚奥理事会准会员的身份参加了本届运动会。朝鲜因故未能参加。

本届亚运会共有 42 个国家和地区的 6828 名运动员参与 34 个比赛项目的竞争。本届亚运会是首次在所举办国家首都以外的城市举行的亚运会。本届亚运会是中亚五国，即哈萨克斯坦、乌兹别克斯坦、土库曼斯坦、吉尔吉斯斯坦、塔吉克斯坦自脱离苏联而独立后首度参加亚运会，全都榜上有名。其中乌兹别克男子足球队首次参加就勇夺金牌。

十二、村山谈话

1995 年 8 月 15 日（即第二次世界大战日本宣布无条件投降 50 周年纪念日），时任日本首相的村山富市（如图 5-3-5 所示）发表谈话，承认日本借由殖民统治和侵略，对许多国家的人民造成重大伤害与痛苦，特别是亚洲国家。

图 5-3-5　村山富市像
（图片来源：中文维基百科 https：//zh. wikipedia. org）

村山谈话受到中、韩等曾遭受日本殖民侵害的国家及日本国内部分人士的肯定。日本右翼团体则称该谈话显示日本外交手腕过于软弱，痛批其彻底否定日本的文明建设。

2012 年 12 月 26 日，日本新任内阁官房长官菅义伟在东京表示，日本新一届政府将继承"村山谈话"。2014 年 3 月 3 日，日本首相安倍晋三在国会众议院答辩时表示，日本曾给亚洲各国人民带来巨大的损失和痛苦，安倍内阁和日本历届政府一样继承"村山讲话"对于历史的认知。但 2015 年 1 月 25 日，日本首相安倍晋三在日本广播协会电视节目中表示，将于二战结束 70 周年发表的"安倍谈话"不会原封不动地沿用"村山谈话"中"殖民统治""侵略"等关键措辞。同年 5 月 18 日，村山富市呼吁安倍晋三发表第二次世界大战结束 70 周年纪念日谈话时效法村山谈话，并提出如果该谈话只是自己个人行为，就不会有太大价值。

十三、阪神大地震

阪神大地震又称为阪神、淡路大地震，或神户大地震、关西大地震。

1995 年 1 月 17 日，日本关西地区发生 7.3 级大地震，震源深度 17.6 千米。受灾范围以兵库县的神户市、淡路岛，以及神户至大阪间的城市为主。

由于当时日本人仍普遍认为关西地区不可能有大地震，从而导致救灾设备和设施不足而延误了搜救，故而造成巨大损失（如图 5-3-6 所示）。地震造成的经济损失达 2000 亿日元（10 万亿日元），死者 6434 人，伤者人数 43792 人，另有 251301 人至 310000 流离失所。

图 5-3-6　阪神大地震遭重创的兵库区民房密集地
（图片来源：中文维基百科 https://zh.wikipedia.org）

阪神大地震在日本地震史上有重要意义，它改变了之前日本学者认为关西地区不会发生大地震的传统认知，引起日本各界对地震科学、都市建筑方针、交通防震问题的进一步重视。

此次地震对日本政坛也造成冲击。以社会党委员长村山富市为首相的村山内阁因救灾行动反应迟缓，民意支持率大跌。社会党在之后的各种选举中接连败北。村山富市于1996年1月发表辞职声明，村山内阁倒台，而自民党再度回归政坛核心，自民党总裁桥本龙太郎就任首相，组建有日本社会党、社会民主党及先驱新党参加的联合政权。

十四、奥姆真理教

奥姆真理教是日本一个融合了瑜伽、印度教、气功、佛教和基督教元素的世界末日论新兴宗教团体，民间普遍认为其为邪教及恐怖组织。

该教派创立于1984年，教主为麻原彰晃（本名松本智津夫）。在发展高峰期的1995年，该组织在日本本土有15400多名会员。该组织涉嫌制造了松本沙林毒气事件、坂本堤律师一家杀害事件、龟户异臭事件与东京地铁沙林毒气事件等恐怖活动。因此，该组织主要成员有的被判死刑（如图5-3-7所示），有的被判无期或有其徒刑，在2000年破产，现已瓦解。但作为该组织存续机构的"阿雷夫"仍得以发展，至2004年，会员约有1500人至2000人。

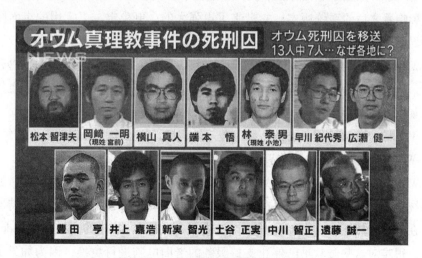

图5-3-7 奥姆真理教事件的死刑犯

（图片来源：央视网 http://m.news.cctv.com）

十五、东京地铁沙林毒气事件

日本邪教组织奥姆真理教教主麻原彰晃与 5 名成员于 1995 年 3 月 20 日早上，在东京地铁的丸之内线、千代田线和日比谷线的 5 班列车上，散发沙林毒气，造成 13 人死亡，6300 人以上受伤。上述三条线路均途经政府部门林立的霞关站，因此成为袭击目标。

事件发生后，事件策划者奥姆真理教教主麻原彰晃及 9 名教徒，共 10 人被判死刑，还有 6 人被判无期徒刑，其余成员分别被判处 1 年至 20 年有期徒刑，1 名无罪。2018 年 7 月 26 日，经时任法务大臣的上川阳子核准后，麻原彰晃与原教团核心干部早川纪代秀、井上嘉浩、新实智光、土谷正实、中川智正和远藤诚一七人被执行绞刑。随后林泰男（又名"小池泰男"）、冈崎一明、横山真人、端本悟、丰田亨、广濑健一六人也被执行绞刑。

十六、Windows 95 进入日本

Windows 95 是微软公司于 1995 年推出的电脑操作系统，是一款混合的 16 位/32 位的 Windows 系统。Windows 95 首次将 DOS 和 Windows 系统集合在一起，首次图形化界面，让人耳目一新。它还是首个 32 位系统，首次集成 IE 浏览器，首次带来了开始菜单、任务栏、文件管理器、桌面、图标、IE、垃圾箱等概念，一直影响着之后的系统版本。它带来了更强大的、更稳定、更实用的桌面图形用户界面。

Windows 95 的日文版于 1995 年 11 月 23 日发售，各大商店呈现抢购盛况。此后，微软日本为了推广 Windows 操作系统，还设计了一系列拟人化卡通代言人（如图 5-3-8 所示）。

Windows 95 给使用过它的人留下美好的回忆，给初次接触它的人以新鲜感。伴随 Windows 95 的普及，因特网也在日本普及。

Windows 95 进入日本具有划时代的意义。但日本却因 Windows 95 尴尬的操作系统出现了现代化的难题。在微软宣布停止对 windows 7 的更新加以支持的时候，在日本竟然还有几十万台与生产设备紧密关联的 PC 机仍旧运行 window95 系统。很难对这些微软早已停止支持服务的老旧电脑进行更换，因为如果更换新机，很可能会造成很多不可预估的问题，如设备停运、生产线停转。

图 5-3-8　日文版 Windows 95 卡通界面

（图片来源：日本通网站 https：//www.517japan.com）

十七、住专问题

所谓"住专"是住宅专门金融公司的简称。20 世纪 70 年代以前，日本是不允许金融机构向个人购买房地产提供贷款的。但后来在国民强烈要求下，政府批准成立了一批专门的住宅金融公司。这些公司分别依托某一商业银行的贷款和支持，开展私人住宅贷款业务。

20 世纪 80 年代中期以前，住专普遍受益丰厚。1985 年以后，由于日本政府放宽金融业分业限制，一些银行也获得向私人提供住宅贷款的权限，导致私人房贷市场竞争加剧，住专经营开始走下坡路。泡沫经济崩溃，尤其是地产市场的泡沫经济崩溃使许多作为住专贷款对象的房地产亏损，住专无法全额收回贷款，故而产生巨额不良债权。据日本大藏省测算，1995 年夏，日本住宅金融、住宅借贷服务、住总、综合住金、第一住宅金融、地银生保住宅借贷、日本住宅 7 家住专无法收回的死账达 6.4 万亿日元。1996 年 3 月，大藏省公布的包括住专在内的金融结构不良债权额达 34.7 万亿日元。

1996 年 1 月，桥本龙太郎内阁上台后，将解决住专问题和金融体制改革作为头等大事。日本国会就是否应投入 6850 亿日元的政府资金处理不良债权问题进行了激烈的辩论。结果，同年 6 月，加入财政资金的住专处理法案宣告成立。日本政府对住专问题的处理结果是 7 家住专的巨额不良债权，分别通过持有其债权的金融机构放弃债权、"赠与"及政府财政补贴加以解决。

十八、邮政民营化

邮政民营化是日本前首相小泉纯一郎在 2001 年担任首相后推动的邮政改革政策措施，其主要做法是将原本国营的日本邮政拆分成数家公司，并释股使其民营化。

日本邮政始于明治时代，是日本政府部门的一部分，并取代民间原有的"飞脚问屋"。除了邮便（邮递）本业，日本邮政的另一主要业务为简易金融，包括邮政事业起始不久便开始兼营的储蓄及 1916 年起开始的简易保险。由于日本民众的高储蓄率，加上其对邮政国营的信任，日本邮政成为日本最大金融机构。邮便、邮政储蓄与简易保险，构成支撑日本邮政机构运作的"邮政三事业"。

虽然坐拥大量资金流可供运用，但由于日本邮政借出大量资金给一些亏损的国营事业，造成效益不佳。而日本邮政吸纳大量民间存款，不但令日本私营银行系统抱有怨言，日本政府也希望卸下这个负担，因而产生邮政民营化的构想。而邮政从业人员长期作为日本朝野政党倚重的主要势力，打破工会、联谊会等邮政关联组织与政界理不清的互利共生关系，也是邮政民营化的背景之一。

小泉纯一郎在 2001 年接任日本首相后，开始大力推动邮政民营化。在他的坚持下，日本邮政民营化法案最终在国会获得通过。2007 年 10 月 1 日，日本邮政公社实施民营化，拆分为 6 家机构：一个控股公司、四个子公司、一个法人机构。即日本邮政股份公司，为日本邮便事业股份公司与日本邮便局股份公司的母公司，负责上述两公司的经营管理与业务支援；邮便事业股份公司，负责邮政业务、印花税票贩卖业务；邮便局股份公司，负责邮便局及邮政柜台流通业务；股份公司邮储银行，继承原有邮政公司的储蓄业务，并负责其后的邮政储蓄业务；股份公司简保生命保险，负责人寿保险业务；独立行政法人邮便贮金·简易生命保险管理机构，负责对原有的邮政储蓄合同（普通存款除外）及简易生命保险合同的继承、管理。

十九、长野冬奥会

第十八届冬季奥林匹克运动会于 1998 年 2 月 7 日至 2 月 22 日在日本长野县长野市举行。

这次冬奥会的象征会徽的图案为花朵，每片花瓣都代表一种冬奥运中的项目。而它也可以被认作雪花，所以标志名称就叫作"雪花"（如图 5-3-9 所示）。

图 5-3-9　长野冬奥会会徽
（图片来源：央视网体育频道 http://sports.cctv.com）

在开幕式上，日本指挥家小泽征尔指挥了贝多芬《第九号交响曲》的第四乐章（合唱部分以德国著名诗人席勒的《欢乐颂》为歌词）。乐手来自五大洲。

这届冬奥会的口号为共存与自然。共有来自 72 个国家和地区的 2176 名运动员参加了 14 个大项 68 个小项（7 项运动）的比赛。从奖牌榜的分布情况看，德国、挪威、俄罗斯位居前三，日本名列第七。

二十、《男女共同参画社会基本法》

《男女共同参画社会基本法》在 1999 年 6 月开始施行。该法由前言及三章总共二十八条条文组成，其内容包含目的、基本理念、国家等各实施主体的责任及义务、促进形成男女共同参与社会的基本政策、男女共同参与会议等。

该法的目的在于规定有关建构男女共同参与社会之基本理念，明确国家、地方公共团体及国民的责任及义务，并规定促进形成男女共同参与社会的基本政策之有关事项，以有计划地、综合地推动男女共同参与社会的建构。

其核心用语之一的"形成男女共同参与社会"系指基于确保男女在社会中以对等的成员的身份，依自己的意愿参与社会各方面活动之机会，使男女得以平等地享受政治、经济、社会及文化等方面利益，且应共同承担社会责任。

其核心用语的第二个"积极的改善措施"系指在改善男女参与机会差别所必要的范围内，积极地给予男女任何一方对等参与社会活动的机会。

该法的制定施行进一步推动了日本女性走向社会，但与此同时也反映出日本社会的女性歧视及女性地位问题的解决还有很长的路要走。

二十一、《国旗国歌法》

虽然俗称"日之丸"的日章旗自 1870 年起便成为日本的非官方旗帜，《君之代》也在 1880 年后成为事实上的日本国歌，但在《国旗国歌法》生效之前，日本是没有官方的国旗和国歌的。

第二次世界大战战败后，日本社会上不乏有主张立法将日之丸和《君之代》设为日本官方象征的建议。1974 年有人就曾制订过一项将"日之丸"和《君之代》官方化的法案，但最终未能通过国会审查，原因是日本教职员组合坚称这两样事物与日本军国主义有关，反对立法。

日本的国旗和国歌在学校仪式上的使用问题也引发了不少争议，在广岛一所学校的校长因之自杀后，日本的国旗和国歌官方化事宜重新被提上日程。经国会参众两院表决，《国旗国歌法》在 1999 年 8 月 9 日通过，并于 1999 年 8 月 13 日颁布。

该法被认为是 20 世纪 90 年代，日本国会通过的最具争议性法律之一。在日本，有人为法律通过而欢呼，也有人觉得这反映民族主义情感，有的日本人以内容违反日本宪法为由，向法院提起诉讼。在第二次世界大战期间曾被日本占领过的国家中的一些人认为，该法的通过，加上军事和靖国神社相关法案的立法辩论，意味着日本政治右倾化加强。

二十二、《朝日平壤宣言》

2002 年 9 月 17 日，时任日本首相的小泉纯一郎访问朝鲜，与时任朝鲜劳动党总书记的金正日签署并发表共同宣言，即《朝日平壤宣言》。

该宣言的主要内容包括：①双方同意于同年 10 月恢复邦交正常化谈判；②日本就对朝鲜半岛的殖民统治向朝鲜人民表示深刻反省和真诚的道歉；③日本向朝鲜提供经济援助。双方将在邦交正常化的谈判中真诚地商谈援助的金额和项目等细节问题；④两国将相互放弃对战前存在的国家和个人财产的请求权；⑤朝鲜将采取适当的措施，避免再次发生威胁到日本国民生命和安全的事件；

⑥两国确认，将遵守所有与朝鲜半岛核问题有关的国际协议，全面解决该问题；
⑦朝鲜表示计划将冻结导弹试验的期限延长到 2003 年以后；⑧两国同意举行安全会谈。

该宣言也成为朝鲜半岛无核化的关键协议，但该宣言遭到了日本国内一些政治家、学者的批判。

二十三、六本木新城

六本木新城于 2003 年正式开业，总建筑面积 78 万平方米，历时 17 年完成，由入江三宅设计事务所、美国捷得国际建筑师事务所、KPF 建筑事务所等多家设计公司联合设计。它是一座集购物、办公、住宅、商业设施、文化设施、酒店、豪华影院和广播中心为一体的建筑综合体，具有居住、工作、游玩、休憩、学习和创造等多项功能。

六本木新城将大体量的高层建筑与宽阔的人行道、大量的露天空间交织在一起（如图 5-3-10 所示）。建筑间与屋顶上大面积的园林景观，在拥挤的东京都成为举足轻重的绿化空间，成为著名的旧城改造、城市综合体的代表项目。

图 5-3-10　于东京铁塔俯瞰六本木新城全景
（图片来源：中文维基百科 https：//zh. wikipedia. org）

六本木新城里面有各种高端店铺，每天平均出入人数约 10 万人，使日本的消费水平大大提高。

二十四、爱知世博会

2005 年 3 月 25 日至 9 月 25 日在日本爱知县濑户市、丰田市和长久手市举办的 2005 年世界博览会（简称 EXPO 2005），日本方面将此次博览会简称"爱知世博会"。

此次世界博览会由财团法人 2005 年日本世界博览会协会主办，会场总面积约 173 公顷 1.73 平方千米（长久手会场约 1.58 平方千米、濑户会场约 0.15 平方千米），共有 15 个展场分布在长久手和濑户两个会场，展览内容主要围绕科技与环境的关系，并强调人类与自然的共存智慧。会场内有会说四种不同语言的机器人进行导览。其中，未来科技运输系统、一万八千年前的古生物—长毛象，以及丰田汽车展览馆等都是民众参观的焦点。

此次博览会共斥资 3400 亿日元，共有 121 个国家和 4 个国际组织参展。其主体为"自然的睿智"，口号是"让地球充满微笑、让地球美梦成真、让地球光彩照人、让地球声形并茂"。旨在提醒人们必须清醒地意识到当前地球所存在的各种潜在危机，倡导力求解决地球的可持续发展问题，以及建立一个人与自然和睦相处的社会。正因为如此，爱知世博会还有一个昵称，即"爱·地球博览会"（如图 5-3-11 所示）。在为期 185 天的时间里，展会累计入场人数超过 2200 万人。

图 5-3-11 爱知世界博览会入口

（图片来源：中文维基百科 https://zh.wikipedia.org）

二十五、电车男风潮

《电车男》是一个在日本网络论坛"2ch"发生的故事。2004年3月14日的晚上，有位网友在"2ch"的"独身男性版"（网友称为"毒男版"）留言，说自己在铁路列车（日文写作"电车"）上救了一个被醉汉骚扰的女性。该网友后来将这件事情的后续进展发表到论坛上，并署名"电车男"。数天以后，该女性写信答谢了"电车男"，并送了一对爱马仕茶杯。所以网友和"电车男"称该女性为"爱马仕小姐"。

由于性格孤僻，"电车男"除了工作外，就是逛秋叶原，或沉浸在动漫世界，没有与女性交往的经验，面对女性会害羞，因此他在"2ch"上向网友求助。众网友则纷纷献策，为其加油打气。同年5月9日，他在网上留言宣布追求"爱马仕小姐"成功，众网友纷纷为他送上祝福。

日本的新潮社出版社在同年10月22日，将"电车男"与网友两个月间的留言结集出版成书。由于是收集不特定人的留言结集成书，所以将作者署名为"中野独人"。

"电车男"的故事除出版成书外，还被改编成电影、电视剧、舞台剧和漫画，此外还有话剧等。2005年，"电车男"在日本成为一种风潮。由村上正典执导，山田孝之主演，东宝公司出品的电影《电车男》于6月4日在日本上映；《电车男》电视剧于7月7日在日本富士电视台的"星期四剧场"开始播放，"电车男"和"爱马仕小姐"在电视剧中有了"本名"，也加入原书中所没有的更多人物。

二十六、后期高龄者医疗制度

2008年4月，日本实施"后期高龄者医疗制度"，是为应对人口老龄化危机而制订的医疗制度，目的是缓解75岁及以上老年人的医疗保险费用的膨胀问题。

后期高龄者医疗制度的具体做法是75岁以上的老人根据收入水平等标准，缴纳保险费，以充当疾病治疗等费用。加入者因疾病或受伤看病时，后期高龄者医疗制度负担医疗费的70%或90%，在医院等窗口支付的自行负担金额为适应该制度的总医疗费的1成（有的须负担3成）；若后期高龄者医疗制度的被保险人年度住院天数超过7天时，将根据时间长短发放1~3万日元不等的支援金，但必须进行申请才能发放。从月初至月底的 1 个月内，若有部分自行负担医疗费超过限额，超出部分可在以后予以退还。

加入后期高龄者医疗制度的人逝世时，该制度将对承担丧葬的人发放数万日元丧葬费，但必须进行申请才能发放。对加入后期高龄者医疗制度的人在各医疗机构进行健康检查。为方便加入后期高龄者医疗制度的人增进健康和疗养等，开设可全年使用的"疗养设施"和"秋季疗养设施"。

二十七、311 大地震

日本东北部太平洋海域于 2011 年 3 月 11 日，发生 9 级大地震，随后引起 10 米高的海啸，其冲击岩手县、宫城县、福岛县等地（如图 5-3-12 所示），造成近 2 万人死亡。

图 5-3-12 海啸袭击的福岛县磐城市

（图片来源：中文维基百科 https://zh. wikipedia. org）

311 大地震还导致福岛第一核电站核泄漏，居住在周围的民众被疏散，至今仍有福岛居民流离失所。为了弥平日本民众的伤痛，明仁天皇与皇后美智子亲自现身福岛慰问受灾户。明仁天皇还发表电视讲话，勉励国民要坚强生活。

二十八、晴空塔

晴空塔是东京新地标，位于日本东京都墨田区的电波发射塔，由东武铁道及其子公司东武晴空塔共同筹建，于 2012 年 2 月 29 日竣工，5 月 22 日正式启用。

东京晴空塔的建造目的，其一是为了降低因市中心高楼林立而造成的电波传输障碍，其二是因日本的类比电视服务于 2011 年 7 月 24 日终止，需要建立一座高度达 600 米等级的高塔取代东京塔（333 米）作为数位无线电视的讯号发射站。

晴空塔高度为 634 米，于 2011 年 11 月 17 日获得吉尼斯世界纪录认证为"世界第一高塔"，成为全世界最高的塔式建筑，也是世界第二高的人工构造物，仅次于迪拜的哈利法塔。

东京晴空塔的基底为三角形，往上逐渐转变为圆形，并在 350 米及 450 米处各设一座观景台（如图 5-3-13 所示）。在铁塔本体旁，另建有一栋地上 31 层、地下 3 层的附属大楼，名为"东京晴空塔东塔"，主要出租、作为商办使用。

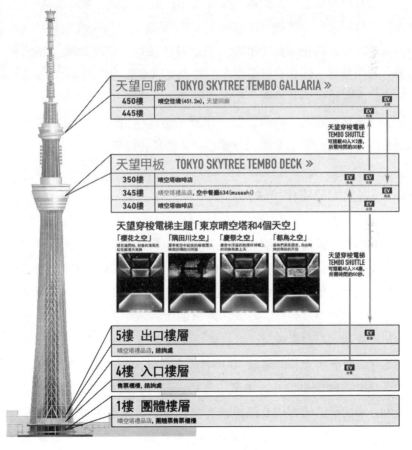

图 5-3-13　晴空塔楼层导览

（图片来源：东京晴空塔 https：//www.tokyo-skytree.jp）

东京晴空塔的参观费按参观高度不同 350 米处的第 1 展望台为 2060 日元，450 米处的第 2 展望台则需追加 1030 日元（均为成人票价）。东京晴空塔及其附近街道，成为日本新的旅游打卡地。

二十九、安倍经济学

所谓"安倍经济学"并不是经济学意义上有系统理论的经济学说。其实质是安倍晋三为了挽救日本长期持续的经济困局，在 2012 年 12 月开始的第二届首相任内，所提出的一系列政策。实质为量化宽松政策，其主要政策措施包括三支箭与新三支箭。

三支箭包括：第一支箭，积极的金融政策，实行大规模量化宽松；第二支箭，灵活的财政政策，以扩大国家财政支出；第三支箭，构造改革的经济政策，促使并发展民间投资。其他具体政策包括：2%通胀目标、改变高日元汇率、调高消费税、无限制的量化宽松措施、通过日本银行的公开市场操作购买公共事业国债并长期持有、降低银行贴现率、修改《日本银行法》、激励地方小经济圈再生、推行大规模的公共投资、加强女性就业，等等。

新三支箭包括：第一支箭，诞生出新希望的强力经济；第二支箭，编织梦想的生育支援计划；第三支箭，与安心相伴的社会保障。

三十、《特定秘密保护法》

2013 年 12 月 6 日，日本政府通过《特定秘密保护法》，公布了特定秘密的界定和解除标准。该法案的制定旨在强化日本政府对国家机密事项的管控，以防止日本安保情报，特别是秘密情报的泄露，确保国家和国民的安全。

其主要内容包括：①特定秘密的指定。"特定秘密"由内阁官员等行政机关的长官指定。在防卫、外交、防谍和防恐四大领域中，因情报泄露可能对国家安全保障产生重大不利影响时，有必要将其指定为"特定秘密"；②指定的有效期限为 5 年，可多次延长。超过 30 年者，需得到内阁批准。最长期限为 60 年。但有关下列七项的情报例外：潜艇、飞机、弹药、武器；与外国政府、国际机构的谈判；谍报活动的方式及能力；有关人员信息来源的情报、暗号；外国政府、国际机构以 60 年以上为条件提供的情报；基于上述各项，由政令规定的重要情报；对已失去秘密指定条件的，有限期内亦可予以解除；③对泄密者的惩罚条例。涉密者泄密者，将处 10 年以下有期徒刑；通过欺骗、威胁、闯入有关设施、非法入侵电脑获取机密情报者，将处 10 年以下有期徒刑；合谋、教唆、鼓动泄密者，将处 5 年以下有期徒刑。

总体而言，该法加大了对公务员泄密的惩罚力度。分析人士认为，《特定秘密保护法》令日本政府在隐匿外交和军事信息方面为所欲为，开启日本通往"秘密国家"和"军事国家"的道路。该法颁布实施后，日本专家、普通民众和新闻媒体予以强烈抗议，并要求废除。

三十一、安倍战后 70 周年谈话

2015 年 8 月，日本安倍内阁以内阁决议的形式通过了"战后 70 周年谈话"（安倍谈话），时任首相的安倍晋三随后在记者会上发表了这一谈话。

谈话尽管包含就日本在第二次世界大战期间的侵略行径及军国主义、法西斯主义暴行"深刻反省""道歉"，但是是以继承以往历届内阁立场的方式提及。谈话中有"殖民统治""侵略"等措辞，但没有明确表示其是日本的行为。

基于上述情况，谈话发表后，日本国内媒体和国际主流媒体纷纷提出批评。例如，美国《纽约时报》、美国有线电视新闻网、英国《金融时报》《卫报》《独立报》等绝大多数国际主流媒体均强调该谈话"未直接道歉"，只是间接提及这些关键内容。中国外交部及新闻媒体批评该谈话"缺乏真诚"。部分韩国媒体、政党、人士也批评该谈话"缺乏诚意、令人失望"。

如果日本政府，尤其是其主要领导人继续其修正主义历史观，必将进一步损害日本国家形象，也会使日本与中、韩等国的外交关系进一步受损，最终伤及日本的国家利益。

三十二、西日本暴雨

2018 年 6 月 28 日至 7 月 8 日，西日本多地的降雨量创历史高位，发生多起洪水和泥石流，冈山县仓敷市死亡 52 人（如图 5-3-14 所示），全国因受灾死亡 220 多人，被称为"平成最坏的暴雨灾害"。

对于西日本暴雨成灾的原因，法新社总结了以下五条：①受台风季节影响。这次大雨主要是由台风的滞留锋面造成。日本年均受到 6 个台风侵袭，尽管有水坝、堤防等防洪措施，但这次雨势前所未见，固有的防洪设施难以应对；②多样化地质。日本约有 70% 的土地由山脉和丘陵组成，房屋经常建在陡坡上，或山坡下方的平原上。一旦暴发洪水或泥石流，房屋极易受灾。而当时日本政

府鼓励易受灾地区居民搬迁、禁止在地质脆弱地带建新建筑的长期计划仍在进行中；③木造房屋。日本许多房屋均用木构，尤其在乡间，传统木造房屋很受欢迎。这类房屋的木造地基较有弹性，是防震的理想选择，但遇上洪水或泥石流，就无法承受；④疏散命令无强制力。日本政府在雨势最严重时，向大约500万人发出疏散命令，但只是建议而无强制力，被许多民众忽视。另外，日本将发布疏散命令的部分权限交给没有灾害管理经验的地方官员，也是一大问题；⑤气候变迁。全球变暖造成暴雨等极端气候发生频率增加，以往应对气候和天灾的经验已不大适用。

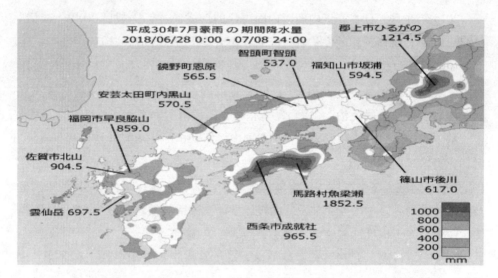

图 5-3-14　西日本 2018 年 6 月 28 日 0 时至 7 月 8 日 24 时的降雨量

（图片来源：中文维基百科 https：//zh. m. wikipedia. org）

思考：

1. 日本泡沫经济形成的原因是什么？

2. 评析安倍经济学。

主要教材与参考书目

一、通史

[1] 陈恭禄. 日本全史 [M]. 上海：中华书局，1927.

[2] 辽宁大学哲学研究所. 日本简史 [M]. 北京：商务印书馆，1978.

[3] 赵建民，刘予苇. 日本通史 [M]. 上海：复旦大学出版社，1989.

[4] 唐则铭. 日本历史 [M]. 北京：外语教学与研究出版社，1992.

[5] 吴廷璆. 日本史 [M]. 天津：南开大学出版社，1994.

[6] [清] 黄遵宪. 日本国志：上、下册 [M]. 吴振清，徐勇，王家祥，点校. 天津：天津人民出版社，2005.

[7] 王新生. 日本简史 [M]. 北京：北京大学出版社，2005.

[8] 王保田. 日本简史 [M]. 上海：上海人民出版社，2006.

[9] 冯玮. 日本通史 [M]. 上海：上海社会科学院出版社，2012.

[10] 王仲涛，汤重南. 日本史 [M]. 北京：人民出版社，2008.

[11] [日] 依田憙家. 简明日本通史 [M]. 卞立强，李天工，译. 北京：北京大学出版社，1989.

[12] [日] 坂本太郎. 日本史概说 [M]. 汪向荣，武寅，韩铁英，译. 北京：商务印书馆，1992.

[13] [美] 康拉德·托特曼（Conrad Totman）. 日本史 [M]. 王毅，译. 上海：上海人民出版社，2008.

[14] [美] 约翰·惠特尼·霍尔（J. W. Hall）. 日本史 [M]. 邓懿，周一良，译. 北京：商务印书馆，2013.

[15] [美] 詹姆斯·L. 麦克莱恩（James L. McClain）. 日本史 [M]. 王翔，译. 海口：海南出版社，2014.

[16] [日] 井上清. 日本历史 [M]. 闫伯纬, 译. 北京：人民出版社，2013.

[17] [美] 马里乌斯·B·詹森 (Marius B. Jansen). 剑桥日本史 [M]. 王翔, 译. 杭州：浙江大学出版社，2014.

[18] [美] 布雷特·L. 沃克 (Brett L. Walker). 日本史 [M]. 贺平, 魏灵学, 译. 上海：东方出版中心，2017.

[19] [日] 吉村武彦, 岩波日本史（第一卷）：日本社会的诞生 [M]. 刘小珊, 陈访泽, 译. 北京：新星出版社，2020.

[20] [日] 吉田孝. 岩波日本史（第二卷）：飞鸟·奈良时代 [M]. 刘德润, 译. 北京：新星出版社，2020.

[21] [日] 保立道久. 岩波日本史（第三卷）：平安时代 [M]. 章剑, 译. 北京：新星出版社，2020.

[22] [日] 五味文彦. 岩波日本史（第四卷）：武士时代 [M]. 杨锦昌, 译. 北京：新星出版社，2020.

[23] [日] 今谷明. 岩波日本史（第五卷）：战国时期 [M]. 吴限, 译. 北京：新星出版社，2020.

[24] [日] 深谷克己. 岩波日本史（第六卷）：江户时代 [M]. 梁安玉, 译. 北京：新星出版社，2020.

[25] [日] 田中彰. 岩波日本史（第七卷）：明治维新 [M]. 张晶, 马小兵, 译. 北京：新星出版社，2020.

[26] [日] 由井正臣. 岩波日本史（第八卷）：帝国时期 [M]. 初晓波, 译. 北京：新星出版社，2020.

[27] [日] 寺泽薰. 王权的诞生：弥生时代-古坟时代（讲谈社·日本的历史 01）[M]. 米彦军, 马宏斌, 译. 上海：文汇出版社，2021.

[28] [日] 熊谷公男. 从大王到天皇：古坟时代-飞鸟时代（讲谈社·日本的历史 02）[M]. 米彦军, 译. 上海：文汇出版社，2021.

[29] [日] 坂上康俊. 律令国家的转变：奈良时代-平安时代前期（讲谈社·日本的历史 03）[M]. 石晓军, 译. 上海：文汇出版社，2021.

[30] [日] 下向井龙彦. 武士的成长与院政：平安时代后期（讲谈社·日本的历史 04）[M]. 杜小军, 译. 上海：文汇出版社，2021.

[31] [日] 山本幸司. 源赖朝与幕府初创：镰仓时代（讲谈社·日本的历史 05）[M]. 杨朝桂, 译. 上海：文汇出版社，2021.

［32］［日］新田一郎. 《太平记》的时代：南北朝时代–室町时代（讲谈社·日本的历史 06）［M］. 钟放，译. 上海：文汇出版社，2021.

［33］［日］池上裕子. 织丰政权与江户幕府：战国时代（讲谈社·日本的历史 07）［M］. 何晓毅，译. 上海：文汇出版社，2021.

［34］［日］横田冬彦. 天下泰平：江户时代前期（讲谈社·日本的历史 08）［M］. 瞿亮，译. 上海：文汇出版社，2021.

［35］［日］井上胜生. 开国与幕末变革：江户时代后期（讲谈社·日本的历史 09）［M］. 杨延峰，译. 上海：文汇出版社，2021.

［36］［日］铃木淳. 维新的构想与开展：明治时代（讲谈社·日本的历史 10）［M］. 李青，译. 上海：文汇出版社，2021.

二、断代史

［1］王金林. 简明日本古代史［M］. 天津：天津人民出版社，1984.

［2］王海燕. 日本古代史［M］. 北京：昆仑出版社，2012.

［3］步平，［日］北冈伸一. 中日共同历史研究报告：古代史卷［M］. 北京：社会科学文献出版社，2014.

［4］王金林. 日本中世史：上下册［M］. 北京：昆仑出版社，2013.

［5］李卓，许译今，郭丽，等. 日本近世史［M］. 北京：昆仑出版社，2016.

［6］吕万和. 简明日本近代史［M］. 天津：天津人民出版社，1984.

［7］万峰，沈才彬. 日本近现代史讲座［M］. 兰州：甘肃人民出版社，1987.

［8］万峰. 日本近代史［M］. 北京：中国社会科学出版社，1978.

［9］步平，［日］北冈伸一. 中日共同历史研究报告：近代史卷［M］. 北京：社会科学文献出版社，2014.

［10］王新生. 战后日本史［M］. 南京：江苏人民出版社，2013.

［11］［日］井上清，铃木正四. 日本近代史（上、下册）［M］. 杨辉，译. 北京：商务印书馆，1959.

［12］［日］吉田茂. 激荡的百年史［M］. 孔凡，张文，译. 北京：世界知识出版社，1980.

［13］［日］远山茂树，今井清一，藤原彰. 日本近现代史：第 1–3 卷［M］. 邹有恒，杨孝臣，郎唯成等，译. 北京：商务印书馆，1983.

[14]　［日］高桥幸八郎，永原庆二，大石嘉一郎. 日本近现代史纲要 ［M］. 谭秉顺，译. 长春：吉林教育出版社，1988.

[15]　［美］安德鲁·戈登. 现代日本史：从德川时代到21世纪 ［M］. 李朝 津，译. 北京：中信出版社，2017.

三、专题史

[1]　李建芳. 日本明治维新运动 ［M］. 上海：黎明书局，1937.

[2]　何兹全. 日本维新史 ［M］. 北京：独立出版社，1942.

[3]　万峰. 日本军国主义 ［M］. 北京：生活·读书·新知三联书店，1962.

[4]　朱谦之. 日本哲学史 ［M］. 北京：生活·读书·新知三联书店，1964.

[5]　汪向荣. 邪马台国 ［M］. 北京：中国社会科学出版社，1982.

[6]　刘天纯. 日本产业革命史 ［M］. 长春：吉林人民出版社，1984.

[7]　万峰. 日本资本主义史研究 ［M］. 长沙：湖南人民出版社，1984.

[8]　武安隆，王家骅. 日本明治维新 ［M］. 北京：商务印书馆，1984.

[9]　米庆余. 日本近代外交史 ［M］. 天津：南开大学出版社，1988.

[10]　禹硕基. 日本大化革新 ［M］. 北京：商务印书馆，1985.

[11]　米庆余. 日本西南战争 ［M］. 北京：商务印书馆，1986.

[12]　伊文成，马家骏，朱守仁，等. 明治维新史 ［M］. 沈阳：辽宁教育出 版社，1987.

[13]　齐乃宽. 日本政治制度 ［M］. 上海：上海社会科学院出版社，1987.

[14]　王晓秋. 近代中日启示录 ［M］. 北京：北京出版社，1987.

[15]　杨栋梁. 日本历届首相小传 ［M］. 北京：新华出版社，1987.

[16]　杨孝臣. 中日关系史纲 ［M］. 上海：上海外语教育出版社，1987.

[17]　梁忠义. 战后日本教育——日本的经济现代化与教育 ［M］. 长春：吉 林教育出版社，1988.

[18]　赫赤，关南，姜孝若. 战后日本政治 ［M］. 北京：航空工业出版社， 1988.

[19]　蒋立峰. 日本天皇列传 ［M］. 北京：东方出版社，1991.

[20]　王晓秋. 近代中日文化交流史 ［M］. 北京：中华书局，1992.

[21]　杨栋梁. 日本战后复兴期经济政策研究：兼论经济体制改革 ［M］. 天 津：南开大学出版社，1994.

[22]　王中田. 江户时代日本儒学研究 ［M］. 北京：中国社会科学出版社，

1994.

[23] 王家骅. 儒家思想与日本的现代化 [M]. 杭州：浙江人民出版社，1995.

[24] 宋成有，李寒梅等. 战后日本外交史 [M]. 北京：世界知识出版社，1995.

[25] 郑彭年. 日本西方文化摄取史 [M]. 杭州：杭州大学出版社，1996.

[26] 卞崇道. 现代日本哲学与文化 [M]. 长春：吉林人民出版社，1996.

[27] 卞崇道. 战后日本哲学思想概论 [M]. 北京：中央编译出版社，1996.

[28] 李卓. 家族制度与日本的近代化 [M]. 天津：天津人民出版社，1997.

[29] 王新生. 现代日本政治 [M]. 北京：经济日报出版社，1997.

[30] 王晓秋. 近代中日关系史研究 [M]. 北京：中国社会科学出版社，1997.

[31] 郑彭年. 日本中国文化摄取史 [M]. 杭州：杭州大学出版社，1999.

[32] 贾蕙萱. 中日饮食文化比较研究 [M]. 北京：北京大学出版社，1999.

[33] 张健，王金林. 日本两次跨世纪的变革 [M]. 天津：天津社会科学出版社，2000.

[34] 浙江大学日本文化研究所. 中日关系史论考 [M]. 北京：中华书局，2001.

[35] 刘金才. 町人伦理思想研究：日本近代化动因新论 [M]. 北京：北京大学出版社，2001.

[36] 沈仁安. 德川时代史论 [M]. 石家庄：河北人民出版社，2003.

[37] 杨栋梁. 近代以来日本经济体制变革研究 [M]. 北京：人民出版社，2003.

[38] 沈仁安. 日本起源考 [M]. 北京：昆仑出版社，2004.

[39] 杨曾文. 日本佛教史 [M]. 北京：人民出版社，2008.

[40] 杨栋梁. 日本近现代经济史 [M]. 北京：世界知识出版社，2010.

[41] 米庆余，杨栋梁. 日本近现代外交史 [M]. 北京：世界知识出版社，2010.

[42] 刘岳兵. 日本近现代思想史 [M]. 北京：世界知识出版社，2010.

[43] 王建宜，吴艳，刘伟. 日本近现代文学史［M］. 北京：世界知识出版社，2010.

[44] 王振锁，徐万胜. 日本近现代政治史［M］. 北京：世界知识出版社，2010.

[45] 李卓. 日本近现代社会史［M］. 北京：世界知识出版社，2010.

[46] 赵德宇. 日本近现代文化史［M］. 北京：世界知识出版社，2010.

[47] 宋志勇，田庆立. 日本近现代对华关系史［M］. 北京：世界知识出版社，2010.

[48] 臧佩红. 日本近现代教育史［M］. 北京：世界知识出版社，2010.

[49] 彭修银. 日本近现代绘画史［M］. 北京：世界知识出版社，2010.

[50] 王海燕. 日本平安时代的社会与信仰［M］. 杭州：浙江大学出版社，2012.

[51] ［日］木宫泰彦. 日中文化交流史［M］. 胡锡年，译. 北京：商务印书馆，1980.

[52] ［日］信夫清三郎. 日本外交史：上、下册［M］. 天津社会科学院日本问题研究所，译. 北京：商务印书馆，1980.

[53] ［日］信夫清三郎. 日本政治史：四卷本［M］. 周启乾，吕万和，熊达云等，译. 上海：上海译文出版社，1982.

[54] ［美］鲁思·本尼迪克特（Ruth Benedict）. 菊与刀［M］. 吕万和，熊达云，王志新，译. 北京：商务印书馆，1990.

[55] ［日］家永三郎. 日本文化史［M］. 刘绩生，译. 北京：商务印书馆，1992.

[56] ［日］近代日本思想史研究会. 近代日本思想史（三卷本）［M］. 李民，贾纯，华夏等，译. 北京：商务印书馆，1992.

[57] ［日］村上重良. 国家神道：日本丛书［M］. 聂长振，译. 北京：商务印书馆，1990.

[58] ［日］村上专精. 日本佛教史纲［M］. 杨曾文，译. 北京：商务印书馆，1991.

[59] ［日］小林义雄. 战后日本经济史［M］. 孙汉超，马君雷，译. 北京：商务印书馆，1985.

[60] ［日］依田憙家. 日中两国现代化比较研究［M］. 卞立强、严立贤、叶坦等，译. 北京：北京大学出版社，1997.

[61]［日］安万侣. 古事记［M］. 周作人，译. 上海：上海人民出版社，2015.

四、工具书

[1] 汪向荣，夏应元. 中日关系史资料汇编［M］. 北京：中华书局，1984.

[2] 李寒梅，李玉，张贵来. 中国日本学论著索引：1949—1988［M］. 北京：北京大学出版社，1991.

[3] 吴杰. 日本史辞典［M］. 上海：复旦大学出版社，1992.

[4] 北京日本学研究中心. 中国日本学文献总目录［M］. 北京：中国人事出版社，1995.

[5] 李玉，夏应元，汤重南. 中国的中日关系史研究［M］. 北京：世界知识出版社，2000.

[6] 成春有，汪捷. 日本历史文化词典［M］. 南京：南京大学出版社，2010.

[7] 李薇. 当代中国的日本研究（1981—2011）［M］. 北京：社会科学文献出版社，2012.

[8] 李玉. 新中国日本史研究的回顾与展望［M］. 天津：天津古籍出版社，2012.

[9]［日］竹内理三，等. 日本历史辞典［M］. 沈仁安、马斌等，译. 天津：天津人民出版社，1988.

五、日文教材

[1]［日］史学会. 史料日本史：上下册［M］. 東京：山川出版社，1961.

[2]［日］宫地正人，等. 新日本史 A［M］. 東京：桐原书店，1998.

[3]［日］村尾次郎，小堀桂一郎，朝比奈正幸，等. 高等学校最新日本史［M］. 東京：明成社，2002.

[4]［日］尾藤正英，等. 新選日本史 B［M］. 東京：東京書籍株式会社，2003.

[5]［日］山本博文，等. 日本史 B［M］. 東京：東京書籍株式会社，2003.

[6]［日］宫地正人，等. 新日本史 B［M］. 東京：桐原书店，2004.

[7]［日］宫原武夫，石山久男，等. 高校日本史 A［M］.（新訂版）. 東京：実教出版株式会社，2006.

[8] ［日］鳥海靖，三谷博，渡邊昭夫. 現代の日本史 ［M］.（改訂版）. 東京：山川出版社，2013.

[9] ［日］石井進，五味文彦，笹山晴生ら. 詳説日本史 ［M］.（改訂版）. 東京：山川出版社，2006.

[10] ［日］佐々木寛司，保立道久，等. 高等学校日本史 A ［M］.（改訂版）. 東京：清水書院，2006.

[11] ［日］高村直助，高埜利彦. 日本史 A ［M］.（改訂版）. 東京：山川出版社，2007.

[12] ［日］青木美智男，等. 日本史 A ［M］.（改訂版）. 東京：三省堂，2007.

[13] ［日］岩崎宏之，等. 高等学校日本史 A--人・くらし・未来 ［M］.（改訂版）. 東京：第一出版株式会社，2007.

[14] ［日］宮原武夫，石山久男，等. 高校日本史 B ［M］.（新訂版）. 東京：実教出版株式会社，2007.

[15] ［日］脇田修，大山喬平，等. 日本史 B ［M］.（新訂版）. 東京：実教出版株式会社，2007.

[16] ［日］加藤友康，荒野泰典，伊藤純郎，等. 高等学校・日本史 B ［M］.（改訂版）. 東京：清水書院，2007.

[17] ［日］石井進，五味文彦，笹山晴生ら. 高校日本史 ［M］.（改訂版）. 東京：山川出版社，2007.

[18] ［日］大津透，久留島典子，藤田覚ら. 新日本史 ［M］.（改訂版）. 東京：山川出版社，2007.

[19] ［日］田中彰，等. 日本史 A・現代からの歴史 ［M］. 東京：東京書籍株式会社，2007.

[20] ［日］笹山晴生，義江彰夫，石井進ら. 日本史総合図録 ［M］. 東京：山川出版社，2008.

[21] ［日］湯浅清治. 中学自由自在——社会・地理・歴史・公民 ［M］.（改訂第 3 版）. 東京：受験研究所，2008.

[22] ［日］井上満郎，藤田覚，伊藤之雄. 理解やすい日本史 B ［M］.（改訂版）. 東京：文英堂出版社，2011.

[23] ［日］大津透，桜井英治ら. 岩波講座・日本歴史・中世 1 ［M］. 東京：岩波書店，2013.

六、英文教材

[1] SANSOM G B. *A History of Japan.* 3*Vols* [M]. Stanford：Stanford University Press，1958-1963.

[2] MEYER M W. *Japan：A Concise History* [M]. New Jersey：Rowman & Littlefield Publishers，1976.

[3] BEASLEY W G. *Modern Japan：Aspects of History，Literature and Society* [M]. Berkeley：University of California Press，1975.

[4] MIKISO H. *Modern Japan：A Historical Survey* [M]. Boulder：Westview Press，1986.

[5] BROWN D. *The Cambridge History of Japan. Vol. 1* [M]. Cambridge：Cambridge University Press，1993.

[6] DONALD S，McCULLOUG W H. *The Cambridge History of Japan. Vol. 2* [M]. Cambridge：Cambridge University Press，1999.

[7] YAMAMURA K. *The Cambridge History of Japan. Vol. 3* [M]. Cambridge：Cambridge University Press，1990.

[8] HALL J W，McCLAIN J. *The Cambridge History of Japan. Vol. 4* [M]. Cambridge：Cambridge University Press，1991.

[9] JANSEN M. *The Cambridge History of Japan. Vol. 5* [M]. Cambridge：Cambridge University Press，1989.

[10] DUUS P. *The Cambridge History of Japan. Vol. 6* [M]. Cambridge：Cambridge University Press，1988.

[11] SUE H，LEHMANN J P. *Themes and Theories in Modern Japanese History：Essays in Memory of Richard Storry* [M]. London：The Athlone Press，1988.

[12] HUNTER J E. *The Emergence of Modern Japan：An Introductory History since 1853* [M]. London and New York：Longman Group Ltd，1989.

[13] ALLINSON G D. *Japan's Postwar History* [M]. London：UCL Press，1997.

[14] McCLAIN J L. *Japan，a Modern History* [M]. New York：W. W. Norton & Co，2002.

[15] GORDON A. *A Modern History of Japan：from Tokugawa Times to the Present. 3rd edition* [M]. New York：Oxford University Press，2014.

＜参考文献＞

[1] SIMPSON R., *Theory of Catalysis*, Vol. 3, Academic ... Academic Press, 1956 to 1965.

[2] SMITH M.W., *Managed Change Theory* [M], New Jersey : Kluwer Academic Publishers, 1976.

[3] BLACKWELL, *Modern Magnetic Theory of Catalysis, Interscience*, New York : Interscience Publishers, Academic Press, 1972.

[4] MILLER H., *Modern Aspects of Distillation Science* [M], Boulder : Westview Press, 1980.

[5] SMITH O., *The Cambridge History of Islam*, Vol. 3 [M], Cambridge : Cambridge University Press, 1978.

[6] DONALD S., *MCDONALD WW*, *The Cambridge History of Japan, Vol. 2 Contemporary Cambridge University Press*, 1988.

[7] VERMIGER KC, *Theory from the Apology of Aspen* [M], San Francisco : Harper Collins Press, 1981.

[8] WALLER PG, *Wei LM L.Y.The Cambridge History of Japan, Vol. 4* [M], Cambridge : Cambridge University Press, 1991.

[9] GROSSMAN, *The Cambridge History of Iran*, Vol. 3 [M], Cambridge : Cambridge University Press, 1983.

[10] LEWIS P., *The Cambridge History of Iran* [M], Cambridge : Cambridge University Press, 1970.

[11] CRAIG H., GRIMMANN T., *Theory and Studies in the ... Japanese Monthly Review* [J], *Journal of Agriculture* [M], United States, London, 1987.

[12] WOOLLEY F., *The Importance of Records* [microform in American History ... New York : Oxford American Union Press, 1980.

[13] BUSING JP, *Agen, Chicago History* [M], Chicago : U.L. publ., 1981.

[14] MORGAN EL, *Laing, A Modern History* [M], New York : W. W. Norton & Co., 2005.

[15] GORDON S., *A Modern History of Japan, from Tokugawa Times to the Present*, 2nd edition [M], New York : Oxford University Press, 2003.

294